Krankheit als Biographie

Ronald Grossarth-Maticek

Krankheit als Biographie

Ein medizinsoziologisches Modell der Entstehung und Therapie der Krebserkrankung

Kiepenheuer & Witsch

Schutzumschlag Rainer Uhlen unter Verwendung
einer Zeichnung von Hanno Engler
Gesamtherstellung Bercker Graphischer Betrieb, Kevelaer
ISBN 3 462 013483

Inhalt

Vorwort

Dieses Buch ist Teil einer Bilanz, die der Autor nach intensiver 15jähriger Forschungsarbeit zieht. Aus mehreren Gründen kann diese Bilanz sich sehen lassen.

Erstens wird ein theoretisches Konzept entwickelt und begründet, das geeignet ist, zwei mögliche Ursachenbündel für ein erhöhtes Erkrankungsrisiko bei bestimmten Krebskrankheiten miteinander zu verbinden. Es wird nämlich zum einen dargelegt, daß die Motive, die bestimmte Personen dazu führen, sich sogenannten krebserregenden Substanzen auszusetzen, häufig psychosozialer Natur sind. Und es wird zum anderen argumentiert, daß bestimmte genauer beschreibbare lang andauernde emotionale Störungen und Belastungserfahrungen über neurohormonelle Prozesse das Immunsystem schwächen und damit die Empfänglichkeit für ein bösartiges Zellwachstum steigern können. Diese zum Teil heute noch hypothetischen Annahmen legen jedoch nahe, die naturwissenschaftliche Krebsforschung durch eine soziologisch und psychologisch orientierte Forschungsperspektive zu ergänzen.

Zweitens stellt der Verfasser meines Wissens zum ersten Mal in dieser ausführlichen Form eigene Ergebnisse umfangreicher Befragungen, Interviewverfahren, Beobachtungen etc. vor, die in einem erstaunlichen, manchmal geradezu sensationellen Ausmaß die Brauchbarkeit und Fruchtbarkeit dieser Arbeitsrichtung in der Krebsforschung belegen. Freilich wird man eine Bestätigung solcher Ergebnisse durch unabhängige Forschergruppen abwarten müssen, bevor man ihnen volle wissenschaftliche Beweiskraft zubilligen kann. Aber wer sich der Mühe unterzieht, die in diesem Buch enthaltenen zahlreichen statistischen Einzelbefunde, die vielen Fallgeschichten, einschließlich der Therapieprotokolle und Traummaterialien, systematisch zusammenzustellen, ist gleichermaßen beeindruckt und fasziniert von der »Stimmigkeit« des Materials.

Drittens verdient dieses Buch eine besondere Aufmerksamkeit, weil der Autor sich nicht damit begnügt, Analysen durchzuführen und wissenschaftliche Ergebnisse darzustellen. Vielmehr entwickelt er ein therapeutisches Programm, das Risikoverhalten verringern und bestimmte Krankheitsfolgen abmildern soll. Darin sehe ich persönlich den größten Gewinn dieser Schrift. Sicher sind auch hier noch verschiedene Fragen offen, und es bleibt vieles wissenschaftlich zu überprüfen. Aber ich halte die Bemühungen Ronald Grossarth-Maticeks, die theoretischen und praktischen Aspekte seiner Arbeit zu integrieren, für außerordentlich verdienstvoll und fruchtbar.

Es wäre jedoch zu eng, dieses Buch lediglich als Teil einer persönlich-wissenschaftlichen Bilanz zu verstehen. Die Erfolge der internationalen Krebsforschung sind heute, gemessen an den beinahe einzigartigen finanziellen Summen, die hierfür zur Verfügung stehen, im allgemeinen noch immer unbefriedigend. Kann es sein, daß ein Teil dieser Stagnation daher rührt, daß das Bezugssystem der hochspezialisierten Forschung zu eng geworden ist? Kann es sein, daß die wissenschaftlich bedeutsamen Fragestellungen sozusagen quer zu den Grenzen einzelner Fachgebiete liegen, die sich jeweils für zuständig halten? Dies wären dann Fragestellungen, welche organische Prozesse in einem systematischen Zusammenhang mit Verhalten und Befinden sehen, Fragestellungen also, die das Verhältnis Umwelt – Individuum – Krankheit thematisieren. »Krankheit als Biographie« ist eines jener heute glücklicherweise sich mehrenden Bücher, die Argumente für eine verhaltens- und umweltorientierte theoretische und praktische Medizin liefern. Daß es dies in einem der Kernbereiche der naturwissenschaftlich denkenden und handelnden Medizin so überzeugend zu tun versucht, ist sein besonderes Verdienst.

Aus all den genannten Gründen wünsche ich dem Buch den verdienten Erfolg.

Professor Dr. J. Siegrist, Abteilung Medizinische Soziologie der Universität Marburg.

Vorwort

Die psychosomatische Medizin hat sich in den letzten 40 Jahren bemüht, deutlich darzustellen, auf welche Weise soziale und psychische Faktoren für die Entstehung bestimmter körperlicher Krankheiten bestimmend sein können und wie solche Erkrankungen in ihrem Verlauf von diesen Faktoren geprägt werden können. Die als klassisch betrachteten psychosomatischen Krankheiten sind Anorexia Nervosa, Asthma, Colitis Ulcerosa, Diabetes Mellitus, Herzinfarkt, Hypertonie, Magengeschwür, Rheumatoide Arthritis u. a. Bei diesen Krankheiten ist nachgewiesen worden, daß man in einem gewichtigen Ausmaß von Soziogenese und Psychogenese sprechen kann. Einwandfreie Methoden auf dem Gebiet der Psychoanalyse, der Psychologie, der Soziologie, der Psychophysiologie und Psychobiochemie haben die Wirkung psychosozialer Bedingungen hier bestätigt. Lange Zeit schien es jedoch fast unmöglich, in ähnlicher Weise den Beweis beizubringen, das auch bei der Krebsentwicklung soziale und psychische Faktoren eine zusätzliche Rolle spielen könnten. Viele Psychosomatiker wagten es, nicht auf diesem Gebiet Untersuchungen durchzuführen, obwohl es genügend Kliniker gab, die mit der Unfähigkeit ihrer Krebspatienten vertraut waren, traumatischer Erfahrungen intrapsychisch zu verarbeiten. Die Problematik der Krebsentwicklung erschien jedoch so kompliziert, daß es fast wie eine Vergewaltigung der Realität betrachtet wurde, bei der Krebsentstehung einen direkten Zusammenhang zwischen Psyche und Soma zu postulieren.

Dr. Grossarth-Maticek gehört zu den wenigen, die den Mut hatten, sich eingehend mit der erwähnten Problematik zu beschäftigen. Jahrelang hat er sich mit Hilfe psycho-sozialer Methoden bemüht, den statistischen Beweis zu liefern, daß Persönlichkeitsfaktoren und Umweltbedingungen in bestimmter Weise die Onkogenese bei einigen Formen von Krebs beeinflussen können. Es war zwar seit Jahren bekannt, daß psychosomatische Krankheiten mit bestimmten Persönlichkeitsprofilen verbunden sind, aber erst durch die Arbeiten von Grossarth-Maticek ist wahrscheinlicher geworden, daß dieser Zusammenhang auch für Krebspatienten gilt. Danach ist typisch für den Krebspatienten, daß es ihm nicht gelingt, traumatisches Geschehen ausreichend zu verarbeiten. Psychische Dynamismen wie Verdrängung und Verneinung der traumatisierenden Realität und fehlgeleitete Aggressivität gehören zu den wichtigsten Merkmalen des eigentümlichen Verhaltens zahlreicher Krebspatienten. Erst in den neuesten Lehrbüchern der Psychosomatik werden solche Faktoren erwähnt.

Aber kaum ein Autor hat so systematische und tiefgreifende Untersuchungen epidemiologischer Art durchgeführt wie Grossarth-Maticek. Zunächst sicherte der Autor die klinischen und anatomo-pathologischen Diagnosen der Krebspatienten, die von ihm und seinen Mitarbeitern mit epidemiologischen und psychologischen Methoden untersucht wurden. Außerdem hat er prospektive Untersuchungen durchgeführt. Die Bestätigung dieser Untersuchungen kann weitreichende Folgen haben. So könnte man z. B. in Zukunft bei Personen, die psychologisch als krebsgefährdet einzuordnen sind, vorbeugend eine Verhaltensänderung einleiten, die die Intensität des unerwünschten Verhaltens erheblich abschwächt.

Dr. Grossarth-Maticek hat auch in dieser Richtung originelle Versuche durchgeführt. Mit Hilfe einer von ihm entwickelten Programmtherapie konnte er sein theoretisches Konzept erhärten. Wesentliche Änderungen des spezifischen »Krebsverhaltens« wurden von ihm erreicht. Grossarth-Maticeks Theorien und Befunde werden möglicherweise bei manchen Kliniker Widerstände mobilisieren, andere Kliniker jedoch, die für psychologische Erkenntnisse aufgeschlossen sind, werden wahrscheinlich die theoretischen Ansätze des Autors berücksichtigen und durch eigene Untersuchungen überprüfen.

In den letzten Jahren ist durch Forschungen auf dem Gebiet der Onkogenese klar geworden, daß endokrine und immunologische Verbindungsglieder bei der Krebsentstehung von Bedeutung sind. Aus molekulär-biologischer Sicht scheint die Hypothese Gültigkeit zu gewinnen, daß eine Störung im biochemischen Gleichgewicht (wie sie möglicherweise u. a. durch psychogene persönlichkeitsspezifische Faktoren bewirkt werden kann) die Funktionshemmung der Repressoren im Zellkern mindert und dadurch die Onkogene (krebserzeugende Zellelemente) freisetzt. Wenn dem so ist, kann man in nächster Zukunft erwarten, daß genau analysiert wird, wie ungünstige Streßbedingungen und Persönlichkeitsfaktoren bei Krebspatienten schließlich das ungünstige biochemische Klima hervorrufen, das die Krebsentstehung begünstigt. Bei diesen Untersuchungen dürften vor allem Sozialwissenschaftler und Molekularbiologen zusammenarbeiten.

Den Arbeiten von Dr. Grossarth-Maticek gebührt das höchste Interesse besonders derjenigen, die der Integralkonzeption körperlicher Krankheiten offen gegenüberstehen. Ein solches Interesse könnte dazu führen,endgültig zu analysieren, auf welche Weise Streß- und Persönlichkeitsfaktoren bei der Krebsentstehung mitwirken.

Prof. Dr. Jan Bastiaans, Ordinarius für Psychiatrie Reichsuniversität Leyden, Holland. Mitglied des Vorstandes des Internationalen Kollegiums für Psychosomatische Medizin.

I. Einleitung

Die moderne Krebsforschung wird heute weltweit als ein ausschließlich naturwissenschaftliches Problem aufgefaßt. Schon lange, bevor sich die naturwissenschaftliche Medizin etabliert hat, wurden Fragestellungen verfolgt, die sich mit der seelischen Verfassung von potentiellen Krebspatienten beschäftigten. So schrieben Hippokrates (460–375 v. Chr.) und Galen (131–203 n. Chr.) die lebenszerstörenden eigengesetzlichen Wucherungen Menschen mit melancholischem Temperament zu. Sie behaupteten, daß bei Personen mit melancholischem Temperament Krebs häufiger vorkommt als bei Personen mit sanguinischem Temperament. Die Auffassung von Hippokrates und Galen wurde noch bis Anfang des 19. Jahrhunderts vertreten. Vom 16. bis 19. Jahrhundert haben sich berühmte Kliniker mit den seelischen Voraussetzungen der Krebserkrankung intensiv beschäftigt. Dabei wurden besonders belastende Lebensumstände und »negative Emotionen«, z. B. Verzweiflung, Angst, Trauer usw., ins Auge gefaßt. Es wurde behauptet, daß solche Emotionen die Entwicklung von Krebs begünstigen. Baltrusch (1975) führt eine Reihe anderer Wissenschaftler dieser Epoche auf, die ähnliche Gedanken äußerten, z. B. Paré, van Helmont, Astruc, Bayle, Watson und Snow. So hat Snow (1893) 250 Krebspatienten in London auf seelische Belastungen hin untersucht. Nach der Auswertung der Studie fragte sich Snow, ob wir nicht gezwungen sind, anzunehmen, daß die Mehrheit der Krebsfälle psychische und nervliche Ursachen hat. Obwohl die sogenannte »psychosomatische Krebsforschung« das ganze 19. Jahrhundert hindurch bis in die Gegenwart immer wieder ihre Stimme erhoben hat (z. B. Hoffstätter, R. [1952], Schulz van Treeck [1954], Evans, E. [1926], Reich, W. [1948], Blumberg, E. M. [1954], LeShan, L. L. [1963], Baltrusch, H. J. F. [1963], Bahnson, C. B. [1966]) wurde sie mit Ausnahme der letzten Jahre von der naturwissenschaftlichen Medizin völlig zurückgeschlagen. Das lag einmal an den überwältigenden Erfolgen der naturwissenschaftlichen Medizin in der Erforschung und Bekämpfung organischer Erkrankungen, und zum zweiten an der Tatsache, daß die psychosoziale Krebsforschung nicht in der Lage war, Forschungsprogramme zu entwickeln, die einen entscheidenden Durchbruch in methodischer Beweisführung ermöglicht hätten. In der letzten Zeit setzt sich jedoch die Erkenntnis durch, daß die naturwissenschaftliche Medizin mit ihren Forschungsmethoden dem größten Teil der internistischen Erkrankungen und besonders der Krebserkrankung nicht gerecht werden kann. Weder für Herzinfarkt noch für die Krebserkrankung gibt es eine Ursache (z. B. eine mikrobiologische oder chemische Noxe), die eindeutig – ohne zusätzliche Bedingungen – mit der Krankheitsentstehung zusammenhängt. Die bisher erforschten »krebserzeugenden« Substanzen müssen aus mehreren Gründen eher als Anlässe und weniger als direkte Ursachen angesehen werden, zumindest in ihrer durchschnittlichen Dosierung, wie sie im Alltag auf den Menschen wirken. Nicht alle Raucher bekommen Krebs, ebenso wie nicht alle Personen, die mit PVC in Berührung kommen, später einer Krebserkrankung unterliegen werden. Trotzdem hat die naturwissenschaftliche Medizin wichtige chemische, biologische und physische Einflüsse identifizieren können, die unter bestimmten Umständen ein wichtiger Risikofaktor für die Krebsentstehung sind. Schon hier zeigt sich die Notwendigkeit einer interdisziplinären Zusammenarbeit. Die Naturwissenschaft unternimmt zunächst den Versuch, im Rahmen ihrer eigenen Disziplinen zu kooperieren. So müßte beispielsweise eine immunobiologische Forschung die Empfänglichkeit für Kanzerogene bei bestimmten Personen erklären. Leider kommt die naturwissenschaftliche Forschung und ihre wichtigste Methode, das naturwissenschaftliche Experiment, in der Krebsforschung nur sehr mühsam zu neuen Erkenntnissen: Sie weiß z. B. so gut wie nichts über die Wirkungsweise von Kanzerogenen im Prozeß der Krebsentstehung oder über immuno-biologische Prozesse im Krebsproblem. Über die Entstehungsmechanismen der Krebserkrankung gibt es in der Naturwissenschaft theoretische Spekulationen, aber es fehlt der experimentelle Beweis. Dieser Zustand der naturwissenschaftlichen Medizin kann zweierlei Ursachen haben:

a) Die diagnostischen Mittel und die experimentelle Phantasie der Naturwissenschaften reichen derzeit noch nicht aus, um das Krankheitsgeschehen in den Griff zu bekommen. Damit erscheint die Krebsbekämpfung mit adäquaten naturwissenschaftlichen Methoden hauptsächlich von der Entwicklung zukünftiger Forschungstechnologie abhängig.
b) Das Krebsproblem entzieht sich weitgehend der naturwissen-

schaftlichen Methode, weil die ursächlichen Bedingungen in der psycho-sozialen Desintegration des Individuums liegen.

Wenn diese letzte Annahme stimmt, dann ist die naturwissenschaftlich beobachtbare Krebserkrankung eher eine Folge von psychosozialen Desintegrationsprozessen und daraus resultierenden neuro-hormonellen Veränderungen. Dasselbe Problem könnte für die Entwicklung vieler internistischer Krankheiten gelten: Beispielsweise könnte die Arteriosklerose auch eine Folge von langandauerndem psychosozialen Streß sein. Auch in diesem Fall würde der Naturwissenschaftler erst Folgeerscheinungen von psychosozialen Desintegrationsprozessen sehen. Sollten die meisten psychologischen, pathophysiologischen und pathoanatomischen Prozesse von der psychosozialen Integration oder Desintegration, also von der Bedürfnisäußerung und dem emotionalen Geschehen maßgeblich beeinflußt sein, dann würde sich die naturwissenschaftliche Medizin in einem Circulus vitiosus bewegen: Sie würde mit verschiedenen Folgeerscheinungen von psychosozialem Streß den Versuch unternehmen, Ursachenforschung zu betreiben. So hat beispielsweise die Post-Framingham-Studie den Versuch unternommen, Herzinfarkt aufgrund von Bluthochdruck, Diabetes und Rauchen vorherzusagen. Werden aber alle diese Faktoren nicht qualitativ und quantitativ durch den psychosozialen Streß bestimmt?

Ich gehe davon aus, daß die moderne Medizin in der Erforschung organischer Erkrankungen, besonders der Krebserkrankung, in der Zukunft auf eine Integration von sozialwissenschaftlichen und naturwissenschaftlichen Methoden hinsteuern muß. Der Mensch muß als sozio-psycho-biologisches System betrachtet werden, in dem es zu einer permanenten Wechselwirkung zwischen sozialen Beziehungen, psychischem Zustand und organischem Zustand kommt. Dabei scheint es in vielen Fällen sogar eine Wirkung von hierarchischer Ordnung zu geben, in der die soziale Integration weitgehend das psychische Geschehen und dieses die organischen Prozesse und somit den organischen Krankheitsausbruch und -verlauf bestimmen.

Eine solche Auffassung hätte zweierlei Konsequenzen: Die naturwissenschaftliche Medizin muß ihr Experiment unter weitgehender Berücksichtigung sozialwissenschaftlicher Faktoren planen (sie muß z. B. in der Lage sein, Personen mit inhaltlich bestimmter Ausprägung eines psychsozialen Stresses in ihrer pathophysiologischen Dimension zu erfassen). Die sozialwissenschaftliche Medizin muß mit ihrem eigenen Forschungsinstrumentarium Gesetzmäßigkeiten der Krankheitsentstehung und des Krankheitsverlaufs erforschen, um so der naturwissenschaftlichen Medizin eine Kooperation anzubieten. Dabei muß sich die sozialwissenschaftliche Medizin darüber im klaren sein, daß das naturwissenschaftliche Experiment auf dem heutigen Forschungsstand zu einer interdisziplinären Kooperation weder in der Lage noch willens ist und daß eine derartige Kooperation zunächst eine ideologische Bereitschaft voraussetzt. Die sozialwissenschaftliche Medizin selbst muß für eine Kooperation mit den Naturwissenschaften Theorien und Methoden entwickeln, die Krankheitsentstehung und Krankheitsverlauf erklären und vorhersagen können. Nur somit wird ihre objektive Ergänzungsbedürftigkeit durch die naturwissenschaftliche Erklärung sichtbar. Die naturwissenschaftliche Methode ist in der interdisziplinären medizinischen Forschung ebenso notwendig wie die sozialwissenschaftliche: Selbst wenn es so wäre, daß ein psychosozialer Streß über neuro-hormonelle Prozesse einen Krankheitsprozeß geradezu determiniert, wäre die Frage unerläßlich, wie, also mit welchen physikalischen, chemischen und biologischen Mechanismen der Umsetzungsprozeß des psychosozialen Stresses im Organismus verläuft. Trotzdem muß die sozialwissenschaftliche Medizin ebenso wie die naturwissenschaftliche Medizin in ihrer methodischen Beweisführung, ihren theoretischen Voraussetzungen und ihrem therapeutischen Versuch ihre Eigenständigkeit bewahren. Die sozialwissenschaftliche Medizin darf nicht zum untergeordneten Sklaven der naturwissenschaftlichen Medizin werden, besonders nicht in Bereichen, in denen die psychosozialen Mechanismen der Krankheitsentstehung identifiziert und therapeutische Maßnahmen der Krankheitsverhütung geboten werden.

Die naturwissenschaftliche Medizin konnte bisher überzeugend nachweisen, daß es mikrobiologische, chemische und physikalische Noxen gibt, die den Krebs mitverursachen. Allerdings wird von den naturwissenschaftlichen Krebsforschern immer wieder betont, daß es entscheidend auf die Reaktion des Organismus selbst ankommt und daß sich nur dann Krebs entwickelt, wenn Kanzerogene auf günstige Bedingungen stoßen. Die sozialwissenschaftliche Krebsforschung geht davon aus, daß es bei bestimmten Personen zu einer gesteigerten »Bereitschaft« zur Zellanarchie kommt, die unter anderem psychosozial determiniert ist. Ob psychosoziale Faktoren die Bereitschaft für die Krebserkrankung steigern, ist zunächst eine rein empirische Frage und kann nur in prospektiven epidemiologischen Studien beantwortet werden. In solchen Untersuchungen wird die Krebserkrankung bei einer noch nicht erkrankten Bevölkerungsgruppe aufgrund bestimmter Risikofaktoren vorhergesagt. Mehrere Jahre danach wird dieselbe Bevölkerungsgruppe auf die Krebserkrankung hin untersucht. Wenn Krebsfälle auftreten, kann festgestellt werden, ob bestimmte psychosoziale Faktoren das Risiko, an Krebs zu erkranken, erhöhen. Die naturwissenschaftlichen Kenntnisse über die Auswirkung von psychosozialem Streß im Organismus bis hin in die Zellfunktion sind noch so mangelhaft, daß sie zur Klärung der offenen Frage nichts beitragen können. In psychosozialen Längsschnittstudien kann beispielsweise erforscht werden, ob Personen Krebs bekommen, deren Bedürfnisäußerung chronisch blockiert ist und die zusätzlich noch andere gesundheitsschädliche Verhaltensweisen zeigen. Warum bekommt ein Raucher Krebs, ein anderer nicht? Und wie läßt sich die Gefühls- und Bedürfnisäußerung von Rauchern, die Lungenkrebs bekommen, charakterisieren? War sie bei allen blockiert? Hier zeigt sich schon, daß es zwischen den naturwissenschaftlichen und den sozialwissenschaftlichen Betrachtungsweisen des Krebsproblems erhebliche Differenzen gibt. Der Sozialwissenschaftler ist bemüht, das Individuum als sozio-psycho-biologisches System zu sehen, während der Naturwissenschaftler eher die physische oder chemische Wirkungsweise am Ort des Geschehens analysiert, selbst wenn er zusätzliche Faktoren im Gesamtorganismus berücksichtigen möchte. Somit behandeln die meisten naturwissenschaftlichen Krebstheorien »lokale« Prozesse in einem Teil des Organismus. Auf die Zelle wirkt irgendeine Substanz und ruft in irgendeinem Augenblick eine zelluläre Anarchie hervor. Die sozialwissenschaftliche Krebsforschung, zumindest so wie ich sie betreibe, versucht, wenn auch noch weitgehend hypothetisch, die lokalen pathophysiologischen und pathoanatomischen Prozesse in ihrer Abhängigkeit von sozialen und psychologischen Prozessen zu sehen. Somit wird auch das lokale Geschehen in der Krebszelle und das Verhalten des Gewebes als Funktion in einem gesamten sozio-psycho-biologischen System gesehen. In einer solchen Konzeption erscheinen verschiedene »Kanzerogene« eher als Anlässe, die auf bestimmte zentralgesteuerte Bereitschaft stoßen, den Krebsprozeß auszulösen. Dies steht nicht im Widerspruch zu der Tatsache, daß verschiedene Kanzerogene ohne Zweifel als Krebserzeuger wirksam sind. Ich gehe aber davon aus, daß der menschliche Organismus über psycho-neuro-hormonelle Prozesse seine Abwehrbereitschaft gegen den Krebs steigern kann: Es gibt also psychosoziale Dispositionen, die die Anfälligkeit für den Krebs steigern, ebenso wie psychosoziale Dispositionen, die das Abwehrsystem stärken. Hier muß auch betont werden, daß der Mensch sich wesentlich vom Versuchstier, an dem ja die meisten Krebserzeuger erforscht worden sind, vor allem auch dadurch unterscheidet, daß er mit seiner kognitiven Einstellung, seiner Wahrnehmung, seinem Glauben maßgeblich seinen Organismus beeinflussen kann, während das Tier in einer Laborsituation einfach deswegen im Dauerstreß ist, weil es sich nicht in natürlichen Lebensbedingungen befindet. Die sozialwissenschaftliche Betrachtungsweise beeinflußt selbst naturwissenschaftliche Denkmechanismen: Beispielsweise die hypothetische Annahme, es gäbe neuro-hormonell bedingte Abwehrmechanismen, die einen Einfluß auf die Wachstumsregulation haben sollen. Die experimentelle naturwissenschaftliche Forschung kann aber erst dann in dieser Richtung entwickelt werden, wenn sie eine theoretische und mit der Sozialwissenschaft kooperierende Denkbereitschaft hat.

Die Forschungsergebnisse aus unserer Arbeitsgruppe legen nahe, daß die spezifische Biographie bzw. Psychobiographie eines Menschen auch mit seiner Erkrankung korrespondiert. Wenn ein Patient befragt wird, dann eröffnet sich seine typische Lebensgeschichte, Denkweise, Bewertungsweise und spezifische emotionale Reaktion. Viel schwieriger wird es, spezifische lebensgeschichtliche Einflüsse und kognitiv-emotionale Einstellungen mit bestimmten Krankheitsentwicklungen konkret in Beziehung zu bringen. Wenn man die umfangreiche psychosomatische Literatur analysiert, dann fallen häufig theoretische Spekulationen mit nur sehr geringer empirischer Bestätigung auf. Der Weg von der allgemeinen Überzeugung, daß die Lebensgeschichte eine wesentliche Rolle für verschiedene Erkrankungen spielt, bis hin zur konkreten Spezifizierung von krankheitserzeugenden, in der Lebensgeschichte erlernten Verhaltensweisen und ihrer Beziehung zu spezifischen Erkrankungen ist sehr mühsam. Der heutige Stand der psychosomatischen Forschung und der sogenannten klinischen Psychologie befinden sich in einem absoluten Tief. Während die klinische Psychologie nur noch Symptome bestimmter Verhaltensstörungen, meistens mit sehr geringem Erfolg, zu kurieren versucht, konnte die psychosomatische Medizin keine brauchbaren Meßinstrumente und Vorgehensweisen entwickeln, die von tatsächlichem diagnostischem Wert sind. Die moderne Medizinsoziologie entwickelt sehr komplexe psychosoziale Modelle der Krankheitsentstehung, ihre empirische Bestätigung steht noch bevor. Heute ist eine große Diskrepanz zwischen der »Jedermann-Überzeugung«, daß psychosoziale Faktoren für die Erkrankung eine Rolle spielen, und dem tatsächlichen Forschungsstand der psychosomatischen Medizin zu beobachten. So konnte z. B. die Diskussion über das sogenannte »Spezifitätsproblem«, d. h. über die Frage, ob verschiedenen Krankheiten, z. B. der Krebserkrankung, dem Herzinfarkt, der Schizophrenie bestimmte biographische, also psychosoziale Einflüsse zugrundeliegen oder eher allgemeine Faktoren (Ärger, Arbeitslosigkeit), zu keinem Ergebnis führen. Eine solche Frage konnte aber schon deswegen nicht beantwortet werden, weil die psychoanalytischen Theorien und die Meßinstrumente derart undifferenziert sind, daß sie von vornherein die Beantwortung der Frage verhindern.

In selteneren Fällen gab es auch Meßinstrumente, die gute empirische Ergebnisse aufwiesen, aber sehr mangelhaft theoretisch begründet waren. Es gibt auch umgekehrt differenzierte Theorien mit sehr schwachen Meßinstrumenten und methodischen Vorgehensweisen.

Als ich im Jahre 1963 beschlossen hatte, mich mit der Biographie im Zusammenhang mit verschiedenen Erkrankungen zu befassen, war mir dieser Zustand der psychosomatischen Medizin, der sich bis heute nicht änderte, bewußt. Mein Ziel war es, eine Theorie zu entwerfen, die nicht nur eine Erkrankung umschreibt, sondern die auch eine Differentialdiagnostik ermöglicht. Die Erforschung der Lebensgeschichte als Krankheitsfaktor im Rahmen einer ganzheitlichen Medizin kann nie den Anspruch erheben, aus ihrem theoretischen System die alleinige Ursache für die Krankheitsentstehung abzuleiten. Im Rahmen der interdisziplinären Ursachenforschung in der Medizin hat sie ein größeres oder kleineres Gewicht. Trotzdem muß es dem Wissenschaftler unbenommen bleiben, ein eigenes theoretisches System zu entwerfen, in dem Annahmen postuliert und aus dem Krankheitsentstehung und Therapie abgeleitet werden. Die angeführten Ergebnisse und therapeutischen Vorschläge sowie die gesellschaftlichen und politischen Konsequenzen, aber auch die Befürchtungen über mögliche negativen Auswirkungen können auf dem heutigen Stand der Forschung nur als

Diskussionsgrundlage dienen. Sie dürfen nie als Konkurrenz zur naturwissenschaftlichen Medizin angesehen werden, da ihre wirkliche Tendenz in der Bereitschaft zur interdisziplinären Kooperation liegt.

In diesem Buch werden biographische Studien zum Krebsproblem dargestellt (nur am Rande werden differentialdiagnostische Aspekte erwähnt). Neben den kasuistischen Studien, die einzelne Lebensschicksale von Krebspatienten vorführen, werden vor allem auch statistische Ergebnisse gebracht. Während die statistischen Ergebnisse biographische Elemente auf einem sehr allgemeinen Niveau erfassen, aber den Nachweis erbringen, daß nicht nur zufällige Einzelschicksale erforscht wurden, ermöglichen die Einzelfallstudien eine Vertiefung der Analyse.

Meine ersten Beobachtungen im Jahre 1963 konnte ich an Grippe-Patienten durchführen. Damals führte ich eine kleine Befragung unter 32 Patienten, die akut an einer Grippe erkrankt waren, durch. Ich konnte feststellen, daß alle erkrankten Personen (30) in den letzten sieben Tagen vor ihrer Erkrankung durch ein akut aufgetretenes, überforderndes Ereignis betroffen waren. Dabei zeigte sich, daß verschiedene Personen in ihrer Biographie verschiedenartige subjektive Bewertungen erlernt hatten und diese mit dem Krankheitsausbruch zusammenhingen. Ein junger Mann bekam Grippe zum Zeitpunkt, als er sich von einer jungen Dame emotional überfordert fühlte. Die konkrete Reaktion ist letztlich nur im Rahmen seiner erlernten Lebensgeschichte verständlich. Ein Zusammenhang von Lebensgeschichte, hypersensibler subjektiver Reaktion, subjektiver Bewertung eines Problems und einer Immunreaktion deutet sich an. Dabei kommt immer der Krankheitserzeuger im naturwissenschaftlichen Sinne, z. B. ein Virus, ins Spiel. Weil in der Krankheitsgeschichte immer mehrere Faktoren zusammenwirken, kann der Anteil von psychosozialen Faktoren letztlich nur statistisch errechnet werden.

In diesem Buch soll die Beziehung von spezifischer Lebensgeschichte, erlernten kognitiv-emotionalen Reaktionen und der Krebserkrankung dargestellt werden. Es wird der Versuch unternommen, verschiedene Hypothesen kasuistisch und statistisch zu belegen, um am Ende ein Modell und eine einheitliche Theorie darzustellen, die die psychosozialen Mechanismen, die mit der Krebserkrankung zusammenhängen, erklärt. In der Arbeit sollen zunächst verschiedene theoretische Aspekte entwickelt werden. Die einheitliche Theorie soll eine gewisse differentialdiagnostische Abgrenzung anderen Krankheitsbildern gegenüber ermöglichen und sich als brauchbar für die Vorhersage der Krebserkrankung und der Therapie erweisen.

Wenn aus der Sicht der Medizinsoziologie eine Theorie zur Entstehung und Behandlung der Krebserkrankung angeboten wird, dann heißt das nicht, daß ein Ausschließlichkeitsanspruch für die Interpretation des Krebsproblems erhoben wird. Die medizin-soziologische Theorie ist eine von vielen Theorien, aber eine der wenigen, die nicht naturwissenschaftlich konzipiert ist. Die Lösung des Krebsproblems wird meiner Überzeugung nach nur in einer interdisziplinären wissenschaftlichen Arbeit, in der Naturwissenschaftler, Kliniker und Sozialwissenschaftler zusammenarbeiten, möglich sein.

Ich halte es für sehr wichtig, daß der Versuch einer sozialwissenschaftlichen Interpretation der Krebserkrankung von Naturwissenschaftlern und Klinikern als ein interdisziplinärer Versuch und nicht als ein Eindringen eines fremden Fachgebietes in die ureigene Domäne der Naturwissenschaft angesehen wird. Ich möchte die Bedeutung psychosozialer Faktoren unterstreichen und habe deswegen meine gesamte Aufmerksamkeit auf die Entwicklung einer medizin-soziologischen Theorie hin orientiert. Diese Theorie kann aber letztlich nur die psychosozialen Faktoren im Krebsproblem erfassen, so daß diese in die interdisziplinäre Forschung einbezogen werden können.

In der vorliegenden Arbeit wird der Nachweis angestrebt, daß Krebs unter anderem die Folge eines psychosozialen Zustandes ist, der als chronisch blockierte Bedürfnisbefriedigung mit gleichzeitiger sozialer Überanpassung beschrieben werden kann. Die Bedürfnisäußerung und -reduktion eines Menschen kann aus verschiedenen Gründen blockiert sein. Eine Person wird z. B. mit inneren, erlernten Hemmungen nicht fertig, eine andere kann den Tod einer nahestehenden Person nicht überwinden und ist deswegen chronisch niedergeschlagen und hoffnungslos. Die dritte Person erweckt den Eindruck, äußerst ausgeglichen und ohne Probleme zu sein; sie hat aber in ihrem Verhalten nie gelernt, Gefühle und Bedürfnisse sozial zum Ausdruck zu bringen. Aus diesem Grund werden in diesem Buch verschiedene Aspekte der chronischen Blockierung der Gefühls- und Bedürfnisäußerung dargestellt. Nun kommt die Frage nach der Spezifität hinzu, da man sich logisch fragen könnte, wer solche Probleme nicht hat. Aus diesem

Grund sehe ich die wichtigste Aufgabe der empirischen Ursachenforschung darin, daß sie ein Bündel von Faktoren ermitteln muß, die in ihrer Wechsel- und Gesamtwirkung ausreichend spezifisch sind, um die erforschte Ursache erklären zu können. Bezogen auf die medizin-soziologische Krebsforschung heißt das, daß zur chronischen Blockierung noch andere Merkmale hinzukommen müssen. In unserer theoretischen Auffassung sind das z. B. ausgeprägte Anpassung an die soziale Umwelt nahestehender Bezugspersonen (in Form von Selbstzurückstellung, Idealisierung nahestehender Personen, fehlende sozial ausgerichtete Aggressionen), fehlende »Ventilreaktionen«, durch die Ersatzbedürfnisse geäußert werden (fehlende psychopathologische Verhaltensweisen, fehlendes Ambivalenzbewußtsein, mangelhaft ausgeprägte Tendenz zur Aufregung, Verärgerung). Die einzelnen Aspekte der Theorie und ihre angenommene Wirkung im Prozeß der Krebsentstehung werden in verschiedenen Kapiteln dieses Buches behandelt.

Während sich die Ausführung dieser Arbeit auf die Befragung und Beobachtung von mehreren 1000 Personen stützt, wird hier konkret ein Fragebogen und ein Beobachtungskatalog dargestellt. Anhand der Ergebnisse soll gezeigt werden, daß der gleichzeitige Einsatz von Fragebogen und Beobachtungskatalog einen besseren Vorhersageerfolg erzielt als die bloße Verwendung nur eines Meßinstruments. Dasselbe soll im Hinblick auf die Erforschung des Krankheitsverlaufes gezeigt werden. Die Therapiestudien sollen zeigen, daß es durch Anwendung der kognitiven Verhaltenstherapie möglich ist, dieselben Faktoren therapeutisch zu beeinflussen, die mit der Krebserkrankung in Zusammenhang stehen. Hier werden erste experimentelle Ergebnisse aus der Therapieforschung dargestellt: vernünftige Rehabilitationsmodelle können jedoch nur in weiterführender interdisziplinärer Arbeit mitentwickelt werden.

Ich sehe eine der wichtigsten Aufgaben der Medizinsoziologie in der systematischen Erforschung psychosozialer Faktoren; in der Untersuchung ihrer Bedeutung für die Krankheitsentstehung, den Krankheitsverlauf und in der Therapie. Die Medizinsoziologie befaßt sich auch mit der Erforschung kognitiv-psychologischer Sachverhalte, wobei diese aber in ihrer sozialen Relevanz gesehen werden. Es werden nicht irgendwelche Anhäufungen von Persönlichkeitsmerkmalen oder tiefenpsychologischen Tatbeständen und Prozessen erfaßt. (Diese konnten ja bislang das sogenannte Spezifitätsproblem nicht lösen, d. h. die

Antwort auf die Frage, welche konkreten Merkmale einer bestimmten Krankheit zugrunde liegen, nicht finden.) Die Medizinsoziologie erforscht eher Verhaltens- und Bewertungsmuster, die in einer sozialen Interaktion gelernt sind, und versucht dabei, die permanente Interaktion Individuum – Gesellschaft zu berücksichtigen.

Die vorliegende Arbeit verfolgt jedoch auch ein pragmatisches Ziel: die Vorhersage von Krebs und die Entwicklung von therapeutischen Modellen, besonders zum Zwecke der Prävention. Aus diesem Grund halte ich die Erfassung von Merkmalen für wichtig, die eine Vorhersage der Krebserkrankung ermöglichen und aufgrund derer eine theoretische Konstruktion auf der Ebene der Biographie möglich ist. Ich würde zusätzliche medizinsoziologische Untersuchungen, z. B. die Erforschung der Bedingungen am Arbeitsplatz, begrüßen, sehe sie aber nicht unmittelbar im Zentrum meines Forschungsinteresses. Eine Vertiefung in dieser Richtung wird in Kooperation unseres Forschungsprojektes mit der Medizinsoziologie der Universität Marburg erreicht.

Diesem Buch liegt außerdem ein didaktisches Ziel zugrunde: In verschiedenen theoretischen Abhandlungen und der partiellen Darstellung einzelner Forschungsergebnisse soll der Leser nicht nur informiert werden, sondern auch aktiv zum Mitdenken angeregt und zur Problemlösung geschult werden. Sowohl analytisch als auch differentialdiagnostisch soll er einen Gewinn haben. Die theoretischen Begriffe, z. B. »exponierendes Verhalten«, »chronische Blockierung der Bedürfnisäußerung«, »programmgesteuertes Verhalten« usw., sollen dem Leser nicht nur einseitig beschrieben und dann empirisch belegt werden. Der Leser soll in die Problematik der verschiedenen Aspekte so eingeführt werden, daß er sich die einzelnen Prozesse lebhaft vorstellen kann. Das letzte Ziel ist, daß er die gesamte Theorie versteht und am einzelnen Menschen anwenden kann. Dies ist für den Laien interessant, für den Arzt, Psychologen und Soziologen nützlich und sogar notwendig. Aus diesem Grund sind an geeigneten Stellen aus inhaltlichen Gründen Wiederholungen angebracht. Das Buch ist so angelegt, daß es verschiedene relevante Aspekte darstellt und implizit und explizit immer wieder nach der generellen und allgemeingültigen Theorie sucht. Eine solche Theorie kann aber nur dann aufgestellt werden, wenn subtile theoretische und methodische Differenzierungen unternommen werden. Dieses Buch möchte deshalb auch das Verständnis für differenzierte Analysen und Methoden wecken.

In meiner Arbeit werden kombiniert medizinsoziologische und verhaltenstherapeutische Aspekte (hier spezifisch die der kognitiven Verhaltenstheorie). Ich bin der Überzeugung, daß die Medizinsoziologie, die ja die Umsetzung von gesellschaftlichen Bedingungen in den Bereich der kognitiven Einstellung, aber auch die sozial erlernten Verhaltensweisen in Hinblick auf die Krankheitsentwicklung erforscht, für die Psychosomatik wesentlich mehr leisten kann als die spekulative psychoanalytische Theorie. Mit einer so konzipierten Medizinsoziologie fügt sich die kognitive Verhaltensanalyse und -therapie zu einer homogenen Einheit zusammen. Während die Verhaltenstherapie alleine in Gefahr geraten kann, gesellschaftlich nicht relevante Verhaltensweisen zu erfassen, könnte die Medizinsoziologie in die Lage kommen, zwar hochdifferenzierte Theorien aufzustellen, aber spezifischen differentialdiagnostischen, lerntheoretischen und experimentell-therapeutischen Aspekten nicht genügend Integration zu gewähren. Mein Konzept der Medizinsoziologie hat sich folgende Aufgabe gestellt:

Kognitive Einstellungen und sozial ausgerichtete Verhaltensweisen sollen genau auf der Ebene erforscht werden, auf der

a) die sozio-kulturelle und sozial-interaktive Relevanz der Einstellungen evident ist und
b) die erforschte Einstellung mit Methoden der experimentellen kognitiven Verhaltenstherapie veränderbar ist.

Dabei soll eine Differentialdiagnostik der spezifischen psychosozialen Konflikte und ihr Zusammenhang mit bestimmten Krankheitsentwicklungen theoretisch und praktisch geleistet werden, Krankheitsvorhersage, Krankheitsverlaufsstudien und präventive (vorsorgende) und kurative (heilende) Therapieforschung sollen im Rahmen der Medizinsoziologie und kognitiven Verhaltenstherapie einheitlich ermöglicht werden.

1. Übersicht

In diesem Buch sollen meine eigene Forschungskonzeption und die Forschungsergebnisse aus unserem sozialwissenschaftlichen Programm dargestellt werden. Andere wesentliche Arbeiten aus dem Gebiet der psychosomatischen Krebsforschung werden sekundär behandelt. Ziel des Buchs ist eine zusammenfassende Darstellung der wichtigsten methodischen und theoretischen Überlegungen sowie der Ergebnisse der Ursachen- und Therapieforschung. Es soll ein wesentlicher Teil aus dem Gesamtforschungsprogramm beschrieben werden, der vor allem die systematische Anwendung von zwei Fragebögen und einem Beobachtungskatalog beinhaltet. Darüber hinaus werden Einzelfallstudien dargestellt und einige Ergebnisse der Traumanalyse angeführt. Die erwähnten Meßinstrumente wurden eingesetzt bei den sogenannten prospektiven Studien (die Personen sind zu dem Zeitpunkt der Erkrankung noch nicht an einem klinisch gesicherten Krebs erkrankt), in den sogenannten retrospektiven (rückblickenden) Studien (befragte Krebspatienten werden mit Kontrollgruppen verglichen), in Krankheitsverlaufsstudien (bei befragten Krebspatienten wird eine Beziehung zwischen der Überlebensdauer nach der ersten Operation und der Punktzahl auf dem Meßinstrument hergestellt), in präventiv und kurativ-therapeutischen Experimenten (Personen mit einer hohen Punktzahl auf den Meßinstrumenten werden vorsorglich therapiert und mit einer nicht therapierten Kontrollgruppe verglichen, Krebspatienten werden mit der kognitiven Verhaltenstherapie behandelt und mit einer nicht behandelten Kontrollgruppe verglichen). Dadurch konnte gezeigt werden, daß die in den Befragungsbögen und im Beobachtungskatalog erfaßten Aspekte (die in diesem Buch im einzelnen ausführlich dargestellt werden) eine gewisse Rolle bei der Krebsentstehung und bei einem negativen oder positiven Krankheitsverlauf spielen. Ferner konnte erwiesen werden, daß dieselben psychosozialen Aspekte mit der kognitiven Verhaltenstherapie bei Personen, die noch nicht an Krebs klinisch erkrankt sind, und bei Krebspatienten optimal beeinflußt bzw. verändert werden können. Auf dieser Basis wurden therapeutische Studien zur experimentellen Forschung in der Präventiv-Medizin und der Rehabilitation durchgeführt. Sie alle zeigten, daß die therapeutische Beeinflussung der psychosozialen Faktoren, die mit der Krebsentstehung bzw. mit einem negativen Krankheitsverlauf zusammenhängen, in einem gewissen, in der Zukunft noch näher zu erforschenden Maße den Ausbruch der Krebserkrankung verhindert und positive – subjektive und objektive – Veränderungen bei Krebspatienten hervorruft.

Die Traumanalyse, in der systematisch Träume von noch nicht klinisch erkrankten Personen registriert wurden und zehn Jahre danach in Beziehung zu später aufgetretener Krebserkrankung gesetzt wurden, zeigt, daß der Krebserkrankung auch bestimmte unbewußte Prozesse vorausgehen.

Um die erwähnten Zusammenhänge wissenschaftlich zu belegen, wurde eine prospektive Studie an 263 Personen ausgeführt. Dazu wurden die in diesem Buch dargestellten Fragebögen und der Beobachtungskatalog eingesetzt. Zehn Jahre nach der Befragung waren in dieser Population 50 Personen an klinisch gesichertem Krebs erkrankt. Die erwähnte Population wurde einer Gruppe von 1353 Personen, die mittels eines in diesem Buch nicht dargestellten Fragebogens befragt wurden (dieser Fragebogen wird in der Arbeit *Soziales Verhalten und die Krebserkrankung*, Beltz – Forschungsberichte, 1979, angeführt), ausgewählt. Es handelte sich dabei um Personen mit entsprechender Kontrollgruppe, die aufgrund vorhergegangener Befragung zum Teil als krankheitsgefährdet angesehen wurden. Mit den in diesem Buch dargestellten Fragebogen und dem Beobachtungskatalog wurden 120 Krebspatienten mit einer Gruppe von 120 nicht erkrankten Personen verglichen. Hierbei sollte gezeigt werden, daß Krebspatienten ähnliche psychosoziale Faktoren aufweisen wie die sogenannten Krebskandidaten, also noch nicht klinisch erkrankte Personen, bei denen die Krebserkrankung vorhergesagt wird. Dieser Nachweis ist gelungen; wir haben also nicht irgendwelche psychosoziale Faktoren in der Vorhersagestudie erfaßt, sondern genau die, die auch bei Krebspatienten bedeutend häufiger vorhanden sind als in der Kontrollgruppe. Ich werde in der vorliegenden Arbeit auch auf das Interviewer-Problem hinweisen, das in anderen Forschungsarbeiten von mir experimentell ausgewertet wurde. Es stellt sich heraus, daß nur geschulte Interviewer zu einem positiven Ergebnis kommen.

Um die Bedeutung der religiösen Einstellung (spontane Religiosität, konventionelle Religiosität, atheistische Einstellung) als einen von mehreren Aspekten in der Krebserkrankung aufzuzeigen, wurde zusätzlich ein Fragebogen zur religiösen Einstellung an die o. a. 1353 Personen vergeben und ausgewertet.

Zur Aufzeichnung des Zusammenhangs von Überlebensdauer und Antwortstruktur auf den Fragebögen und der Beobachtungsdaten in den sogenannten Krankheitsverlaufsstudien wurden bei 145 Krebspatienten Daten erhoben und in Beziehung zu ihrer Überlebensdauer gesetzt. Es besteht ein wesentlicher Zusammenhang zwischen einer hohen Punktzahl auf dem Meßinstrument und einer kurzen Überlebensdauer (Personen, die innerhalb eines Jahres nach der Operation sterben).

Experimentelle Arbeiten zur Präventiv-Medizin wurden an 268 Personen durchgeführt, die auf zwei der erwähnten Fragebögen und im Beobachtungskatalog eine extrem ausgeprägte Punktzahl aufweisen. Diese Personen sind mit der kognitiven Verhaltenstherapie behandelt und mit einer ebenso großen Kontrolltruppe verglichen worden. In der behandelten Gruppe trat weniger Krebs auf als in der Kontrollgruppe. Die Zahlen hierfür sind allerdings noch so gering, daß keine signifikanten statistischen Ergebnisse vorliegen. Die Arbeiten zur experimentellen Präventiv-Medizin können zur Zeit vor allem in methodischer Hinsicht für zukünftige und differenzierte Forschungsarbeiten wegweisend sein, aber noch nicht den Anspruch erheben, endgültige Forschungsergebnisse darzustellen. Dies gilt in noch stärkerem Maße für die Arbeiten zur experimentellen Rehabilitationsforschung. Dabei wurden 42 Krebspatienten mit der kognitiven Verhaltenstherapie behandelt und mit einer Kontrollgruppe verglichen. Diese Arbeit konnte zeigen, daß Krebspatienten, die eine kognitive Verhaltenstherapie mitmachten, die Punktzahl auf den Meßinstrumenten, die mit dem Krankheitsausbruch und einer kurzen Überlebensdauer im Zusammenhang steht, extrem verringern können. Die behandelte Gruppe lebte auch länger als die nicht behandelte. Jedoch sind in diesem ersten Rehabilitationsversuch methodische Fehler nicht auszuschließen.

Außerdem möchte ich in dieser Arbeit wesentliche theoretische Aspekte erläutern. Sie werden mit freien Interviews und spontanen Beobachtungen belegt. Zum Schluß sollen die Forschungsergebnisse und die einzelnen theoretischen Aspekte in einer relativ einheitlichen Theorie zusammengefaßt werden. Die einzelnen Aspekte beziehen sich beispielsweise auf die Darstellung der Familienproblematik, der Partnerbeziehung und Sexualität, auf spezifische Merkmale des sozialen Verhaltens (z. B. vernunftorientiertes Verhalten, Selbstzurückstellung, Idealisierungstendenz, harmonisierendes Verhalten, angepaßtes und nicht aggressives Verhalten). Ferner sollen ungünstige lebensgeschichtliche Ereignisse erfaßt werden und in Beziehung zum subjektiven Orientierungsmuster gestellt werden. Weiter sollen der sogenannte emotionale Streß, besonders die chronische Blockierung der Bedürfnisäußerung und das sogenannte exponierende Verhalten, dargestellt werden. Nach Auffassung der kognitiven Verhaltenstherapie wird das menschliche Verhalten, auch das gesundheitsschädliche Verhalten, von sogenannten Programmen, also subjektiven Bewertungen, Annahmen über Wirkungszusammenhänge usw., gesteuert. Aus diesem Grund wird das programmgesteuerte Verhalten in seiner Beziehung zur Krebserkrankung untersucht.

Ein anderer, ausführlich dargestellter Aspekt ist das psychopathologische Problem. Es wird gezeigt, daß Krebspatienten kein ausgeprägtes Symptombewußtsein haben. Sie haben außerdem keine Zukunftsperspektiven, da sie in Phantasien keine Bedürfnisse äußern, die in der Zukunft befriedigt werden sollen.

Ein Abschnitt des Buches bezieht sich auf die Analyse des sogenannten fremdgesteuerten Verhaltens. In dieser Hinsicht zeigen Krebspatienten Charakteristika auf, die sie von anderen erkrankten Personen unterscheiden.

In einem weiteren Abschnitt wird die typische Lebensgeschichte des Krebskandidaten und des Krebspatienten, wie sie dem Wissenschaftler in freien Interviews und Beobachtungen begegnet, dargestellt.

In dem Kapitel *Träume – frühe Warnsignale für die Krebserkrankung* wird gezeigt, daß Krebskandidaten jahrelang vor dem Ausbruch der Erkrankung eine bestimmte Traumqualität aufweisen, die unter formalen Gesichtspunkten charakterisiert werden kann. Diese Ergebnisse deuten an, daß organische Vorgänge unbewußte Vorgänge vor der klinischen Manifestation beeinflussen.

Schließlich wird die Auswertung der durch Fragebögen und den Beobachtungskatalog erhobenen Daten präsentiert. Eine untersuchte Person kann auf den Fragebögen bzw. dem Beobachtungskatalog eine bestimmte Punktzahl bekommen. Die Punktzahl setzt sich aus den Punkten zusammen, die aufgrund einer bestimmten Antwortstruktur zustandekommen. Dabei wurden bestimmte Fragen *a priori* je nach theoretisch angenommener Bedeutung »subjektiv« gewichtet, d. h. jede Frage bekam je nach Bedeutung zwischen 1 und 3 Punkten. Diese Darstellung zielt auf die Aufzeichnung des Zusammenhangs zwischen den psychosozialen Faktoren und der Krebserkrankung ab. In anderen statistischen Auswertungen wird die sogenannte »multivariate« Analyse durchgeführt, in der die empirische Gewichtung für jede Frage unternommen wurde. Die empirische Gewichtung kann nur einen noch höheren Vorhersageerfolg erzielen als die *A-Priori-*Gewichtung, die in diesem Buch dargestellt wird. Die empirische Gewichtung zeigt, welche Fragen des Fragebogens von tatsächlicher statistischer Relevanz für die Vorhersage einer Erkrankung sind, während die *A-Priori-*Gewichtung von theoretischen Annahmen bei der Bewertung der Fragen ausgeht. Die an multivariaten und an medizinisch-epidemologischen Verfahrensweisen interessierten Leser seien auf unsere Arbeiten im Literaturverzeichnis hingewiesen.

Aufgrund der dargestellten Forschungsergebnisse und theoretischen Aspekte habe ich Hypothesen über eine psychosoziale Krebsentstehung aufgestellt. Die Krebserkrankung wird aus der Sicht der kognitiven Verhaltensanalyse und der Medizinsoziologie dargestellt. Im Abschnitt Therapieforschung soll unter anderem die allgemeine theoretische und methodische Grundlage der kognitiven Verhaltenstherapie beschrieben werden. Die Studien zum Krankheitsverlauf der Präventiv-Medizin und Rehabilitation, die vorläufig allerdings noch methodische Mängel aufweisen, werden dabei angeführt.

Zum Schluß werden die bisherigen Ergebnisse diskutiert. Es wird der Versuch einer zusammenfassenden Theorie gemacht und über die gesellschaftspolitischen Konsequenzen der Ergebnisse reflektiert.

Eins muß jedoch betont werden: Die psychosomatische Krebsforschung sowie meine eigene Forschungsarbeit befinden sich trotz umfangreicher Experimente noch am Anfang der Theorie- und Hypothesenbildung. Der interessierte Leser soll mit diesem Buch in ein neues Gebiet der Krebsforschung eingeführt werden, es wäre aber falsch, über noch bestehende methodische Fehler hinwegzusehen. Erst zukünftige Forschungsergebnisse, die in enger interdisziplinärer Arbeit mit der Klinik und Naturwissenschaft durchgeführt werden, können tatsächliche Fortschritte in der sozialwissenschaftlichen Krebsforschung ermöglichen. Dabei ist es unerläßlich, daß andere Wissenschaftler mit differenzierteren Methoden und größerem Energieaufwand das hier aufgezeichnete Problem weiter verfolgen. Das letzte Ziel dieses Buches ist die Darstellung eines Modells, das neue Denkanstöße in der Krebsforschung geben soll.

Der Leser, der sich für das Gesamtforschungsprogramm und für andere Ergebnisse interessiert, wird auf das Literaturverzeichnis verwiesen.

2. Literaturdarstellung und Kritik

In der psychosomatischen Medizin wurden mehr als 6000 Krebspatienten mit verschiedenen Fragebögen, durch tiefenpsychologische Interviews und mit anderen Testmethoden (z. B. mit dem Rorschach-Test) untersucht. Es wurden vereinzelt Psychotherapien an Krebspatienten durchgeführt. Auch psychoanalytische Vermutungen über Faktoren, die einen Krankheitsverlauf günstig oder ungünstig beeinflussen, wurden angestellt. Diese Arbeiten sind als wichtige Hypothesenquellen anzusehen. Leider weisen die Arbeiten, trotz sehr interessanter Einzelbeobachtungen, viele methodische Schwächen auf. Die meisten Studien sind retrospektiv durchgeführt worden, ohne daß in ihnen ein Forschungsprogramm ersichtlich ist. Wenn z. B. Therapievorschläge gemacht werden, basieren sie eher auf allgemeinen Intuitionen der Psychoanalytiker, nicht aber auf sorgfältigen experimentellen Untersuchungen mit dem Ziel, Verhaltensweisen und Einstellungen zu erforschen, die mit einem günstigen oder einem ungünstigen Krankheitsverlauf in Beziehung zu bringen sind. Das psychoanalytische Begriffssystem ist häufig derart vage, daß es für eine differentialdiagnostische Anwendung, z. B. für die Trennung von Krebspatienten und Neurotikern, nicht zu gebrauchen ist. Hier sollen einige psychosomatische Studien aufgeführt werden:

LeShan (1955–1956) findet bei 450 verschiedenen Krebspatienten langandauernde, ungelöste Konflikte vor. Die Krebserkrankung manifestiert sich in Situationen der Verzweiflung und Hoffnungslosigkeit. C. B. Bahnson und M. Bahnson (1963–1969) berichten über frühe Neurotisierung, schwere ungelöste Konflikte bei Krebspatienten, die durch Verneinung und tiefe Verdrängung von Konflikten gekennzeichnet sind. Die Krankheit manifestiert sich im Zustand der Verzweiflung und Hoffnungslosigkeit. Greene et. al. (1954–1968) berichten ebenfalls über prämorbide, schwere und ungelöste Konflikte sowie über Trauer nach Objektverlust, Hoffnungslosigkeit, Verzweiflung und Depression. Baltrusch (1960–1974) entdeckt bei seinen untersuchten Leukämiepatienten eine lebenslange Neurotisierung mit der Tendenz, Gefühle der Angst, Spannung und Feindseligkeit zu speichern, außerdem eine blockierte Sexualität. Kissen et. al. (1959–1969) untersuchten 450 Patienten mit Bronchialkarzinom. Auch er berichtet von einem hohen Grad von Verdrängung und Verneinung und von dem

Ausbruch der Krankheit unter Streß. Der Psychoanalytiker Booth (1962–1974) hat 120 Patienten mit Bronchialkarzinom untersucht und ordnet die Krebspatienten dem »analen Persönlichkeitstyp« zu. Reznikoff (1955) fand bei 25 Patientinnen mit Mammakarzinom eine gestörte weibliche Identifikation, negative Einstellung gegenüber Schwangerschaft und Geburt sowie gegenüber dem Stillen. Tarlau & Smalheiser (1951) bezeichneten ihre untersuchten Patientinnen mit Mamma- und Cervixkarzinom als »oralfixierte Personen«, die eine Ablehnung der weiblichen Rolle und negative Einstellung gegenüber der Sexualität zeigten. Stephenson (1954) berichtet bei Cervix-Patientinnen über schlechte sexuelle Anpassung, einen hohen Grad von gestörten Ehen, Frigidität und Abscheu vor dem Koitus. Neumann (1959) fand bei seinen Mamma- und Corpus-uteri-Patientinnen einen Verlust einer nahestehenden Person in 80 % der Fälle, und zwar kurz vor dem Ausbruch der Krebserkrankung. Evans (1964) hat bei 53 Patienten mit Lungenkrebs und Prostatakrebs eine starke Verdrängung aggressiver Impuls beschrieben.

Heyde (1970) und Trüb (1970) haben darauf hingewiesen, daß wirtschaftliche Belastung und niedriger sozio-ökonomischer Status einen negativen Effekt auf den Verlauf bestimmter Krebsarten haben können. Helbing (1962) konnte nachweisen, daß bei Frauen mit Genitalkarzinom eine schlechte Heilungschance bestand, wenn sie in schlechten Berufsverhältnissen lebten. Blumberg zeigte, daß bei Patienten mit schnellem Verlauf der Krebserkrankung eine deutlich geringere Fähigkeit zur Entlastung und Entspannung bestand. Er stellte psychologische Unterschiede im Persönlichkeitstest MMPI (Minnesota-Multiphasic-Personality-Inventory) fest. Herberger entdeckte bei seinen Patienten mit schnellen Krankheitsverläufen eine große »Kummerskala«. Achté (1970), Baltrusch, Herberger, Nèmeth und Mezei (1975) haben Pessimismus, Passivität, Resignation, Selbstaufgabe, Hoffnungslosigkeit und Verzweiflung sowie verarmte Kommunikationsfähigkeit und die Unfähigkeit zur Gewinnung neuer Objektsbeziehungen mit ungünstigem Verlauf der Erkrankung in Beziehung gebracht. Baltrusch, Nèmeth und Mezei konnten außerdem mit der Anwendung des TAT (Thematic Apperception Test) nachweisen, daß Patienten mit ungünstiger Prognose interpersonelle Beziehungen mehr negativ und pessimistisch sehen, einen deutlichen Mangel an solchen Beziehungen zeigen, den Ausgang einer Geschichte mehr negativ als offen sehen, eine geringe Kommunikationsbereitschaft haben sowie eine Tendenz zur Selbstverurteilung und Selbstabwertung.

Bis jetzt wurden psychotherapeutische Ansätze bei Krebspatienten nur ungenügend systematisch erfaßt. In der Literatur finden wir meistens Hinweise und Ratschläge, wie und was bei Krebspatienten zu therapieren wäre. So sieht Renneker die Aufgabe einer Psychotherapie mit Krebspatienten in der Freisetzung von objektfixierten und frustrierten Trieben und in der Ermöglichung neuer, konfliktfreier menschlicher Beziehungen. LeShan berichtet darüber, daß bestimmte Persönlichkeitszüge bei Krebspatienten in der Therapie immer wieder erscheinen, z. B. Gefühle der Isolation, Verzweiflung, Anzeichen verdrängter Aggressivität. Meerloo behauptet, in psychoanalytischen Situationen Heilungen erzielt zu haben. Tenney verfolgt einen mehr gesprächstherapeutischen Ansatz und sieht als Ziel, dem Patienten zu helfen, sich selbst zu finden, zu einem wahren Selbst stehen zu lernen, von dem er schon in der frühen Kindheit getrennt wurde. Auch dieser Autor berichtet über einen günstigen Krankheitsverlauf bei psychotherapierten Patienten, betont aber, daß eine große Anzahl von Patienten die Konfrontation mit der eigenen Problematik und die Reflexion über die eigene Person strikt ablehnen. Tenney geht jedoch davon aus, daß sich nur die jungen Patienten zur Psychotherapie eignen. Hans Joachim Baltrusch, ein Pionier der europäischen Psychosomatik des Krebses, fordert, daß die Psychotherapie bereits in der behandelnden Klinik, spätestens aber im Nachkurheim aufgenommen werden soll. Er hat beobachtet, daß viele Krebspatienten emotional stark engagiert auf die psychosomatische Untersuchung reagieren, so daß die ganze Situation therapeutischen Charakter annimmt. Auch meine Beobachtungen bestätigen H. J. Baltrusch. Viele Patienten reagieren schon auf das psychologische Gespräch mit größtem emotionalem Engagement und Dankbarkeit. Baltrusch empfiehlt für die Ärzte die Einführung von Balint-Gruppen. Heyde berichtet über günstige Krebsverläufe in Fällen, wo es gelungen ist, durch Psychotherapie die Konfliktlage der Patienten umzustrukturieren. Allgemein ist jedoch zu sagen, daß die Krebspsychotherapie noch in den ersten Anfängen steckt.

Hier sollen einige gravierende methodische Mängel der psychosomatischen Krebsforschung angeführt werden:

Die Wissenschaftler konnten bis heute keine Methode entwickeln, in der sie zwischen psychosozialen Konflikten vor der Erkrankung und den psychosozialen Veränderungen der Patienten nach der Erkrankung unterscheiden konnten. Dies ist in den einzelnen durchgeführten Studien auch nicht möglich, da ein Forschungsprogramm fehlt. Mit Hilfe eines Forschungsprogramms kann beispielsweise eine Gruppe von Personen vor der Erkrankung und nach der Erkrankung befragt werden. Dafür ist allerdings ein Beobachtungszeitraum von mehreren Jahren nötig. Die meisten Autoren haben in ihren Forschungen den Versuch unternommen, einen Beitrag zur Ursachenforschung zu leisten. Dies ist aber in retrospektiven Studien unmöglich. So lange man nicht weiß, welche Veränderungen Folge der Krankheit sind, kann man keine Aussagen über psychosoziale Faktoren, die vor der Krankheit bestanden, machen. In der psychosomatischen Krebsforschung wurde bis heute keine methodisch einwandfreie prospektive Studie durchgeführt. Als einzige prospektive Studie ist die von Thomas et. al. (1973, 1974) bekannt. 1337 Medizinstudenten wurden aufgrund des Rorschach-Tests und eines Zeichen-Tests beurteilt. Nach 30 Jahren erfolgte in derselben Population eine Untersuchung, die die Anzahl der malignen (bösartigen) Tumoren feststellte. Bei 30 der früheren Studenten hatte sich später Krebs entwickelt. Nun wurden die Ergebnisse des Rorschach- und des Zeichen-Tests neu analysiert. Dabei glaubt man herausgefunden zu haben, daß ausgerechnet solche Personen Krebs bekamen, die dazu neigten, Emotionen und Konflikte zu verdrängen. Die Interpretation geschah jedoch erst nach der Krebserkrankung. Die Studie hat keine zuverlässige Methode entwickelt, durch die die untersuchten Personen objektiv vergleichbar sind.

Die psychosomatischen Studien haben sich bisher ausschließlich auf intrapsychische Zusammenhänge beschränkt und dabei Prozesse wie Verdrängung, Verneinung, sexuelle Hemmung usw. definiert, dabei aber das objektiv gesundheitsschädliche Verhalten nicht berücksichtigt. Sie haben sich nicht die Frage gestellt, wie eine Person agiert bzw. wie sich eine Person z. B. ungünstigen Umwelteinflüssen gegenüber verhält. Somit konnten wichtige Bindeglieder zwischen emotionalem Streß und gesundheitsschädlichen Einwirkungen nicht erfaßt werden. Die psychoanalytisch orientierte Psychosomatik hat vor allem schwer definierbare und erfaßbare Prozesse wie z. B. die Verdrängung und Verneinung beschrieben, weniger aber die sogenannten kognitiven Strukturen, also Bewertungen, Überzeugungen und Annahmen über Wirkungszusammenhänge. Gerade diese scheinen aber für die psychosomatische Krebsforschung von zentraler Bedeutung zu sein.

Die psychosomatische Krebsforschung geht stets von Befragungen der Patienten, nicht aber von deren Angehörigen aus. Durch bloße Befragung der Patienten, ohne die Differenz der Antwortstruktur zu seinen Angehörigen zu kennen, bleibt es aber unklar, ob die Antwort nur subjektive Aspekte enthält oder ähnliche Antworten auch von den Angehörigen gegeben würden. Auch die bloße Befragung durch Fragebögen kann einseitig sein; sie müßte durch Beobachtungskataloge ergänzt werden. Das ist in der psychoanalytischen Krebsforschung so gut wie nicht gemacht worden. So kann hier der Interviewer-Effekt, erwartungskonforme Ergebnisse, nicht ausgeschlossen werden, da die Befragung von den Autoren und ihren Assistenten durchgeführt worden ist, die die Hypothesen gekannt haben. Viele Untersuchungsergebnisse beziehen sich übrigens nur auf die Erforschung einzelner isolierter Aspekte, ohne daß sie in ein allgemeines theoretisches Konzept eingeordnet werden. Ihre Relevanz für therapeutische Ziele und den Fortschritt der theoretischen Diskussion bleibt deshalb fragwürdig.

Die einzelnen therapeutischen Studien basieren nicht auf der experimentellen Psychologie. Weder der Ausgangspunkt der Therapie (z. B. die Antwortstrukturen auf einem Fragebogen) noch der therapeutische Effekt wurden gemessen. Das therapeutische Vorgehen selbst und die wirksamen Prinzipien der Therapie werden nicht beschrieben, sondern es werden nur vage Vorstellungen über therapeutische Ziele geäußert.

Die gesamte Analyse der Literatur, einerlei, ob sich diese auf Ursachenforschung, Verlaufsforschung oder Therapieforschung bezieht, zeigt so viele methodische Schwächen auf, daß die Weiterführung der sozialwissenschaftlichen Krebsforschung nur im Zusammenhang mit einem jahrelang aufgebauten, methodisch einwandfreien Forschungsprogramm gerechtfertigt erscheint.

In einem Forschungsprogramm werden viele einzelne Forschungsschritte nicht zum bloßen Selbstzweck durchgeführt. Die Studien sind so aufeinander abgestimmt, daß das Ergebnis einer Studie als Voraussetzung für den Aufbau der nächsten Studien anzusehen ist. Die erforschten Faktoren in einer Verlaufsstudie, z. B. solche, die auf den Krankheitsverlauf günstig oder ungünstig einwirken, werden als Grundlage für die experimentelle Therapieforschung berücksichtigt. Wie kann eine Therapieforschung gerechtfertigt werden, wenn Unklarheit darüber herrscht, welche Faktoren die Therapie beseitigen darf? Nur in prospektiven Studien kann eine Aussage über krankheitsauslösende Faktoren gemacht werden. Nur solche Faktoren können wiederum durch präventiv-therapeutische Maßnahmen beeinflußt werden. Darüber hinaus können präventiv- und kurativ-therapeutische Schritte in der prospektiven Ursachenforschung nützlich sein. Wenn beispielsweise bestimmte Faktoren therapeutisch beeinflußt werden und dabei nachgewiesen werden kann, daß die therapierten Personen entweder weniger an Krebs erkranken als Personen einer nicht therapierten Vergleichsgruppe, oder daß sie einen günstigeren Krankheitsverlauf zeigen, können Aussagen über ursächliche Wirkungen solcher Faktoren gemacht werden. Solche Schritte können aber nur in einem Forschungsprogramm, das auf Jahre hinaus angelegt ist, geplant werden. Häufig müssen für ein bestimmtes Forschungsprogramm eigene therapeutische Verfahrensweisen entwickelt werden. Das therapeutische und das theoretische Konzept sowie die Ziele der Forschung usw. müssen in einem Forschungsprogramm genauestens übereinstimmen.

Die psychosomatische Krebsforschung wird heute in der Rehabilitationsmedizin mit großem finanziellem Aufwand gefördert. Die Wissenschaftler, die in solchen Vorhaben tätig sind, orientieren sich an allgemeinen psychoanalytischen Grundsätzen, nicht aber an den Ergebnissen von durchgeführten Forschungsprogrammen, die als Basis ihres therapeutischen Handelns dienen müßten. Die psychosomatischen »Rehabilitationsspezialisten« vertreten unterschiedliche, subjektiv relevante therapeutische Grundsätze. Ihr Vorgehen läßt experimentelle Sorgfalt vermissen, Praxis und Ergebnisse der Therapie sind nicht nachprüfbar, Faktoren, die einen günstigen oder ungünstigen Krankheitsverlauf bestimmen, werden nicht berücksichtigt. Therapiert wird höchst subjektiv, ohne Kenntnis der Funktion, die die in der Therapie beeinflußten Faktoren für die Entstehung und den Verlauf der Krankheit haben.

3. Konzeption meiner Forschungsarbeit

Die ersten Arbeiten zur psychosozialen Krebsforschung sowie die erste wissenschaftliche Kooperation und Untersuchung an Patienten wurden im Jahre 1963 durchgeführt. In dieser Zeit wurde mir schnell bewußt, daß vereinzelte Studien für die komplexe Problematik der psychosozialen Krebsforschung wenig brauchbare Ergebnisse bringen können. Das liegt daran, daß verschiedene Forschungsergebnisse methodisch stark kritisierbar sind und ein Forschungsergebnis mehr Fragen aufwerfen kann, als es Antworten gibt. Wenn beispielsweise eine retrospektive Studie an Krebspatienten ein bestimmtes Ergebnis aufweist, dann stellt sich sofort die Frage, ob dieses Ergebnis die Ursache oder die Folge der Krebserkrankung erfaßt oder möglicherweise keine von beiden. Die Frage wird noch komplizierter, wenn ein Forschungsergebnis auf seine praktische Relevanz hinterfragt wird. Dabei eröffnen sich methodische und inhaltliche Probleme, die auf dem ersten Blick kaum zu überschauen sind. Aus diesem Grund kommt es häufig zwischen den wissenschaftlichen Absichten des einzelnen Autors und seinen Forschungsergebnissen zu kaum überwindbaren Widersprüchen.

Wenn beispielsweise ein Forscher die Absicht verfolgt, einen Früherkennungs-Fragebogen zu entwickeln, dann muß er nicht nur nachweisen, daß sein Fragebogen eine bestimmte Vorhersage ermöglicht. Er muß in der Lage sein, genau die Bedingungen zu benennen, unter denen der Fragebogen überhaupt eine richtige Vorhersage leisten kann. Er muß z. B. das Interviever-Verhalten präzisieren, die Art der Befragung beschreiben usw. Aus den hier angedeuteten Gründen war ich gezwungen, ein Forschungsprogramm zu entwickeln, dessen Fragestellungen in einem langen Zeitraum Ergebnisse bringen konnte. Die Antworten mußten sich auf wesentliche wissenschaftliche und praktische Fragen beziehen. Das Forschungsprogramm sollte beispielsweise die Frage beantworten, ob sich Personen vor und nach der Krebserkrankung in ihrer psychosozialen Struktur unterscheiden, welche psychosozialen Faktoren mit einem guten und welche mit einem schlechten Krankheitsverlauf zusammenhängen, welche therapeutischen Maßnahmen zum Erfolg führen und welche nicht. Es sollte ermöglichen, mit komplexen Fragestellungen wesentliche psychosoziale Faktoren zu erkennen, zusammen mit ihren vielschichtigen Funktionen.

Hierzu einige Beispiele: Mich interessierte, ob die gleichen psychosozialen Faktoren für die Krebsentstehung wie für einen späteren ungünstigen Verlauf der Erkrankung verantwortlich sind. Die besonders wichtigen psychosozialen Faktoren mußten von den eher nebensächlichen unterschieden werden. Deswegen habe ich in verschiedenen hier nicht dargestellten Untersuchungen bis zu 1200 Fragen eingesetzt, häufig kombiniert mit einem Beobachtungskatalog. Aufgrund statistischer Auswertungen konnten dann die besonders wichtigen Fragen isoliert werden. So war es beispielsweise möglich, einen Fragebogen von 700 Fragen auf 30 wichtigste Fragen zu reduzieren. Diese Fragen hatten dann einen hundertprozentigen Vorhersagewert.

Mein Forschungsprogramm ist in der Kritik und Auseinandersetzung mit der Literatur entstanden. Wenn die psychosomatischen Krebsforscher z. B. behaupten, daß die Krebspatienten zu Verneinung und Verdrängung von Konflikten neigen, dann ist das in vielfacher Hinsicht eine unzureichende Feststellung. Zunächst bleibt es unklar, ob diese Eigenschaften schon vor der Krebserkrankung ausgeprägt waren oder als Folge der Krebserkrankung anzusehen sind. Auch ist damit nicht erfaßt, welche Funktionen diese Faktoren für den Krankheitsverlauf haben. Die Erkenntnis trägt also weder zum besseren Verständnis des Krebsproblems bei noch hat sie eine präventiv-therapeutische oder kurativ-therapeutische Bedeutung. Abgesehen davon, daß es sich bei solchen Feststellungen um eine bloße Beschreibung eines Ist-Zustandes handelt, gibt es dabei aber auch methodische Probleme. Der Zustand der Verneinung und Verdrängung ist mit Fragebögen oder anderen Meßinstrumenten äußerst schwer zu erfassen. Um Fehlern zu entgehen, beabsichtigte ich deshalb, mehrere prospektive Studien durchzuführen; nach der Erkrankung sollten die Personen wieder befragt werden. Danach sollte ihr weiteres Schicksal beobachtet werden.

Auf diese Weise sind einige vorher aufgeworfene Fragen zu beantworten. Man kann beispielsweise feststellen, welche psychosozialen Faktoren zur Erkrankung führen, wie sich die Person nach der Erkrankung verändert hat und welche Faktoren dabei eine positive oder negative Rolle für den Krankheitsverlauf spielen. Außerdem war im Forschungsprogramm vorgesehen, daß bei bestimmten Gruppen präventiv-therapeutisch (d. h. vorsorgend) und bei anderen kurativ-therapeutisch (d. h. heilend) eingegriffen werden sollte. Somit war festzustellen, ob die therapeutische Beeinflussung der wichtigsten Faktoren die Wahrscheinlichkeit des Krankheitsausbruchs oder eines ungünstigen Krankheitsverlaufs verringerte.

Das Forschungsprogramm hat also zum Ziel, die Ursachenforschung von zwei Seiten her anzugehen:

a) durch prospektive Vorhersage

b) durch therapeutische Beeinflussung der Faktoren, die als Mitursache angesehen werden.

Wenn also ein psychosozialer Faktor wirklich eine ursächliche Rolle für die Krebserkrankung oder für einen ungünstigen Krankheitsverlauf spielt, dann muß dieser Faktor eine Vorhersage ermöglichen, während seine therapeutische Beeinflussung und Beseitigung den Krankheitsausbruch bzw. einen schlechten Verlauf verhindern muß. Außer diesen zentralen Fragen wurden auch viele Nebenfragestellungen verfolgt. Beispielsweise wurde bei einer bestimmten befragten Population die Sexualität systematisch miterfaßt, während in einer anderen Gruppe die Familiendynamik ausführlicher erforscht wurde.

Aufgabe der Sozialwissenschaft in der Krebsforschung ist es, festzustellen, ob psychosoziale Faktoren eine Funktion im Krebsproblem haben. Die verschiedenen sozialwissenschaftlichen Richtungen haben ihre eigenen theoretischen und methodischen Konzeptionen. Während die psychoanalytisch orientierte Krebsforschung eher die Vorgänge im Unbewußten betont und Begriffe wie Verneinung und Verdrängung verwendet, befaßt sich die Verhaltenstherapie vor allem mit erlenten Verhaltensweisen, mit Bedingungen, die bestimmte Lernprozesse in Gang setzen, und mit den Folgen der fehlerlernten Verhaltensweisen.

In meinem Forschungsprogramm wurden theoretische Konstruktionen entworfen, in denen bestimmte Zusammenhänge (z. B. zwischen familiärer Dynamik und einem gesundheitsschädlichen Verhalten) überprüft wurden. Die sozialwissenschaftliche Theorie gehört in den Bereich der interdisziplinären Sozialforschung, und in ihr werden verschiedene sozialwissenschaftliche Disziplinen integriert. (So wird z. B. die moderne Familienforschung in besonderer Anlehnung an Helm Stierlin und seine Theorien von mir berücksichtigt.) Obwohl jedoch viele Begriffe aus der Familienforschung entnommen wurden bzw. sich mit dieser decken, hat die besondere Problematik meiner Forschung häufig zum Entwurf eigener Begriffe geführt. Während beispielsweise die analytische Familienforschung von Helm Stierlin ein theoretisches System hat, das erlaubt, im individuellen Fall in die Tiefe zu gehen und eine komplexe Beziehungsdynamik zu erfassen, sind meine Begriffe so entworfen worden, daß die dahinterstehende Problematik mit einem Ja-Nein-Fragebogen erfaßt werden kann. In meiner Forschung wurden nicht nur relevante familiendynamische Probleme erfaßt, sondern auch viele andere Bereiche berücksichtigt, so z. B. die Sexualforschung, die moderne medizinsoziologische und psychosomatische Forschung mit ihren Fragestellungen, die Streßforschung, die Traumforschung, die moderne Epidemiologie und vor allem die moderne Verhaltensforschung, besonders Konzeptionen der sogenannten kognitiven Verhaltenstherapie. Die erwähnten Bereiche wurden nicht fragmentarisch in eine globale Betrachtungsweise integriert. Vielmehr habe ich in meinen Arbeiten den Versuch unternommen, die verschiedenen erforschten Gebiete mit einer einheitlichen Theorie zu erfassen. Diese Theorie habe ich dann in meinem Forschungsprogramm am empirischen Material überprüft. Meine sozialwissenschaftliche Betrachtungsweise kann auf eine sehr vielschichtige Weise in die interdisziplinäre Krebsforschung integriert werden. Sie kann einen Beitrag in der Ursachenforschung leisten, indem sie die Frage beantwortet, ob bestimmte psychosoziale Faktoren, die in prospektiven Studien erforscht werden, die Wahrscheinlichkeit einer Krebserkrankung erhöhen. Sie kann ungünstige und günstige Faktoren für den Krankheitsverlauf analysieren und therapeutische Methoden entwickeln und außerdem viele andere Probleme angehen, wie beispielsweise die Motivation des Einzelnen zur Krebsvorsorge.

Ein besonderer Vorteil für die Anwendung meiner Forschungsmethoden in der interdisziplinären Krebsforschung ist die strikte standardisierte und experimentelle Vorgehensweise. Im Unterschied zum psychoanalytischen Vorgehen können die Ergebnisse aus meiner Forschungsarbeit immer auch gleichzeitig qualitativ und quantitativ dargestellt werden. So kann zum Beispiel die Punktzahl einer Person aus einem Fragebogen in Beziehung gebracht werden zu Ergebnissen der naturwissenschaftlichen Medizin (z. B. Blutwerten, Röntgenaufnahmen).

II. Methodische Probleme und Ziele

In der Darstellung des Forschungsprogramms wurden schon einige schwierige methodische Probleme angesprochen. Hier sollen noch einige weitere angeführt werden, da die methodische Durchführung ein zentraler Bestandteil der gesamten Forschungsarbeit ist.

Von zentraler Bedeutung war zunächst, einzelne Forschungsschritte aufeinander so abzustimmen, daß empirisches Material angesammelt werden konnte, das eine Antwort auf die wichtigsten Fragen im Forschungsprogramm ermöglichte. So mußten z. B. die befragten Personen in der prospektiven Studie nach ihrer Erkrankung zum zweiten Mal befragt werden. Darüber hinaus war ich bemüht, methodische Prinzipien aufzustellen, die eine systematische Fehlerquelle, die vom Autor selbst ausgehen kann, ausschließen sollte. In diesem Zusammenhang war die wichtigste Aufgabe, die Theoriebildung von der Datenerhebung und beides von der Datenauswertung zu trennen. Während ich verschiedene Voruntersuchungen durchgeführt habe, aufgrund derer ich theoretische Konstruktionen und Hypothesen entwerfen konnte, war ich soweit wie möglich bemüht, daß andere Personen, z. B. wissenschaftliche Hilfskräfte, die Interviews durchführten. Sie durften nach Möglichkeit nicht wissen, welche Person an Krebs erkrankt war, welche Person der Kontrollgruppe angehörte und welche Person in prospektiven Studien erfaßt wurde. Häufig wußten sie auch nicht, daß sie bei einer dritten Person eine Nachuntersuchung durchführten, die zum Ziel hatte, festzustellen, ob eine früher durchgeführte Therapie zum Erfolg geführt hatte oder nicht. Die Auswertung der Studie, wie z. B. die Verfolgung einer Population, die vor einigen Jahren in einer prospektiven Studie erfaßt wurde, wurde dann nach Möglichkeit wieder von dritten Personen, beispielsweise Ärzten, durchgeführt. Es war gut, wenn ich diese Personen während der Auswertung noch nicht persönlich kannte.

Solche methodischen Prinzipien sind allerdings nur der allererste Schritt in einer experimentellen psychosozialen Forschung. Weitere methodische Prinzipien müssen hinzukommen, beispielsweise die Überprüfung der Hypothesen mit demselben Fragebogen in verschiedenen Kulturen oder an verschiedenen Populationen. Es müssen sogenannte Kreuzvalidierungen unternommen werden; die mehrfach durchgeführten Studien mit derselben Methode müssen auch zum selben Ergebnis führen. Um dieses Ziel zu erreichen, müssen zusätzlich umfangreiche experimentelle Studien durchgeführt werden, die so genau wie möglich die Bedingungen im Forschungsprozeß erfassen, die dafür verantwortlich sind, ob das Ergebnis positiv oder negativ ist. Ein Meßinstrument ist an und für sich nicht »objektiv«, und es kann nicht unabhängig von den Bedingungen seiner Anwendung zu gleichen Ergebnissen führen. Leider ist die moderne Sozialmedizin und Psychosomatik an diesem Problem bis heute völlig vorbeigegangen. So sind z. B. wichtige Studien in der psychosomatischen Medizin verschiedentlich wiederholt worden, ohne daß dabei die methodischen Grundprobleme, besonders die Bedingungen, unter denen die Studien wiederholt wurden, reflektiert wurden.

In meinem Forschungsprojekt wurde besonderer Wert auf die Interviewer-Qualität und die Erforschung der sozialen Kommunikation zwischen dem Interviewer und den Befragten gelegt. Im Forschungsprojekt Sozialwissenschaftliche Onkologie (Geschwulstforschung) wurden bis zu 72 Interviewer gleichzeitig angestellt, darunter war eine völlig ungeschulte Gruppe und eine Gruppe, die in verschiedenen Aspekten vorbereitet war. Verschiedene Ergebnisse konnten zeigen, daß Faktoren wie z. B. das Verständnis für den Kontext, der mit einer Frage erfaßt wurde, das Gefühl, wann mit einem Interview begonnen werden konnte, die Gefühle, die ein Interviewer beim Befragen hervorruft, der Grad der Übereinstimmung, den ein Interviewer bei der Befragung derselben Person mit einem anderen geschulten Interviewer erzielt usw., das Forschungsergebnis maßgeblich beeinflussen. Während geschulte Interviewer in retrospektiven Studien eine hundertprozentige Unterscheidung zwischen Krebspatienten und der Kontrollgruppe ermöglicht haben, brachten die ungeschulten Interviewer nicht nur kein, sondern sogar ein negatives Ergebnis. Beide Gruppen wußten nicht, wer an Krebs erkrankt war und wer der Kontrollgruppe angehörte. Auch schriftliche Interviews rufen sehr viele Verzerrungen hervor. Eine Gruppe von Krebspatienten wurde zunächst schriftlich, danach durch geschulte oder ungeschulte Interviewer befragt. Die geschulten Interviewer erzielten wesentliche genauere Ergebnisse als die schriftliche Befragung.

Zur Methode gehört nicht zuletzt die Art der statistischen Auswertung. Unser Forschungsprojekt versucht, Methoden der empirischen Psychologie (z. B. multivariate Verfahrensweisen) mit Methoden der medizinischen Epidemiologie zu verbinden. Während beispielsweise die Regressionsanalyse beantworten kann, welche Fragen in welcher Reihenfolge für eine Vorhersage der Krebserkrankung die wichtigsten sind, kann die Auswertung durch die medizinische Epidemiologie verschiedene andere, sehr wichtige Fragen beantworten, z. B. wie häufig das Auftreten der Krebserkrankung in einer bestimmten Bevölkerung mit einem bestimmten Verhalten erwartet wird, wie häufig sie tatsächlich in der untersuchten Population eingetroffen ist und wie hoch das relative Risiko einer Krebserkrankung bei einer Person ist, die ein bestimmtes Kriterium erfüllt, im Vergleich mit einer Person, die dieses Kriterium nicht erfüllt. Solche Auswertungen sind bereits abgeschlossen worden, und es liegen sowohl die wichtigsten Fragen aus meinem Fragebogen wie auch die ersten Berechnungen über das relative Risiko vor (siehe Literaturangaben).

III. Die theoretische Konzeption

Ich gehe davon aus, daß das Verhalten eines Menschen schon in den familiären Beziehungen, angefangen von der frühen Kindheit, geprägt wird. Spätere lebensgeschichtliche Einflüsse, z. B. Erziehung, Partnerbeziehung, bestimmte Ereignisse und Erlebnisse, spielen ebenso eine große Rolle und stellen Rahmenbedingungen dar, in denen Verhaltensweisen, wie z. B. die Sexualität, das vernunftorientierte Verhalten, harmonisierendes Verhalten, Bereitschaft zur Selbstzurückstellung, gesundheitsschädliches Verhalten, erlernt werden. Obwohl ich aufgrund meiner theoretischen Konzeption eine interdisziplinäre Sozialforschung betreibe und sehr verschiedene Problembereiche erfasse, gehört meine umfassende theoretische Konstruktion eindeutig in den Bereich der sogenannten kognitiven Verhaltenstherapie und der medizinischen Sozialwissenschaft. Als Vertreter der kognitiven Verhaltenstherapie gehe ich davon aus, daß nicht nur das manifeste und beobachtbare Verhalten erlernt ist. Erlernt sind auch sogenannte kognitive Strukturen, also subjektive Bewertungs- und Denkweisen, Annahmen über Wirkungszusammenhänge, Vorstellungen über den Ablauf von sozialen Beziehungen, Überzeugungen, Glaubensbereitschaften usw. Die erlernten Denkstrukturen beeinflussen Verhaltensweisen. Im Bereich der psychosozialen Krebsforschung sind gesundheitsschädliche Verhaltensweisen und Denkstrukturen, die zu chronischem Streßverhalten führen, von besonderem Interesse. Von großer therapeutischer Relevanz ist die Tatsache, daß die erlernten Denkstrukturen wieder verlernt werden können, es also möglich ist, auch gesundheitsschädliche Verhaltensweisen wieder aufzuheben. Die sogenannten kognitiven Strukturen bewerten die Reize und die Konsequenzen des Verhaltens. Sie werden von Programmen gesteuert, von internalisierten Bewertungsregeln und Annahmen über Wirkungszusammenhänge, die erlernt sind und in der kognitiven Struktur verbalisiert werden. Es gibt auch unbewußte Programme, die keinen Ausdruck in den kognitiven Strukturen gefunden haben. Beispielsweise ist meiner Auffassung nach emotionaler Streß eine physiologische Erregung, die sich der kognitiven Kontrolle entzogen hat. Das heißt aber nicht, daß das Verhalten selbst irrational ist. Ein äußerst vernunftorientiertes Verhalten, das völlig unter kognitiver Kontrolle steht, kann eine hervorragende Bedingung für einen chronischen emotionalen Streß sein, der von diesem vernunftorientierten Verhalten nicht kontrolliert wird.

Ich sehe die Lebensgeschichte der Krebspatienten im Zusammenhang mit fehlerlernten kognitiven Strukturen. In der Familienbeziehung wurden dafür die ersten Weichen gestellt. Die späteren Krebspatienten haben meistens kalte, ausstoßende Elternhäuser mit perfektionistischer und harmonisierender Einstellung oder einen überliebevollen Elternteil, der gleichzeitig perfektionistische Ansprüche stellt, gehabt. In jedem Fall sind die Eltern des zukünftigen Krebspatienten äußerst normkonform und stellen hohe Ansprüche an die Leistung und das Verhalten ihres Kindes. Sie erwarten permanente Leistung und versprechen dafür Belohnungen, die sie so gut wie nie erteilen. Dem Kind wird z. B. bewußt gemacht, daß es nur dann Anerkennung von den Eltern zu erwarten hat, wenn es seine täglichen Arbeiten hervorragend ausübt. Das Kind hat nicht erlernt, soziale Anerkennung auf andere Weise zu erwerben. Der spätere Krebspatient zeigt ein Leben lang das folgende stereotype Verhalten: Er vollbringt Leistungen, stellt die eigenen Ansprüche in den Hintergrund, verhält sich vernunftorientiert und perfektionistisch und idealisiert die Bezugspersonen, von denen er Zuwendungen erwartet. Trotzdem hat er die emotionale Ausstoßung und Zurückweisung nie richtig verarbeitet. Er leidet unter größter Angst, daß sich das Ausstoßungserlebnis im späteren Leben wiederholen könnte. Noch sind ihm die negativen Konsequenzen, z. B. die permanente Verunsicherung und Angst, tief in bewußter oder unbewußter Erinnerung. Aus Angst, ein zweites Mal verletzt und ausgestoßen zu werden, nimmt der zukünftige Krebspatient sehr viel auf sich: Er ist überaktiv, er achtet nicht auf den eigenen Körper und ignoriert seine Symptome, er stellt sich für andere Personen zurück und zeigt ein ausgeprägtes harmonisierendes Verhalten. Im harmonisierenden Verhalten kommt der Wunsch zum Ausdruck, eine konfliktfreie Beziehung aufbauen zu wollen, in der transparent wird, daß eine wiederholte Verletzung ausgeschlossen werden soll und diese Beziehung hierfür eine Garantie darstellt. Der Krebskandiat stellt sich gegenüber einer geliebten Person ganz zurück und setzt für die Aufrechterhaltung einer idealisierten Beziehung, in der hundertprozentige Harmonie angestrebt wird, nicht nur sein ganzes emotionales, sondern auch sein vernunftorientiertes Verhalten ein. Er wirkt äußerst vernünftig, sehr menschlich und sehr am Problem anderer Personen interessiert. Er überspielt geradezu perfekt seine chronische Angst, emotional ausgestoßen und verlassen zu werden. Zu einem sehr hohen Prozentsatz gelingt es dem zukünftigen Krebspatienten tatsächlich, eine Beziehung aufzubauen, in der er ein idealisierendes und harmonisierendes Verhältnis findet. Eine solche harmonische Beziehung kann einige Jahre, aber auch Jahrzehnte andauern. Nach ihrem Bruch, z. B. durch Trennung oder plötzlichen Tod der idealisierten Person, bricht sehr schnell chronische Hoffnungslosigkeit und emotionaler Streß aus. Die Person fühlt sich verlassen, hoffnungslos und fährt in einer irrationalen Weise fort, sich extrem sozial angepaßt zu verhalten. Es entsteht der Eindruck, als ob die Person versuche, erneut durch »braves« und normkonformes Verhalten die Liebe und Anerkennung einer Person zu erlangen. Da andere erlernte Verhaltensweisen zum Aufbau einer sozialen Beziehung fehlen, kommt die Person meistens nicht mehr dazu, ein neues harmonisches Verhältnis zu entwickeln. Einige Jahre nach solchen Zuständen bricht in der Regel die Krebserkrankung aus. Die vernunftorientierte Person, die später an Krebs erkrankt, unterscheidet sich in einem wesentlichen Punkt von Personen, die verhaltensgestört sind oder an einer inneren Krankheit, z. B. Herzinfarkt, erkranken: Sie interpretiert ihre wichtigsten Bezugspersonen positiv und fühlt sich selbst unzulänglich. Sie ist dankbar für jede Zuwendung und lebt von der Inspiration, die sie durch andere Personen erfährt. Sie hat offensichtlich unbewußt große Minderwertigkeitsgefühle und überspielt sie durch vernunftorientiertes, normenkonformes, häufig auch durch ausgeprägtes ästhetisches und künstlerisches Verhalten. Sie ist letztlich aber immer auf die Zuwendung ihrer Umwelt angewiesen, weil sie eine geringe Selbstbewertung hat. Die Personen, die später an Herzinfarkt, Magengeschwür, Diabetes Mellitus oder einer anderen internistischen Erkrankung leiden, zeigen häufiger die Tendenz, die eigene Person hoch und die Umwelt niedrig zu bewerten. Auch solche Verhaltensweisen sind im Elternhaus erlernt worden. Beispielsweise hat die Mutter solche Kinder überbewertet, während sie gleichzeitig die Umwelt unterbewertet hat.

Obwohl die späteren Krebspatienten im Elternhaus emotional ausgestoßen wurden, wurde ihnen das Gefühl vermittelt, ohne die Eltern nicht leben zu können. Sie haben gelernt, daß Eltern Personen sind, die immer das Richtige tun und deswegen geliebt und bewundert werden müssen. Von daher zeigen die Krebspatienten eine masochistische Tendenz, ein Leben lang ihre Partner und ihre Eltern ohne Gegenliebe zu bewundern. Das harmonisierende Verhalten ist häufig Ausdruck des Wunsches, solche einseitigen Beziehungen kontrollieren zu können. In völliger Selbstzurückstellung und Idealisierung wird versucht, die Bezugsperson für sich zu behalten. Schlimm wird es dann, wenn sie sich dann trotzdem entzieht.

Einer weiteren Gruppe von späteren Krebspatienten gelingt es häufig bis zum 30. Lebensjahr nicht, eine erstrebte harmonische und idealisierte Beziehung aufzubauen. Solche Personen leiden entweder derart an inneren Hemmungen, daß sie nie zu einer Beziehung fähig sind, oder sie geraten in eine enttäuschende zwischenmenschliche Beziehung, in der sie ihre Harmonievorstellungen nicht verwirklichen können. Das erste Beispiel finden wir in der Autobiographie von Fritz Zorn »Mars«. Da schildert ein junger Lehrer, der an Krebs erkrankt und stirbt, einen verzweifelten Versuch, mit überstarken inneren Hemmungen fertig zu werden. Häufiger sind aber enttäuschende Beziehungen feststellbar. Beide sind charakteristisch für den Krebs bei jungen Leuten. Der Krebs bei älteren Leuten scheint deswegen später auszubrechen, weil es diesen Personen gelungen ist, zunächst positive zwischenmenschliche Beziehungen aufzubauen, die sie als eine Art Prothese benutzen konnten.

Die zukünftigen Krebspatienten zeigen als Folge der geschilderten Problematik ein Verhalten, das ich »exponierendes Verhalten« nenne. Charakteristisch für das exponierende Verhalten ist die chronische Überaktivität, das Nichtbeachten von vorhandenen Krankheitszeichen, die Bereitschaft zu Medikamentenmißbrauch, Zigarettenrauchen usw. Das exponierende Verhalten ist ebenso erlernt wie die übrigen Verhaltensweisen der zukünftigen Krebspatienten. In ihm drückt sich die Spannung der ständigen Selbstzurückstellung aus. Gleichzeitig ist es ein exzessiv gesundheitsschädliches Verhalten und stellt ein Bindeglied zwischen psychosozialem Verhalten und den pathophysiologischen Bedingungen für den Krankheitsausbruch dar. Das exponierende Verhalten impliziert beispielsweise die chronische Nichtbeachtung von Krankheitszeichen. Krebskandidaten schleppen jahrelang Symptome mit sich herum, bevor sie zum Arzt gehen. Der Krebspatient achtet nicht auf körperliche Warnsignale. Wenn körperliche

Symptome nicht beachtet werden, z. B. Schmerz, chronische Entzündungen usw., dann scheint der Körper zu drastischeren Entwicklungen bereit zu sein. So gesehen kann die Hypothese vertreten werden, daß die Krebserkrankung auch eine organische Reaktion auf chronisch fehlerlerntes Verhalten ist. Ich nehme an, daß das Resultat von fehlerlernten Verhaltensweisen eine chronisch blockierte Bedürfnisäußerung und -befriedigung ist. Bedürfnisse sind Spannungen zwischen einem Mangelzustand und einem erstrebten Zustand. Obwohl bestimmte Bedürfnisse bei allen Menschen vorhanden sind, z. B. das Bedürfnis nach Nahrung, sozialer Anerkennung, hat jedes Bedürfnis beim Menschen auch eine ausschließlich subjektive Komponente. Sie resultiert aus der spezifischen Bewertung von Elementen, die im Bedürfnis beinhaltet sind. Zum Beispiel ist die Bewertung der Zigarette und der Konsequenzen des Rauchens bei den Rauchern von Fall zu Fall verschieden. Jeder Mensch hat in seiner Lebensgeschichte Bedürfnisse erlernt, die für ihn subjektiv von größter Bedeutung sind. Ähnliche Bedürfnisse müssen für eine andere Person nicht vorhanden sein, ja, ihre Existenz könnte für das Individuum lästig sein. Die zukünftigen Krebspatienten haben ausgesprochene Bedürfnisse nach Harmonie und nach sozialen Beziehungen, die harmonische Verhältnisse ermöglichen. Im Verhältnis zur Mutter, zum Ehegatten, Vorgesetzten werden die subjektiv ausgeprägten Bedürfnisse an konkrete Personen gebunden. So glaubt dann beispielsweise der Ehegatte, daß er ohne seine Frau, die ihm ein harmonisches Verhältnis ermöglicht, nicht leben kann bzw. daß er nur mit ihr zusammen einen Sinn im Leben sieht.

Solche Bedürfnisse nenne ich »zentrale Bedürfnisse«. Bei Krebskandidaten ist zu beobachten, daß einem chronischen emotionalen Streß immer die Verhinderung der für das Individuum zentralen Bedürfnisse vorhergeht. Wenn es beispielsweise für den Menschen ein wichtiges Bedürfnis ist, mit seiner Mutter zusammen zu leben, dann kann der Tod der Mutter eine blockierte Bedürfnisäußerung hervorrufen, deren Folge ein chronischer emotionaler Streß ist. Bei Krebspatienten ist der emotionale Streß durch chronische Hoffnungslosigkeit und Niedergeschlagenheit charakterisiert. Dabei zeigt er eine mangelnde Bereitschaft und Fähigkeit, sich aufzuregen, andere zu kritisieren und seine Konflikte aggressiv auszutragen. Trotz Hoffnungslosigkeit bleibt er äußerst vernunftorientiert und behält eine positive, ja idealistische Einstellung zur Umwelt bei. Hier gibt es natürlich von Fall zu Fall Variationen; so kann bei einer Person die Tendenz zur Idealisierung der Umwelt in Verbindung mit Selbstzurückstellung ausgeprägt sein, während bei einer anderen Person emotionale Kälte, geringe Begeisterungsfähigkeit mit einem ausgesprochen vernunftorientierten, sachlichen Verhalten kombiniert sind. Obwohl bei Krebskandidaten häufig eine sehr ausgeprägte ästhetische und künstlerische Neigung vorhanden ist, ist diese nie mit psychopathologischen Phantasien und persönlicher Inkonsequenz verbunden. Die Krebskandidaten haben kein psychopathologisches Ventil, um ihre verhinderte Bedürfnisäußerung im sozialen Rahmen indirekt zum Ausdruck zu bringen. Verschiedene Studien konnten zeigen, daß sich Krebs und Schizophrenie ausschließen. Ich habe Krankenschwestern gefragt, die lange Jahre in psychiatrischen Krankenhäusern gearbeitet haben und die chronischen Insassen z. T. zehn bis zwanzig Jahre lang beobachtet hatten. Sie konnten sich an Krebs oder Herzinfarkt bei psychiatrischen Patienten nur äußerst selten erinnern. Auch meine umfangreichen Befragungen konnten nachweisen, daß Krebspatienten kein psychopathologisches Symptombewußtsein haben. Personen, die später an Krebs erkranken, und Krebspatienten sind immer ausgeprägt realistisch, vernünftig und zeigen so gut wie nie Phantasien und Verhaltensweisen, in denen aus dem Unbewußten Unvernünftiges, Irrationales, Verrücktes, Inkonsequentes, Unehrliches, Unlogisches, Verpöntes und nicht Normenkonformes zum Vorschein kommt.

Nun kann davon ausgegangen werden, daß jeder Mensch Verhaltenstendenzen gelernt hat, die nicht normenkonform sind. Offenbar stehen aber bei Krebskandidaten solche Tendenzen unter einer rigiden kognitiven Kontrolle und werden durch bestimmte Denkweisen und Bewertungsstrukturen in ihrer Äußerung verhindert. Das könnte zu einer verkürzten Interpretation führen, die besagt: Wenn sich Personen nur vernunftorientiert und normenkonform verhalten, dann müssen sich Verhaltensimpulse, die mit der Norm nicht zu vereinbaren sind, eben einen anderen Weg suchen. Dabei können sie einen anarchistischen Zellwuchs anregen. Diese Folgerung ist zwar nicht falsch, aber ergänzungsbedürftig. Es muß nämlich unbedingt die Tatsache berücksichtigt werden, daß Krebskandidaten im allgemeinen sehr anspruchslos sind und sich mit der Äußerung ihrer subjektiv zentralen Bedürfnisse zufrieden geben. Wenn Krebskandidaten in einer idealisierten sozialen Beziehung leben und sich äußerst vernunftorientiert im Alltag verhalten, erkranken sie noch lange nicht. Sie werden erst dann erkranken, wenn sich ihre subjektiv als sehr wichtig bewertete Beziehung auflöst. An diesem Punkt zeigt sich der Unterschied, aber auch die Gemeinsamkeit zwischen der psychoanalytisch orientierten Krebsforschung und meiner Theorie, die in den Bereich der kognitiven Verhaltenstherapie einzuordnen ist. Während für die psychoanalytisch orientierten Autoren (z. B. Bahnson, Kissen, Booth) Verneinung und tiefe Verdrängung von Konflikten im Vordergrund stehen, die ja mit meiner Hypothese des vernunftorientierten Verhaltens zu vereinbaren sind, steht in meiner Sicht eine kognitive Desorientierung im Vordergrund, d. h. der Verlust hochbewerteter Ziele und Beziehungen, die zu chronischer Hoffnungslosigkeit führen. Natürlich schließe ich nicht aus, daß sich unbewußte Verhaltenstendenzen, die keine Chance haben, von den bewußten Denkstrukturen akzeptiert zu werden, somatisch letztlich in der Krebswucherung umsetzen.

In welchem Zusammenhang stehen nun psychosozialer Streß und die kanzerogenen Substanzen? Die naturwissenschaftliche Krebsforschung konnte in vielen Experimenten und epidemiologischen Studien nachweisen, daß es hochwirksame physische, chemische, mikrobiologische Agentien gibt, die mit einer gewissen Wahrscheinlichkeit zur Krebserkrankung beitragen. Dabei soll nur der Stoff Teer und seine Bedeutung für den Lungenkrebs stellvertretend für viele Kanzerogene genannt werden. Die sozialwissenschaftliche Krebsforschung wäre zynisch, unwissenschaftlich und inhuman, würde sie den Versuch unternehmen, die Bedeutung der sich immer vermehrenden Kanzerogene in der Umwelt zu verleugnen. Trotzdem kann die naturwissenschaftliche Krebsforschung die Frage nicht beantworten, warum bestimmte Kettenraucher nicht an Lungenkrebs erkranken, während andere Raucher diese Krankheit bekommen. Dieselbe Frage gilt für so gut wie alle Kanzerogene. Die psychosomatische Krebsforschung, z. B. die Richtung von C. B. Bahnson, ignoriert die Frage nach den Kanzerogenen völlig. Sie impliziert, daß Personen, die ein starkes Verdrängungs- und Verneinungspotential aufweisen, mit großer Wahrscheinlichkeit an Krebs erkranken. Ich habe den Versuch unternommen, eine synergetische Position zu entwickeln, die davon ausgeht, daß das Zusammenwirken von mehreren Faktoren die Wahrscheinlichkeit erhöht, daß die Krankheit auftritt. Ich gehe beispielsweise davon aus, daß ein starker Zigarettenraucher in Verbindung mit chronischem emotionalen Streß eher gefährdet ist, an Krebs zu erkranken, als eine Person, die nur stark raucht. Meine detaillierten Studien konnten zeigen, daß es ein solches Zusammenwirken von Risikofaktoren gibt, es aber nötig ist, die Gesetzmäßigkeiten des Zusammenwirkens zu erforschen. Es scheint so zu sein, daß jeder Mensch entsprechend seiner Konstitution eine bestimmte Menge an Belastung ertragen kann. Mehrere Faktoren können physiologische Belastung hervorrufen, besonders aber

a) kognitiv gesteuerter und verursachter emotionaler Streß
b) Wirkung von chemischen, physischen und mikrobiologischen Agentien auf den Organismus
c) gesundheitsschädliches Verhalten (z. B. Hyperaktivität, Nichtbeachtung vorhandener Symptome)
d) soziale Erwartungen und Normierungen (z. B. Arbeitstempo am Fließband)

Ich gehe davon aus, daß das krankheitserzeugende Quantum an Belastung entweder durch extrem ausgeprägte Einzelfaktoren (z. B. Rauchen über 60 Zigaretten am Tag) oder durch die Summe mehrerer Faktoren zustandekommt. Eine solche synergetische Forschung wird von mir seit Jahren gefordert, aber leider noch nicht ernsthaft durchgeführt. In einem Experiment konnte ich z. B. nachweisen, daß Personen, die gleichzeitig chronisch emotionalen Streß aufweisen und mehr als 50 Zigaretten pro Tag rauchen, häufiger erkranken als Personen, die nur dieselbe Menge rauchen oder nur unter Streß stehen. Eine synergetische Forschung, die mehrere Faktoren berücksichtigt, setzt keineswegs voraus, daß alle Faktoren die gleiche krankheitserzeugende Wirkung haben. Um das Gewicht einzelner Faktoren im multidimensionalen Geschehen zu bestimmen, sind umfangreiche, interdisziplinäre epidemiologische Studien nötig.

Aus der Sicht meines Faches muß ich betonen, daß das kognitiv gesteuerte Verhalten eine bis heute kaum vorstellbare und noch völlig ungeahnte Wirkung auf die Krankheitsentstehung hat. Die kognitive Bewertung einer bestimmten Situation kann pathophysiologische Prozesse auslösen, die zum Tode führen. Wenn Angehörige eines bestimmten Naturvolkstammes gegen gewisse normative Bestimmungen verstoßen, auf deren Verletzung der Tod steht, und diese Personen an den kognitiven Sachverhalt ohne Antithese glauben, dann können sie innerhalb einiger Tage sterben. Ein ausgeprägter, kognitiv gesteuerter emotionaler Streß ist keineswegs nur der Auslöser einer Erkrankung,

z. B. eines Hirnschlags oder Herzinfarkts, er kann mit größter Wahrscheinlichkeit auch zur Krankheitsentwicklung (z. B. zur arteriellen Sklerose) beitragen. Dieses Verhältnis von psychosozialem Streß und pathophysiologischer Veränderung ist keine rein akademische oder theoretische Frage, in der es auf private Meinungen oder Überzeugungen ankäme. Sie kann nur in langdauernden, methodisch korrekt angelegten interdisziplinären Studien beantwortet werden, in denen gleichzeitig emotionaler Streß und pathophysiologische Daten erfaßt werden. Die heutige medizinische Forschung befindet sich noch in einer schizophrenen Lage: Obwohl jeder Arzt die Bedeutung von emotionalem Streß erkannt hat, wurde dieser so gut wie in keiner epidemiologischen Studie an größeren Populationen systematisch erfaßt. Wenn jedoch interdisziplinäre Versuche von Sozialwissenschaftlern angeregt werden, dann besteht die Gefahr, daß sich die Naturwissenschaftler der Kooperation verweigern.

Aufgrund meiner bisherigen Forschungsarbeit gehe ich davon aus, daß die sogenannten Kanzerogene (also krebserzeugende Substanzen) eher als Anlässe und weniger als Ursachen für die Krebserkrankung anzusehen sind. Ich nehme an, daß eine Person, die in ihrer Denkweise, Bewertungsweise und Bedürfnisäußerung integriert ist und somit dem eigenen Organismus einen Spielraum für das normale Funktionieren ermöglicht, weitgehend resistenter gegenüber Kanzerogenen ist als eine Person, die resigniert und hoffnungslos ist. Wenn eine Person für sich ein Selbstmordprogramm aufgebaut hat und sich und ihre Umwelt derart bewertet, daß daraus die Tendenz zum Sterben ableitbar ist, dann wird ein kanzerogener Faktor eher zur Krankheit führen. Natürlich kommt es auch hier auf die Dosierung des Kanzerogens an. Meine Studien konnten beispielsweise zeigen, daß bei Personen, die über 50 Zigaretten pro Tag rauchen und an emotionalem Streß leiden, das Risiko größer ist als bei Personen, die nur 20 Zigaretten rauchen und auch unter Streß leiden.

Obwohl ich als kognitiver Verhaltenstherapeut davon ausgehe, daß die subjektive Bewertung und die erlernte Annahme über Wirkungszusammenhänge eine entscheidende psychologische Rolle spielt, möchte ich nicht die Entstehungsgeschichte von bestimmten subjektiven Einstellungen vernachlässigen. In meinen Studien wurden auch die sozialen Probleme erfaßt, und es konnte gezeigt werden, daß subjektive Schwierigkeiten sehr oft mit objektiven Schwierigkeiten Hand in

Hand gehen. Dieser Zusammenhang wurde in meinem Buch *Soziales Verhalten und die Krebserkrankung*, Weinheim/Basel 1979, behandelt.

Ein Wissenschaftler, der die Erforschung von Denk- und Bewertungsstrukturen in den Vordergrund stellt, muß keineswegs Halt machen vor der Erforschung des Unbewußten. In meiner Sicht ist das Unbewußte das Resultat von sprachlich nicht verbal formulierten, verinnerlichten Bewertungen und Annahmen. Das Unbewußte wird im Zusammenhang mit einer enormen und nicht voll ausgeschöpften Funktionsfähigkeit des menschlichen Gehirns gesehen. Ich wollte die Hypothese überprüfen, ob sich bei Krebspatienten in Träumen durch das Unbewußte die Gefahr, organisch zu erkranken, schon sehr früh manifestiert (jahrelang, bevor erste physiopathologische Anzeichen existieren). Theoretisch gehe ich davon aus, daß das Zentralnervensystem in seiner Datenverarbeitung aufgrund bestimmter Konfliktstrukturen Warnsignale oder zumindest Anzeichen dafür, daß die psychischen Funktionen nicht stimmen, u. a. in Träumen produzieren kann. (Siehe in diesem Buch S. 45 ff.)

Was ist letztlich in der Sicht eines Sozialwissenschaftlers die Krebserkrankung? Aufgrund von empirischen Untersuchungen wurde einiges Wissen über die typischen Verhaltensweisen von Krebspatienten und -kandidaten gesammelt. Abstrakt weiß man auch, über welche pathophysiologischen Wege emotionaler Streß zur Krankheitsentstehung führen kann (z. B. über bestimmte neuro-hormonelle Bahnen). Der genaue Zusammenhang ist aber noch nicht genügend erforscht. Die naturwissenschaftliche Medizin konnte die Frage: »Was ist Krebs?« nicht beantworten. Sie konnte nur die anarchistische Zellwucherung beschreiben, nicht aber die Mechanismen und ihre Entstehung. Sie konnte nicht einmal die Wirkungsweise der einzelnen Kanzerogene bestimmen. Offensichtlich handelt es sich für die Naturwissenschaft um einen schwer durchschaubaren Prozeß. Es bestehen immer mehr Zweifel daran, daß das Krebsproblem ein begrenztes und lokales Problem ist, daß es z. B. zunächst zur Mutation in bestimmten Zellen kommt, die dann ohne weiteres den gesamten Organismus überwuchern.

Ich möchte mir über die pathophysiologischen Vermittlungen zwischen Streß und Krankheit keine Gedanken machen, weil dies in den Aufgabenbereich der Neuroendokrinologen und Immunologen gehört, und ein Wissenschaftler wirkt immer lächerlich, wenn er sich in ein anderes Forschungsgebiet nur deswegen begibt, weil die eigentlichen Spezialisten an der Fragestellung kein Interesse haben. Ich möchte hier nur eine sozialwissenschaftliche Andeutung zur Frage »Was ist Krebs?« geben. Mein Modell ist vorläufig und entspricht dem heutigen Stand der Datenauswertung. Ich unterscheide drei Integrationsebenen des Menschen, der für mich ein sozio-psycho-biologisches Wesen ist. Der Mensch lebt in sozialen Beziehungen, er bewertet sich und seine Umwelt, und er hat einen Organismus, in dem physiologische Prozesse ablaufen. Diese Prozesse können nicht als bloßes Resultat der Wirkung von physischen, chemischen und mikrobiologischen Faktoren gesehen werden.

Ich glaube, es gibt zwischen den drei Systemen (indiviuduelle Bewertung, Gesellschaft und Organismus) eine permanente Wechselwirkung, die einmal in der einen Richtung, das andere Mal in der anderen Richtung dominant verläuft. Beispielsweise wirken die gesellschaftlichen Strukturen maßgeblich auf die geäußerten Denk- und Bewertungsstrukturen ein. Umgekehrt wirken aber auch die kognitiven Einstellungen durch das aktive Verhalten des Individuums auf die Gesellschaft. Ebenso gibt es eine Wechselwirkung zwischen den Bewertungsstrukturen und den pathophysiologischen Prozessen. Eine angenommene Bedrohung kann den Blutdruck steigern. Andererseits kann eine Krankheit die Denkstrukturen beeinflussen. Der Mensch lebt also in bestimmten sozialen Beziehungen, er zeigt spezifische Bewertungsstrukturen und hat eine konkrete Konstitution. Solange die drei Bereiche ein funktionierendes System bilden, in dem die Bedürfnisäußerung und -befriedigung gewährleistet ist, ist die Wahrscheinlichkeit, an Krebs zu erkranken, gering. Wenn die funktionale Wechselwirkung im System verhindert wird, beispielsweise, wenn bestimmte erlernte Bewertungsstrukturen die Verhinderung der wichtigsten Bedürfnisäußerung im sozialen Rahmen auf lange Sicht hervorrufen, dann wird auch das System Organismus in Mitleidenschaft gezogen. Die Funktion des Organismus ist als eine Art Dienstleistungsbetrieb auf die soziale und psychische Funktion abgestellt. Wenn das Individuum in einen chronischen Zustand kommt, in dem es seine wichtigsten Gefühle und Bedürfnisse sozial nicht äußern kann, dann entzieht sich das System Organismus und verselbständigt sich in seinen pathophysiologischen Funktionen. Nun ist die Frage, welche Krankheit sich entwikkeln wird. Dies hängt von spezifisch kognitiv gesteuerten Verhaltensweisen ab. Wenn sich der Mensch an die Bedingungen, die zu seinen psychischen Schwierigkeiten führen, extrem anpaßt, dann scheint sich Krebs als Reaktion zu entwickeln. In der Sicht meiner Theorie ist also Krebs eine zelluläre Desintegration im System Organismus als Reaktion auf einen für das Individuum hoffnungslosen psychosozialen Zustand. Dabei hat die zelluläre Anarchie gleichzeitig zwei Funktionen:

a) die Tötung des Organismus
b) eine primitive biologische Tendenz nach einer Kompensation der psychosozialen Insuffizienz in der Bedürfnisäußerung.

Zugunsten einer solchen These spricht unser gesamtes empirisches Material. Beispielsweise konnten unsere Studien nachweisen, daß Krebs als Endresultat einer langjährigen Hoffnungslosigkeit auftritt, in der die wichtigsten Bedürfnisse unbefriedigt bleiben. Die Krebserkrankung tritt genau in diesem Zeitpunkt ein, in dem das Individuum in einer hoffnungslosen Lage durch stereotypes Verhalten den Versuch unternimmt, sich optimal an die Bedingungen anzupassen, die gerade den emotionalen Streß hervorgebracht haben. So tut z. B. ein Ehegatte, der zutiefst enttäuscht ist, daß seine Frau auf seine harmonisierenden Vorstellungen nicht eingeht, trotzdem alles, um sich an die Vorstellungen seiner Frau anzupassen.

Die beschriebene Auffassung über die Krebserkrankung kann beim gegenwärtigen Stand der Forschung nicht den Anspruch erheben, andere, z. B. naturwissenschaftliche Modellvorstellungen zu verdrängen. Meine Modellvorstellung muß diskutiert werden und in interdisziplinären Arbeiten weiter erhärtet oder widerlegt werden. Meine Vorstellung impliziert trotz permanenter Wechselwirkung von Gesellschaft, Individuum und Organismus eine bestimmte Hierarchie, die von Gesellschaft über Individuum zum Organismus verläuft. Wenn ein Mensch sozial desintegriert ist (z. B. arbeitslos, sozial isoliert), dann ist er in seiner psychischen Struktur (z. B. Bewertungen) gefährdet. Er ist zu kompensatorischen psychischen Reaktionen (z. B. indem er ein starkes politisches Engagement zeigt) gezwungen. Damit kann er den Organismus noch so steuern, daß dieser nicht erkrankt. Wenn er aber im Zustand der Desintegration seine Bedürfnisse nicht mehr äußert, erhöht sich die Gefahr, daß sich der Organismus der »kognitiven Kontrolle« entzieht. Wenn er in diesem Zustand eine extreme

Anpassung an die Gesellschaft und ihre Normen aufrechterhält, kommt es zum krebsauslösenden psychosozialen Impuls. Krebs ist also letztlich die Reaktion des Organismus auf den Zustand, in dem das Individuum

a) seine subjektiv wichtigsten Bedürfnisse nicht äußert
b) den Versuch unternimmt, sich trotzdem an die sozialen Bedingungen extrem anzupassen, die mit der chronischen Bedürfnisblockierung zusammenhängen.

IV. Forschungsergebnisse und weitere theoretische Aspekte

Die Darstellung der Forschungsergebnisse stützt sich auf verschiedene statistische Auswertungen und wird zusätzlich mit einigen Falldarstellungen belegt. Ihr Ziel ist es, dem Leser einen Einblick in die einzelnen Problembereiche zu vermitteln. Gleichzeitig soll aber die Einordnung dieser Bereiche (z. B. der Familienproblematik) in die Gesamtproblematik ermöglicht werden. Es werden vor allem einfache statistische Auswertungen berücksichtigt (komplexe statistische Verfahrensweisen sind andernorts dargestellt, siehe Literaturverzeichnis). Schwerpunkt wird hier auf die inhaltlichen Sachverhalte gelegt.

1. Die Familienproblematik

Die familiäre Problematik wurde in prospektiven und retrospektiven Studien erfaßt. Außerdem wurden Angehörige der Versuchspersonen zusätzlich befragt und in Einzelfällen familiäre Beziehungen beobachtet. In Interviews wurden die Antworten aufgrund der Fragebögen, in denen Ja-Nein-Antworten vorgegeben waren, und in sogenannten freien Gesprächen erfaßt. Prospektive wie retrospektive Studien konnten zeigen, daß Krebspatienten überwiegend kalte und ausstoßende Elternhäuser hatten. Zu einem ähnlichen Ergebnis sind auch andere Autoren gekommen (z. B. Bahnson).

Die weiteren Auswertungen zeigten, daß der Sachverhalt allerdings nicht so einfach ist. Zu den familiären Beziehungen muß noch ein Bündel von Verhaltensweisen hinzukommen, damit die Bedingungen für den Zusammenhang von Lebensgeschichte und späterem Krebsausbruch erfüllt sind. Die Beschreibung einer traumatischen Ausstoßung und Vernachlässigung des Kindes ist nicht nur unzureichend, sie wäre sogar unzutreffend. Die Eltern des Krebskandidaten weisen das Kind zwar emotional permanent zurück, sie vermitteln ihm aber trotzdem eine Bewertungsstruktur, durch die der Elternteil als äußerst wichtig und unersetzlich erscheint. Dem Kind wird auch ein Ziel vorgegeben (z. B. diszipliniertes Verhalten), durch das die Hoffnung erweckt wird, ein intimeres Verhältnis zu den Eltern zu bekommen. Es besteht der Eindruck, daß der »ausstoßende« Elternteil das Kind zwar von sich weist und emotional kalt behandelt, gleichzeitig aber das Kind extrem an sich binden möchte. Auf diese Weise scheinen die Eltern mit ihrer eigenen Ambivalenz fertig zu werden; sie erreichen, daß das Kind ihr ewiger Sklave wird und daß es sich für sie einsetzt, wobei die Kinder emotional überfordert werden. Die Eltern müssen sich auch nicht aufopfern und selbst zurückstellen, sondern werden eher verwöhnt.

Dieses Elternhaus steht in krassem Widerspruch zum Elternhaus des Herzinfarktpatienten, der im Zentrum elterlicher Versorgung steht und deswegen in schwersten Loyalitätskonflikt kommt, wenn er die ersehnte Umsorgung von anderen Personen ein zweites Mal erreicht (z. B. vom Ehegatten). Hier sollen die inhaltlich wichtigsten Verhaltensweisen angeführt werden, die im Elternhaus der Krebspatienten vorherrschen: Die Eltern fordern vom Kind die Verrichtung täglicher Arbeiten, also eine große Selbständigkeit bei der Arbeit sowie ein normenkonformes Verhalten. Gleichzeitig verhindern sie die gefühlsmäßige Selbsterkennung und die Bedürfnisäußerung. Die Eltern erkennen ihr Kind nie als Person an und neigen dazu, es zu unterschätzen. Es wird als faul, weniger wertvoll im Vergleich zu einem anderen Familienmitglied und weniger liebenswürdig dargestellt. Gleichzeitig wird dem Kind der Weg vorgezeichnet, unter welchen Bedingungen es trotz seiner »offensichtlichen« psychischen Mängel von den Eltern Anerkennung finden kann. Die erste Bedingung ist die absolute Anerkennung und Idealisierung der Eltern. Äußerungen von Konflikten und Verweigerungen, Äußerungen von Aggressionen werden durch totalen Liebesentzug bestraft. Die Äußerung der individuellen Bedürfnisse wird auf die Dauer verhindert, das Kind kann Liebe nur über Leistung erkaufen.

Der spätere Erwachsene wird aus der geschilderten Problematik heraus ein immer wiederkehrendes Verhaltensmuster seinen Eltern gegenüber zeigen: eine ausgeprägte Tendenz zur Erfüllung elterlicher Erwartungen, eine Tendenz, ein harmonisches Verhältnis zum Elternhaus aufrechtzuerhalten und das Elternhaus zu idealisieren. Der Krebskandidat verhält sich so, als würde seine gesamte Identität und Lebensberechtigung von einer guten Beziehung zum Elternhaus abhängen. Um eine gute Beziehung aufrechtzuerhalten, muß er ein äußerst diszipliniertes Verhalten zeigen. Im Elternhaus wurde der

Krebspatient auch zu strikter Einhaltung von Normen erzogen, es wurde die Grundlage für permanente Pflichterfüllung geschaffen. Die Tendenz zu harmonisierendem Verhalten im Elternhaus scheint durch elterliche Ängste hervorgerufen zu sein, durch die sie Schuldgefühle für die emotionale Abweisung des Kindes von sich fernhalten. Das Kind entwickelt eine sehr niedrige Bewertung der eigenen Person, es verlernt die Äußerung der eigenen Gefühle und Bedürfnisse und lernt ein stereotypes normenkonformes-perfektionistisches und exponierendes Verhalten. Außerdem werden auch die eingeengten Wege der zukünftigen Gefühls- und Bedürfnisäußerung vorgezeichnet. Genau wie gegenüber einem Elternteil wird gegenüber dem zukünftigen Partner Selbstzurückstellung, Idealisierung der Person des Partners, geringe Selbsteinschätzung, Gefühl der eigenen Unzulänglichkeit, normenkonformes und exponierendes Verhalten praktiziert werden. Die familiären Beziehungen sind zwar selbst nicht krebserzeugende Faktoren, sie determinieren jedoch alle zukünftigen Verhaltensweisen und Einstellungen, die mit der Krebserkrankung zusammenhängen. Einmal wirken sie sich in späteren Partnerbeziehungen, im Verhältnis zur Arbeit, in der Selbstbeurteilung ein Leben lang aus, zum anderen werden sie nach einschneidenden Lebensereignissen (Tod eines Elternteils oder Partners) zusätzlich für die Krankheitsentstehung bedeutend. Für viele Krebskandidaten ist der Verlust eines idealisierten Elternteils mit großen psychischen Schwierigkeiten und Gefühlen chronischer Hoffnungslosigkeit verbunden, die offensichtlich mit der Entstehung der Krebserkrankung zusammenhängen.

Auch die folgende familiäre Problematik wird für die Krebserkrankung relevant: Wenn harmonisierende und perfektionistische Verhaltensweisen von dem Krebskandidaten nicht mehr durchgehalten werden können, kann er in eine chronische Verzweiflung geraten. Das zeigt, daß ihm die erlernte Selbstbehauptung und Aggressivität fehlen, seine Problematik zu lösen. Um so mehr reagiert er mit erlernter Destruktivität und Schuldgefühlen als direkter Antwort auf den unternommenen Versuch, sich den elterlichen Erwartungen zu entziehen. Ein solcher Zusammenbruch wird in der schon erwähnten Autobiographie »Mars« von Fritz Zorn ausgezeichnet geschildert. Fritz Zorn ist in einem Elternhaus aufgewachsen, in dem das oberste Prinzip absolute Harmonie, Perfektionismus und Vermeidung jeglicher Konflikte war. Er lernte nur normenkonformes Verhalten, nicht aber die Äußerung seiner individuellen Bedürfnisse. Die Folge: Es wurden derart massive innere Hemmungen aufgebaut, daß alle Versuche, soziale Kommunikationen aufzubauen, scheiterten. Das Verhalten mündet schließlich in chronischer emotionaler Verzweiflung. Der Versuch, aggressiv gegen das Elternhaus und die eigene Kultur vorzugehen, endet dramatisch. Es zeigt sich, daß Fritz Zorn nicht gelernt hat, Aggressionen und Kritik zu äußern. Der Versuch es zu lernen, bringt ihn zusätzlich in Verzweiflung. Letzte Station seiner Ambivalenz ist Selbstaggression und Selbstzerstörung. Individuelle Gefühle und Bedürfnisse hat er nie geäußert und nie empfunden. Er beneidet beispielsweise einen Mörder, weil er glaubt, daß dieser einmal Gefühle äußern und empfinden konnte.

Ich habe dem größten Teil meiner untersuchten Krebskandiaten und -patienten tatsächlich eine emotionale »Blindheit« zusprechen können. Die Personen beschreiben zwar unermüdlich idealisierte und positive Eigenschaften ihrer Bezugspartner und geben häufig an, sie über alles auf der Welt zu lieben, sie können aber die Qualität einer Emotion nicht einmal annähernd andeuten.

Frau M. war die zweite Tochter einer siebenköpfigen Familie. Der Vater war sehr herrschsüchtig, die Mutter hatte sich völlig untergeordnet. Das erste Kind wurde sehr geliebt und verwöhnt, das zweite Kind wurde weniger anerkannt. Als sich der Vater dem zweiten Kind emotional zuwandte, wurde es von der Mutter und dem ersten Kind um so stärker ausgestoßen. An das Kind wurden viele Forderungen gestellt, die erfüllt werden mußten, um von der Mutter anerkannt zu werden. Der Vater wurde nun auch von der Frau und dem ersten Kind bestraft, wenn er sich dem zweiten zuwandte. Individuelle Bedürfnisäußerung wurde so für Frau M. ein Leben lang eine Quelle von Konflikten und Überforderung. Sie zog es vor, ihre tägliche Arbeit pflichtbewußt zu erfüllen. Mit 29 Jahren ging sie eine etwas länger dauernde Partnerbeziehung ein, erlebte aber derartige Ängste, daß sie sie wieder abbrechen mußte. Sie hatte ihre Mutter und ihre ältere Schwester idealisiert und versuchte, harmonische Beziehungen zu Mitmenschen zu schaffen, gab aber nach dem 30. Lebensjahr jede Hoffnung auf, solche Beziehungen verwirklichen zu können. Obwohl sie ausgesprochen gut aussah, litt sie unter dem Gefühl der eigenen Unzulänglichkeit. Mit der zunehmenden Verzweiflung durch innere Hemmungen stieg der Zigarettenkonsum auf über 60 Zigaretten pro Tag. Im 39. Lebensjahr wurde ein Bronchialkarzinom diagnostiziert. Zwei Jahre danach ist sie gestorben. Die Krankheit hat sie als zugehörig zum eigenen Leben betrachtet und nicht etwa als einen bedrohlichen Fremdkörper. Während der Krankheit hat sie so gut wie nie Angst gehabt, auch nicht vor dem Sterben.

Auch dieses Beispiel zeigt die direkte Beziehung zwischen familiärer Problematik, der Entwicklung innerer Hemmungen, der chronischen Gefühls- und Bedürfnisverhinderung und dem späteren Krankheitsausbruch. Frau M. hatte in ihrem Leben nie einen Streit mit ihren Eltern oder mit ihrer Schwester gehabt, und ihr letzter Wunsch war noch, durch den Tod ihrer Familie nicht zuviel Sorgen zu bereiten. Auch hier ist eine Anpassung an die Bedingungen festzustellen (an die familiäre Situation), die möglicherweise mit der Krankheitsentwicklung zusammenhängt. Genauso hatte Fritz Zorn die Anpassung an die Bedingungen, die zu seinen inneren Hemmungen führten, jahrelang versucht und praktiziert. Die Verzweiflung und der Auflehnungsversuch wurden in einem sehr späten Stadium, nach dem Ausbruch der Krebserkrankung, versucht. Vorher und nachher war Fritz Zorn in psychoanalytischer Behandlung. Die analytisch orientierte Psychotherapie scheint im Unterschied zur Familientherapie, so wie sie z. B. von Helm Sterlin in Heidelberg vertreten wird, wenig Garantie dafür zu geben, daß die Personen mit ihren fehlerlernten familiären Verhaltensweisen und daraus folgenden schuld- und Selbstzerstörungstendenzen fertig werden. Meine Studien konnten sogar nachweisen, daß Personen, die vor ihrer Krebserkrankung in »klassischer« psychoanalytischer Einzelbehandlung waren, einen schlechteren und kürzeren Krankheitsverlauf haben als nicht psychoanalytisch behandelte Personen. Der Psychoanalytiker scheint nicht in der Lage zu sein, die in der psychoanalytischen Situation entstandenen Probleme des Krebskandidaten zu kontrollieren, besonders nicht die auftretende Lawine von Verzweiflung und psychischer Desorientierung. Meiner Erfahrung nach müssen dazu die Denkstrukturen und Lerngesetze strikt berücksichtigt werden.

Zur familiären Problematik noch einige Falldarstellungen:

Meine Forschungsergebnisse sind nicht nur kasuistisch belegt. Die hier referierten familiendynamischen Ergebnisse konnten mit einem Ja-Nein-Fragebogen festgehalten werden. Dabei wurden die besonders wichtigen Fragen, die eine hohe Vorhersage der Krebserkrankung ermöglichen, durch statistische Verfahrensweisen, vor allem durch die sogenannte schrittweise Regressionsanalyse, isoliert. Der Inhalt dieser Fragen deckt sich mit dem Inhalt, der hier beschrieben wird. Die wichtigsten Fragen zur Familiendynamik befinden sich in einem Fragenkatalog, der in diesem Buch (S. 160) vorgestellt wird.

2. Partnerbeziehung und Sexualität

Die Sexualität scheint eng von den familiären Beziehungen mitbestimmt zu sein. Ich habe in verschiedenen Untersuchungen die Sexualität mit einem Fragebogen von 22 Fragen erfaßt. Dabei wurden einmal in prospektiven Studien Personen befragt, die erst Jahre nach der Befragung an Krebs erkrankt sind, zum anderen wurden Krebspatienten befragt und mit anderen Personen (Kontrollgruppe) verglichen. Die Studien konnten nachweisen, daß die Krebskandidaten eine spezifische, gehemmte Sexualität aufzeigen. Wie die Sexualität auf die Krankheitsentstehung wirkt, ist bei dem heutigen Stand der Forschung noch nicht zu sagen. Eine Möglichkeit ist die, daß sich die verhinderte Sexualität über hormonelle Prozesse direkt auf den Immunschutz des Organismus auswirkt. Diese Spekulation scheint mir aber unwahrscheinlich. Ich nehme eher an, daß die verhinderte Sexualität eine Folge der fehlerlernten Selbsteinschätzung ist und daß ihre Verhinderung dann krankheitserzeugend wirkt, wenn die Sexualität zusätzlich negativ eingeschätzt wird, d. h. wenn eine Person aufgrund ihrer sexuellen Hemmungen an sich verzweifelt. Die Bedeutung der Selbsteinschätzung in der Sexualforschung wurde mir in mehreren Beobachtungen und Befragungen bewußt. Eine Gruppe von befragten Personen, die mit großen Schuldgefühlen auf vollzogene Sexualität reagierte, zeigte nach dem Orgasmuserlebnis mehr seelische Schwierigkeiten als sonst. Es kommt also nicht auf das Orgasmuserlebnis allein an (wie dies z. B. Wilhelm Reich meint), sondern vor allem auf die subjektive Einschätzung der Einstellung und Erfahrung.

In unserem Fragebogen zur Sexualität wurde folgendes erhoben: Anzahl der Partner, mit denen Geschlechtsverkehr praktiziert wurde, durchschnittliche Häufigkeit des Geschlechtsverkehrs in den den letzten 10 Jahren, Alter beim ersten Geschlechtsverkehr, die Rolle, die die Sexualität im Leben spielt, perverse sexuelle Praktiken, sexuelle Phantasien, Orgasmuserlebnisse, Erlebnisfähigkeit in der Sexualität, Aufgabe der sexuellen Praktiken wegen Bindung an andere Personen usw. Hier sollen nun die wichtigsten Aspekte und Ergebnisse veranschaulicht werden, vergleichsweise wird die Sexualität von internistisch Erkrankten und Verhaltensgestörten aufgeführt.

Es wurde die Frage verfolgt, ob sich Personen, die in einem späteren Zeitraum an Krebs oder einer internistischen Krankheit erkranken, in ihrer Sexualstruktur von Personen unterscheiden, die verhaltensgestört sind oder in einem bestimmten Beobachtungszeitraum nicht an Krebs oder internistisch erkranken. Es wurden jeweils 20 Personen befragt, die später an Krebs oder internistisch erkrankt sind oder gesund blieben. Die Gruppe der Verhaltensgestörten hat zum Zeitpunkt der Befragung zwar psychopathologische Symptome angegeben, wurde aber erst nach der Befragung psychiatrisch diagnostiziert. Die gleichen Personen wurden nach der Erkrankung zum zweiten Mal befragt, um den Einfluß der Erkrankung auf die Sexualstruktur zu erforschen.

Eine zweite Studie wurde retrospektiv an 21 Krebspatienten, 21 internistisch Erkrankten, 21 Verhaltensgestörten und 21 nicht Erkrankten in Heidelberg durchgeführt.

Die Studie zeigt, daß sich die genannten Personengruppen schon vor der Erkrankung in ihrer Sexualstruktur voneinander unterscheiden und daß man aufgrund der Ergebnisse verschiedene Erkrankungen vorhersagen kann. Die Antworten vor der Erkrankung unterscheiden sich in bestimmten Bereichen wesentlich von den Antworten nach der Erkrankung. Auch die Heidelberger retrospektive Studie zeigt wesentliche Unterschiede zu den prospektiv erhobenen Daten und deckt sich mit den Antworten nach der Erkrankung aus der ersten Studie.

Die Sexualität kann nicht unabhängig von lebensgeschichtlichen und verhaltensspezifischen Faktoren gesehen werden: weder in der Motivation noch in der Funktion. Deswegen ist es nicht möglich, eindimensionale Korrelationen zwischen der Sexualität und der Entstehung organischer Erkrankungen aufzustellen und diese als Konsequenz gestörter Sexualität zu sehen. Trotzdem spielt die Sexualität, wenn wir sie in kognitive Strukturen eingebettet sehen, eine gewisse Rolle bei der Entstehung organischer Erkrankungen.

Der Fragebogen und die Fragestellung wurden anhand des folgenden theoretischen Rahmens formuliert: Es wurde angenommen, daß die Krebskandidaten durch kalte, ausstoßende und lieblose Elternhäuser zu normenkonformem und perfektionistischem Verhalten angeleitet wurden. Weil sie wenig emotionale Wärme im Elternhaus erlebt haben, leiden sie an Minderwertigkeitsgefühlen und zeigen eine Tendenz zur Selbstzurückstellung. Dies färbt auf die Sexualität ab, und es ist anzunehmen, daß sie wenig Geschlechtsverkehr haben, die Sexualität nicht hoch bewerten und in der Sexualität erlebnisunfähig sind.

Die Kandidaten für internistische Erkrankungen wurden durch überliebevolle Elternhäuser sehr gebunden und in Loyalitätskonflikte verwickelt. Obwohl sich solche Personen subjektiv sehr hoch einschätzen, geraten sie in ähnliche Sexualkonflikte wie die Krebskandidaten.

Die Verhaltensgestörten wurden gleichzeitig von einem Elternteil übermäßig gebunden und ausgestoßen. Aus diesem Grund schwanken sie zwischen Minderwertigkeitsgefühlen und gesteigerten Aktivitäten. Es ist anzunehmen, daß sie in ihrer Sexualstruktur mehr zu Perversionen neigen und mehr Phantasien als die Kontrollgruppen äußern.

Die gesund Gebliebenen haben in der Familie gelernt, ihre Gefühle und Bedürfnisse zu äußern, so daß sie in der Sexualstruktur erlebnisfähig sind.

Im Jahre 1965–1966 wurde von mir in einem jugoslawischen Ort eine psychosoziale prospektive Studie an 1353 Personen durchgeführt. Nach 10 Jahren wurde die Studie von einem Arzt ausgewertet: 205 Personen erkrankten an klinisch gesichertem Krebs, 411 Personen an einer internistischen Krankheit (Herzinfarkt, Magengeschwür, Bluthochdruck, Zuckerkrankheit, Hirnschlag, Lungentuberkulose), bei 72 Personen wurde von einem Psychiater eine Verhaltensstörung diagnostiziert. Zur Zeit der Befragung waren die Personen zwischen 40 und 80 Jahre alt. Die jüngste Gruppe der 40- bis 50jährigen Personen bestand aus 98 Männern und 69 Frauen. Diese Gruppe wurde zusätzlich zu einem prospektiv diagnostischen Fragenkatalog mit einem Fragebogen zur Sexualität erfaßt. Beim Abschluß der Auswertung war die Gruppe zwischen 50 und 60 Jahre alt. In diesem Zeitraum sind 20 Personen an einem klinisch gesicherten Karzinom erkrankt, bei 15 Personen wurde psychiatrisch eine Verhaltensstörung diagnostiziert, 26 Personen sind internistisch erkrankt: Zur Gruppe der 20 Krebspatienten wurde eine Vergleichsgruppe von 20 internistisch Erkrankten und 20 Gesunden gebildet. Die Gruppe der Verhaltensgestörten bestand aus 15 diagnostizierten Fällen sowie 5 Personen, die zum Zeitpunkt der Zweitbefragung eine optimal hohe Punktzahl auf der Skala »Verhaltensstörung« aufwiesen. Die Studie wurde von einem Interviewer ausgeführt, der mit den Hypothesen des Fragebogens nur zum Teil vertraut war. Die Zweitbefragung geschah nach der Auswertung des Arztes wiederum durch denselben Interviewer (früher Student der Pädagogik, zum Zeitpunkt der Zweitbefragung Lehrer). Die Gruppe der nicht Erkrankten und die internistische Gruppe waren so ausgewählt, daß sie in Alter, Beruf, Geschlecht und, sofern möglich, Konfession mit der Krebsgruppe und untereinander am ehesten vergleichbar war (matching pairs). Absichtlich wurde die jüngste Gruppe aus der gesamten Population befragt, weil wir davon ausgingen, daß sie mehr Informationen über die Sexualität geben würden und daß eher Differenzen zwischen den Gruppen feststellbar waren als in höherem Alter.

Die Gruppe von 167 befragten Personen kam aufgrund einer vorhergehenden Befragung an 625 Personen zwischen 40 und 50 Jahren zustande. Sie hatte die höchste Punktzahl auf einem prospektiven Fragenkatalog, aufgrund dessen Krebserkrankung und internistische Krankheiten vorhergesagt wurden. Nur diese 167 Personen gingen dann in die prospektive Studie von 1353 Personen ein. In dieser Studie wurden ältere Personen befragt, weil davon ausgegangen wurde, daß die Chance, Krebs zu bekommen, mit dem Alter zunimmt. In der erwähnten Gruppe von 167 Personen sind denn auch Krebserkrankung und internistische Erkrankungen in überdurchschnittlichem hohem Ausmaß aufgetreten.

Die Studie zeigt, daß Krebskandidaten am häufigsten ein Leben lang ohne Geschlechtsverkehr lebten oder mit einem bis zwei Partnern Geschlechtsverkehr hatten. Ausnahmen waren drei Patientinnen mit Cervix-Karzinom, die mehr als 50 Partner angaben. Auch die Häufigkeit des Geschlechtsverkehrs war bei den Krebskandidaten am geringsten. Die Krebspatienten wiesen das höchste Alter beim ersten Geschlechtsverkehr auf. Die erwähnten Merkmale sind bei Kandidaten für internistische Erkrankungen etwas weniger ausgeprägt und noch weniger bei Personen, die nicht erkrankt sind. Die Gruppe der Verhaltensgestörten gibt sehr viel Geschlechtsverkehr und einen häufigen Partnerwechsel an. Ferner sind sie ausgesprochen jung beim ersten Geschlechtsverkehr.

Für die Krebspatienten spielt die Sexualität die geringste Rolle. Die Pflichterfüllung wurde ihr meistens vorangestellt. Auch für die Kandidaten für internistische Erkrankungen spielt die Sexualität eine geringe Rolle, während die Gesundgebliebenen ihr eine angemessene Rolle zubilligen. Die Verhaltensgestörten tendieren dazu, die Sexualität überzubewerten und sie der Pflichterfüllung und anderen »Dingen« vorzuziehen. Die Krebskandiaten und die Kandidaten für die internistischen Erkrankungen zeigten außerhalb des Geschlechtsverkehrs so gut wie keine Sexualpraktiken auf, die subjektiv befriedigend empfunden worden wären. Solche Praktiken geben aber die Gesunden und besonders die Verhaltensgestörten an. Diese Gruppen haben auch sexuelle Phantasien, während sie bei den Krebskandidaten und bei Kandidaten für internistische Erkrankungen fehlen. Die Letzteren hatten auch kein Orgasmuserlebnis beim Geschlechtsverkehr, mit einem Partner außerhalb des Geschlechtsverkehrs oder durch Onanie. Verhaltensgestörte dagegen geben häufig Orgasmus mit einem Partner außerhalb des Geschlechtsverkehrs sowie durch Onanie an. Bei nicht erkrankten Personen ist dagegen der Orgasmus beim Geschlechtsverkehr am häufigsten.

Krebskandidaten halten sich in der Sexualität für erlebnisunfähig, während sich Kandidaten für internistische Erkrankungen und die gesund Gebliebenen für erlebnisfähig halten. Auch die Verhaltensgestörten stufen sich »nur zum Teil als erlebnisfähig« ein. Die Krebskandidaten und die Kandidaten für internistische Erkrankungen fühlten sich an eine Person, mit der sie keine sexuelle Beziehung hatten (z. B. die Mutter), derart gefühlsmäßig gebunden, daß sie seit Jahren in ihrem sexuellen Kontakt gehemmt waren, während die Verhaltensgestörten nach dem Sexualkontakt Unlust- und Schuldgefühle hatten. Die gesund gebliebenen Personen fühlten sich nicht an eine Person so gefühlsmäßig gebunden, daß sie dadurch in ihrer Sexualität beeinträchtigt gewesen wären. Körperliche Beschwerden, Unlustgefühle, gesteigerte Nervosität und Schuldgefühle nach jedem Sexualkontakt haben am ausgeprägtesten die Verhaltensgestörten. An zweiter Stelle kommen Kandidaten für internistische Erkrankungen. Diese Reaktionen sind bei Krebskandidaten und bei gesund Gebliebenen wenig ausgeprägt. Dasselbe gilt für den gesteigerten Konsum von Alkohol, Medikamenten, Zigaretten und Kaffee nach dem Sexualkontakt. Dabei zeigen die Verhaltensgestörten eine besondere Tendenz, nach dem Sexualkontakt Alkohol zu konsumieren, während die Kandidaten für internistische Erkrankungen häufiger zu Medikamenten, Zigaretten und Kaffee greifen. Als ausgesprochen glücklich und ausgeglichen nach dem Geschlechtsverkehr empfinden sich nur die gesund gebliebenen Personen.

Während die Verhaltensgestörten dazu tendieren, ihre sexuellen Wünsche entgegen moralischen Normen zu äußern, versuchen die Kandidaten für internistische- und Krebserkrankungen, die Sexualität moralischen Gesetzen zu unterwerfen. Die gesund Gebliebenen versuchen, zwischen Moral und Sexualität ein vernünftiges Mittel zu wahren.

Die Krebskandidaten und die Kandidaten für internistische Erkrankungen hatten in den letzten zehn Jahren entweder einen Partner, der sie überhaupt nicht oder zumindest meist nicht befriedigte. Die Verhaltensgestörten fühlten sich meistens von ihrem Partner nicht befriedigt, während sich die Gesunden von ihrem Partner voll befriedigt fühlen.

Die Krebskandidaten schätzen ihre sexuelle Ausstrahlung meistens als mittelmäßig oder gering ein, während die Kandidaten für internistische Erkrankungen und die Verhaltensgestörten sie als sehr hoch einschätzen. Die nicht erkrankten Personen schätzen ihre sexuelle Ausstrahlung im allgemeinen als hoch ein.

Die Krebskandidaten fühlen sich ebenso wie die Kandidaten für internistische Erkrankungen im Unterschied zu anderen Kontrollgruppen seit Jahren in der Sexualität sehr behindert. Die Krebskandidaten geben die eigene Person als Grund an, während die Kandidaten für internistische Erkrankungen die Schuld anderen Personen zuschreiben.

In der Gruppe der Krebskandidaten sind folgende Diagnosen aufgetreten: Lungenkrebs 5mal, Leberkrebs 3mal, Magenkrebs 4mal, Cervix-uteri 3mal, Dickdarmkrebs 1mal, Brustkrebs 2mal, Corpus uteri 2mal.

Bei den internistischen Erkrankungen sind aufgetreten: Herzinfarkt 8mal, Hirnschlag 4mal, Diabetes Mellitus 3mal, Magengeschwür 2mal, Bluthochdruck 3mal (häufig kommen mehrere Krankheiten bei einer Person vor).

Die 15 Personen, bei denen Verhaltensstörungen diagnostiziert wurden, hatten in vier Fällen eine Form der Schizophrenie, manisch-depressives Irresein, dreimal psychopathisches Verhalten, und die restlichen Personen hatten verschiedene Formen von Neurosen.

Die Befragung, die erfolgte, nachdem die Personen schon an Krebs bzw. internistisch erkrankt waren, zeigt in bestimmten Bereichen in der Antwortstruktur wesentliche Veränderungen, auf die hier nicht näher eingegangen wird, die aber alle der gesteigerten Idealisierungs- und Verneinungstendenz nach dem Ausbruch organischer Erkrankungen zuzuschreiben sind. Hier soll nur ein Beispiel gegeben werden: Während sich vor dem Ausbruch organischer Erkrankungen sieben Krebskandidaten und vier Kandidaten für internistische Erkrankungen nach dem Geschlechtsverkehr meistens wohl befanden, bejahten diese Frage nach dem Ausbruch der Krankheit 11 Krebspatienten und 12 internistisch Erkrankte. Vor der Erkrankung empfanden sich 20 Kandidaten für internistische Erkrankungen und 20 Krebskandidaten in der Sexualität seit Jahren als sehr behindert. Nach dem Ausbruch der Krankheit war dies nur noch bei 3 Krebspatienten und 4 internistisch Erkrankten der Fall. Die Antwortstruktur bei Verhaltensgestörten und gesund Gebliebenen blieb dagegen stabil.

Die Heidelberger retrospektive Studie zeigt eine ähnliche Antwortstruktur wie die Zweitbefragung, die durchgeführt wurde, nachdem die Kandidaten schon erkrankt waren. Sie beweist auch, daß es unmöglich ist, in retrospektiven Studien Ursachenforschung zu betreiben, da sich bestimmte Bereiche unter dem Einfluß der Krankheit verändern.

Trotz der geringen Rolle, die die Sexualität für die Krebspatienten spielt und trotz der geringen Einschätzung der Sexualität durch die Krebspatienten leiden sie durch ihre gestörte Sexualität indirekt, weil sie glauben, dadurch einer geliebten Person nicht gerecht zu werden. Die Sexualstruktur ist eng mit der Eigenart der Partnerbeziehungen verknüpft. Die Krebspatienten zeigen eine Tendenz, sich völlig für die Wünsche des Partners zurückzustellen. Ein harmonisches Verhältnis ist für diese Person wichtiger, als die eigene sexuelle Lust zu betonen. Die Krebskandidaten erstreben im Vordergrund eine geistige Befreiung in einem ausgesprochenen symbiotischen Verhältnis, wobei die Sexualität nur als Mittel zum Zweck eingesetzt wird, nämlich den Partner für die symbiotische Beziehung zu gewinnen. Wenn eine idealisierte Partnerbeziehung in die Brüche geht, dann bricht das Sexualverhalten völlig zusammen, und das sexuelle Lustmotiv kann bei der Suche nach neuen Partnerbeziehungen nicht kreativ eingesetzt werden. Hier zeigt sich, wie verschiedene erlernte Faktoren in der Lebensgeschichte zusammenwirken, bis es zur verhängnisvollen chronischen Blockierung der Gefühls- und Bedürfnisäußerung kommt. Die nicht erlernte Bedürfnisäußerung im Elternhaus hat Auswirkungen auf die nicht erlernte Äußerung sexueller Verhaltensweisen. Dies hat mangelndes Lustempfinden zur Folge. Lustempfinden aber ist das Motiv für sexuell motivierte Aktivitäten, die neue Beziehungen aufbauen könnten. Eine solche Aktivität ist besonders in Krisensituationen wichtig, um z. B. nach einer Trennung eine neue Partnerbeziehung entwickeln zu können.

Die Eltern von Frau F. hatten sich getrennt, als sie 10 Jahre alt war. Der Vater hatte sich nicht mehr um die Tochter gekümmert, der Mutter war das Kind zuerst lästig, danach wurde es zur Konkurrentin bei ihren Liebhabern. Das Kind wurde von der Mutter zu Leistungsstreben und Pflichterfüllung erzogen. Echte emotionale Zuwendung kannte es nicht. Bis zum 20. Lebensjahr hatte Frau F. keine sexuellen Kontakte. Obwohl sie eine sehr gute Schülerin war und die tägliche Arbeit selbständig verrichtete, blieb sie in der emotionalen Entwicklung zurück. Die einzige Gefühlsäußerung war die Liebe zu ihren Puppen aus der Kindheit. Der erste Beischlaf widerte sie an; in den folgenden Jahren lebte sie wieder abstinent. Mit 25 Jahren heiratete sie einen hyperaktiven Mann mit stark ausgeprägten hypochondrischen und größenwahnhaften Verhaltensweisen. Sie hat ihm zuliebe ohne jegliche Empfindung mit ihm geschlafen. Viel wichtiger als die Sexualität war für sie das Gefühl, daß sie endlich jemanden hatte, um den sie sich kümmern konnte. Danach begann sich der Ehemann, der verschiedene andere Partnerinnen hatte, seiner Ehefrau zu entziehen. Frau F. hatte wieder zwei Jahre völlige Abstinenz. In ihrem 31. Lebensjahr kam es zur Scheidung. Mit 35 Jahren heiratete sie zum zweiten Mal und lebte bis zum 53. Lebensjahr in einer Ehe, in der die Sexualität so gut wie keine Bedeutung hatte. Als ihr Ehemann starb, fiel sie in jahrelang anhaltende Hoffnungslosigkeit und Depression. Mit 58 Jahren erkrankte sie an Magenkrebs, mit 59 Jahren starb sie.

Während im allgemeinen Krebspatienten weniger Sexualpraktiken als andere Personen aufweisen, ist es bei Frauen mit Unterleibskrebs umgekehrt. Sie haben sehr häufig sexuelle Praktiken, die aber in der Regel unlusterzeugend sind. Bei diesen Patientinnen gibt es noch eine andere Ausnahme: Während sie von einem Elternteil (meistens von der Mutter) ausgestoßen und kalt behandelt wurden, wurden sie vom anderen Elternteil (meistens vom Vater) emotional sehr angezogen.

Frau W., 32 Jahre alt, leidet seit einem Jahr an Cervix-Karzinom und hat eine Operation hinter sich. Ihre Mutter hat sie sehr kalt behandelt. Obwohl sie nie mit der Mutter in Konflikt geraten wollte, fühlte sie sich von ihr sehr behindert. Den Vater idealisiert sie als eine sehr liebenswürdige und wichtige Person. Keinen Menschen würde sie so sehr lieben wie ihren Vater. Geschlechtsbeziehungen hatte sie sehr früh, mit 14 Jahren, aufgenommen. Sie behauptet, bis zum 25. Lebensjahr mindestens 100 Geschlechtspartner gehabt zu haben. Alle sexuellen Begegnungen sind nach einem gleichen Schema verlaufen: In der ersten Phase der Begegnung zeigte sich eine Begeisterung, und es wurden große Hoffnungen geweckt. Nachdem sexueller Kontakt aufgenommen wurde, stellten sich Unlustgefühle und Beklemmungen ein, auf die Schlafstörungen, Tablettenkonsum, Alkoholabusus und exzessives Zigarettenrauchen folgten. In dieser Phase wurde der Sexualpartner meistens mit dem Vater verglichen, ein Vergleich, dem kein Partner standhalten konnte. Deswegen wurde ein Partner durch den anderen ersetzt. Die Hoffnungslosigkeit und Verzweiflung steigerten sich von einem Erlebnis zum anderen. Eine einzige Ausnahme erlebte die Patientin in ihrem 23. Lebensjahr, als eine Beziehung zwei Monate lang andauerte. Diese Zeit beschreibt die Patientin als die schönste und die einzig schöne Zeit in ihrem Leben. Vergleichbar schön war nur noch die Zeit der frühen Kindheit, in der sich der Vater um die Patientin liebevoll bemühte. In diesen zwei Monaten hatte die Patientin eine sexuelle Beziehung mit einem, wie sie es selbst beschreibt, brutalen, geisteskranken Zuhälter. Vor und nach jeder sexuellen Handlung »schlug der Typ wie verrückt zu«. Die sadistischen Verhaltensweisen haben bei der Patientin offensichtlich die unbewußte Sehnsucht nach Bestrafung befriedigt, die mit der überstarken Bindung an den Vater und der daraus entstandenen negativen Bewertung der Sexualität zusammenzuhängen scheint. Der Vater hat seiner Tochter zwei Einstellungsweisen vermittelt:

a) kein Mann ist so attraktiv, liebevoll und begehrenswert wie dein Vater und
b) du sollst und kannst viele Beziehungen eingehen und wirst selbst immer zum gleichen Schluß kommen.

Die Patientin berichtet, daß ihr Vater, als sie in ihrem 15. Lebensjahr war, sie aufgefordert hatte, eine sexuelle Beziehung mit einem älteren Herrn einzugehen, um die Erfahrung zu machen, daß keiner so liebenswert ist wie der Vater. Die Krebserkrankung erscheint als die letzte Station der immer wiederkehrenden Hoffnungslosigkeit, besonders nach sexuellen Praktiken. Es scheint kein Zufall zu sein, daß sich bei einer solchen Problematik ausgerechnet Cervix-Karzinom entwikkelt. Der Geschlechtsverkehr ist tatsächlich bei dieser Patientin die Hauptquelle von Konflikten und Hoffnungslosigkeit gewesen.

Die naturwissenschaftlichen und besonders die epidemiologischen Untersuchungen bringen gleichfalls häufigen Geschlechtsverkehr in Beziehung zu Cervix-Karzinom. Die naturwissenschaftliche Medizin hat allerdings eine andere Erklärung als die Sozialwissenschaft: Der häufige Geschlechtsverkehr vergrößere die Chance der Infektion. Dazu wird das Ergebnis angeführt, daß bei Frauen, die mit einem beschnittenen Mann, dessen Glied leichter gesäubert werden kann, Geschlechtsverkehr haben, Cervix-Karzinom seltener auftritt. Meine Ergebnisse zeigen aber, daß Frauen mit häufigem Partnerwechsel, die aber aufgrund ihrer Sexualpraktiken nicht hoffnungslos werden, nicht an Cervix-Karzinom erkranken. Diese Frauen setzen sich jedoch derselben Infektionsgefahr aus. Die medizinisch-epidemiologischen Studien haben den emotionalen Zustand der von ihnen untersuchten Frauen nicht erfaßt. Ich leugne nicht die multifaktorielle Entstehungsweise einer Krebserkrankung, also auch nicht die Möglichkeit einer eventuellen Infektion. Bei dieser Theorie ist trotzdem zu bedenken, daß in Kulturen, in denen Männer beschnitten werden, vielleicht auch andere emotionale Verhaltensweisen herrschen. Solche Fragen müssen in zukünftigen Forschungsarbeiten gestellt und beantwortet werden.

Im Gegensatz zur Patientin mit Cervix-Karzinom zeigen die Patientinnen mit Corpus-Karzinom eine ausgeprägte Abstinenz. Sie hatten jahrelang keinerlei sexuelle Beziehungen und neigten wie die Cervix-Karzinom-Patientinnen zu einer extremen Idealisierung ihres Vaters.

3. Das soziale Verhalten

Meine prospektiven und retrospektiven Studien konnten zeigen, daß Krebspatienten in verschiedenen Bereichen spezifische Verhaltensweisen aufweisen. Hier sollen die wichtigsten Ergebnisse angeführt werden:

a) Vernunftorientiertes Verhalten

Von den Krebspatienten wurde schon in der Familie permanent gefordert, vernünftig zu sein. Sie mußten sich für ein erstrebtes leistungsorientiertes Verhalten einsetzen und sich immer wieder vernünftig und logisch verhalten, um komplizierte soziale Beziehungen zu verstehen. Das vernunftorientierte Verhalten zeigt sich als ein wichtiges Merkmal, aufgrund dessen Krebserkrankung vorhergesagt werden kann. Es verhindert offensichtlich »unvernünftige«, z. B. aggressive Impulse und festigt paradoxerweise die kognitive Steuerung des fehlerlernten Verhaltens. Das vernunftorientierte Verhalten wird von der sozialen Umwelt permanent belohnt, und es wird aufrechterhalten, obwohl es nicht zur dauerhaften Bedürfnisbefriedigung führt. Die Krebskandidaten und -patienten ordnen sich selbst als Menschen ein, die immer bestrebt sind, das zu tun, was vernünftig und logisch richtig ist. Sie versuchen immer, die Menschen und ihr Verhalten zu verstehen, so daß sie nur äußerst selten gefühlsmäßig reagieren. Das vernunftorientierte Verhalten scheint ein Schutz gegen die befürchtete und nicht erlernte Gefühlsäußerung zu sein. Es ist gleichzeitig ein Schutz gegen die befürchtete Konfliktäußerung. Die Krebskandidaten betonen, daß sie alle mitmenschlichen Konflikte durch Verstand und Vernunft zu überwinden versuchen, besonders indem sie äußerst bemüht sind, keine einseitigen gefühlsmäßigen Reaktionen zu zeigen. Sie versuchen, auch Menschen, von denen sie gefühlsmäßig tief verletzt wurden, vernünftig zu behandeln und ihr Verhalten zu verstehen. Auch hier weichen sie der Aggressivität und den gefühlsbetonten Reaktionen aus. Diese Verhaltensweise scheint in familiären Beziehungen erlernt zu sein, in denen das Kind auf elterliche Zurückweisung nicht mit Aggressionen antworten konnte.

Die Krebskandidaten geben an, daß sie in fast allen Lebenssituationen derart vernünftig reagieren, daß nur äußerst selten ihr Verhalten rein von den Gefühlen geleitet wird. Von daher kamen sie so gut wie nie in die Lage, daß ihr Verhalten als unsinnig oder unvernünftig bezeichnet werden konnte. Auch wenn ihnen andere Personen unsympathisch sind, unternehmen die Krebskandidaten den Versuch, sie zu verstehen. Dadurch können sie Abneigung, Ekelgefühle und andere negative Empfinden nicht zum Ausdruck bringen. Krebskandidaten fühlen sich durch ihr vernunftorientiertes Verhalten gehindert, Aggressivität zu zeigen, auch dann, wenn es ihrer Meinung nach ausreichende Gründe gibt.

Das vernunftorientierte Verhalten ist offensichtlich in den familiären Beziehungen entstanden und stellt ein kognitives Bewertungssystem dar. Es ist einerseits ein Schutz gegen die nicht erlernte Gefühlsäußerung, andererseits verhindert es eine latent vorhandene Gefühls- und Konfliktäußerung. Das vernunftorientierte Verhalten ist außerdem multidimensional zu sehen, also im Zusammenwirken mit anderen Faktoren. Es ist nur ein Faktor im Prozeß der psychosozialen Krebsentstehung. Wenn es mit Bedürfnisäußerung gekoppelt ist, ist es offensichtlich weniger krankheitserzeugend, als wenn es im Zustand einer chronischen Hoffnungslosigkeit auftritt. Trotzdem hat das vernunftorientierte Verhalten einen hohen Vorhersagewert für die Krebserkrankung. Es scheint so zu sein, daß ein vernunftorientiertes Verhalten früher oder später in chronische Hoffnungslosigkeit mündet. Von allen Fragen in unseren verschiedenen Fragebögen gehört vernunftorientiertes Verhalten zu den relevantesten Aspekten. Dieses Verhalten scheint mit den chronisch verhinderten Gefühlsäußerungen zusammenzuhängen, die wiederum mit der Krebserkrankung in Beziehung stehen.

Abschließend sollen noch einige Beispiele dargestellt werden:

Herr F., 46 Jahre, Magenkrebs, beschreibt sich selbst (und wird auch von seinen nächsten Angehörigen so beschrieben) als äußerst logisch, vernünftig und an Problemen anderer Personen interessiert. Von seiner Mutter hat er sich nie besonders geliebt gefühlt und betont, daß seine Mutter ihn immer wieder abgewiesen und nicht anerkannt hat. Er selbst war in der Schule und im Studium ausgezeichnet und später ein hervorragender Fachexperte. Konfliktsituationen versuchte er mit Vernunft zu überwinden und kann sich selbst nicht erinnern, jemals wütend gewesen zu sein. Seine Gefühle äußert er nie direkt, er ist auch nicht in der Lage, Gefühlsqualitäten zu beschreiben. Seine Gespräche sind immer sachlich; gefühlsbetonte Einseitigkeit ist nicht festzustellen. Weder Herr F. noch seine Angehörigen konnten beobachten, daß sich bei ihm spontane, durch Gefühle gesteuerte Verhaltensweisen entwickeln. Gefühlsmäßig war er immer unterkühlt, obwohl er ganz an den Problemen anderer Personen orientiert ist. Er kann sich auch für andere Personen sehr verständnisvoll und warmherzig einsetzen, wobei aber immer seine rationalen Erklärungen im Vordergrund stehen. Er kann tagelang uneigennützig für andere Personen arbeiten, äußert aber auch im Arbeitsprozeß keine Gefühle. Aggressive Gefühle sind ihm unbekannt. »Ich habe dies nie gelernt«, sagt er. Er leidet sehr darunter, daß ihn seine Frau häufig aggressiv behandelt. Er selbst strebt ein harmonisches Verhältnis an. Trotzdem läßt er sich gefühlsmäßig von seiner Frau nie provozieren; obwohl ihm ihre aggressive Verhaltensweise »auf den Magen schlägt«, versucht er, jedes Verhalten seiner Frau, rational zu verstehen.

Frau C. ist 10 Jahre nach der Befragung an Brustkrebs erkrankt. Die Tochter beschreibt Frau C. als großzügig, immer für andere da und durchweg vernünftig. Mit Frau C. kann man jedes Problem besprechen, sie zeigt Verständnis, das mit selbstlosem Engagement für die Familie und auch andere Personen verbunden ist. Sie setzt sich tatkräftig für die Probleme der armen Länder, für hungernde und kranke Menschen ein, sie kümmert sich um die Probleme der Nachbarn und vor allem um ihre eigene Familie. Wenn Konflikte in der Familie auftauchen, dann ist sie immer gerecht, logisch und vernünftig. Einseitige Gefühlsorientierungen zeigte sie nie. Von der Tochter wurde sie als ein gerechter Engel beschrieben, der nie negative, aber auch keine positiven Gefühle zeigt. Wenn sie Gefühle äußert, dann sind sie höchstens verbunden mit der Freude, anderen Personen dienen zu dürfen, aber auch diese Gefühle sind nicht unabhängig von dem ausgesprochen vernünftigen Verhalten. Genauso sieht sich Frau C. selbst. Diese Beschreibung ihres Verhaltens bestätigen auch zwei weitere Beobachter.

b) Harmonisierendes Verhalten, Selbstzurückstellung, Idealisierungstendenz

Das harmonisierende Verhalten drückt eine Verhaltens- und Interpretationstendenz des Individuums aus, mit seiner sozialen Umwelt, besonders den wichtigsten Mitmenschen, in einer völligen und dauerhaften Harmonie zu leben. Eine gewisse Harmonisierungstendenz ist normal und für jeden Menschen sogar nötig. Es gibt jedoch Abweichungen in zwei Richtungen: zum einen bei Personen, die überstarke aggressive Reaktionen nach außen zeigen und den Dauerstreit und -konflikt mit ihrer Umwelt genießen. Diese Personen gehören eher zu den psychopathischen und verhaltensgestörten Menschen. Personen, die in einem latenten oder manifesten Loyalitätskonflikt mit ihrer

Umwelt leben, äußerlich aber ein harmonisches Verhältnis anstreben, gehören meiner Ansicht nach zur Gruppe von Menschen, die an internistischen Krankheiten, z. B. Herzinfarkt, Hirnschlag, leiden oder leiden werden. Diese Annahmen konnten mehrfach in verschiedenen Untersuchungen in unserem Forschungsprojekt bestätigt werden.

Krebskandidaten und -patienten erstreben ein dauerhaftes harmonisches Verhältnis zu ihren Mitmenschen und sind dafür auch bereit, jeden Preis zu bezahlen. Sie stellen sich selbst zurück; ihre eigene Bedürfnisse und Ansprüche machen sie nicht geltend und passen sich allen negativen Bedingungen, die aus den zwischenmenschlichen Beziehungen resultieren, an. Dafür erstreben sie eine dauerhafte, konfliktfreie Beziehung zu Personen, die sie idealisieren. Wenn sie eine harmonische, also eine scheinbar konfliktfreie Beziehung erreichen, dann fühlen sie sich in dieser, im Unterschied zum Verhaltensgestörten, sehr wohl. Krebskandidaten scheinen vom subjektiven Empfinden her ein derartiges Defizit an elterlicher und zwischenmenschlicher Zuwendung aufzuweisen, daß sie durch das harmonisierende Verhalten eine immer wieder aufs neue ausgestellte Garantie erwarten, nicht wieder verletzt und ausgestoßen zu werden. Im harmonisierenden Verhalten scheint sich die gesamte Lebensgeschichte des Krebspatienten und Krebskandidaten zuzuspitzen. Er versucht mit allen Mitteln, aufgrund seiner gelernten Selbstzurückstellung, seines vernunftorientierten Verhaltens, seiner Idealisierungsneigung in einem erstrebten harmonischen Verhältnis endlich doch Liebe und Anerkennung von seinen Bezugspersonen zu erlangen. Weil er sich selbst als unzulänglich betrachtet und in seiner emotionalen Ausstrahlung kein Selbstvertrauen hat (obwohl die objektive Wirkung dieser Personen häufig mit dem mangelnden Selbstvertrauen im offensichtlichen Widerspruch steht), versucht der Krebskandidat im harmonisierenden Verhalten mehrere Kontrollinstanzen aufzubauen, die ihm seine Gefühlsäußerung letztlich doch ermöglichen und ihn vor gefürchteten neuen Enttäuschungen schützen.

Der Inhalt des harmonisierenden Verhaltens ist von Fall zu Fall verschieden. Es gibt Personen, bei denen das vernunftorientierte Verhalten im Vordergrund steht; sie versuchen, ein völlig harmonisches Verhältnis zu ihrer Umwelt herzustellen. So erklärte mir ein Krebspatient, von Beruf Ingenieur, seine Beschäftigung mit der Naturwissenschaft, die Vollbringung hervorragender Leistungen sei von ihm als Ausgangspunkt für eine vollkommene Harmonie zu Familien, Kindern, Staat und Gesellschaft betrachtet worden. Bei anderen Personen steht die Selbstzurückstellung mit dem Ziel eines harmonisierenden Verhaltens im Vordergrund: Frauen opfern sich für die Ehemänner, Ehemänner für ihre Frauen, Eltern für ihre Kinder, Kinder für ihre Eltern usw. bis zur Selbstaufgabe auf. Bei anderen Personen kann wieder die Idealisierungstendenz im Vordergrund stehen, also eine Neigung, Mitmenschen oder gesellschaftliche Verhältnisse als völlig positiv ohne die geringsten Mängel zu sehen. Charakteristisch für alle Personen mit harmonisierendem Verhalten ist es, daß sie in Situationen gelangen, in denen ihnen zwischenmenschliche Konflikte bewußt werden, wodurch sie gezwungen werden, die harmonisierende Tendenz zu verstärken. Sie haben offensichtlich größte Angst, in möglichen Konfliktsituationen abgewiesen und verletzt zu werden. Diese Angst kam in zahlreichen prospektiven und retrospektiven Gesprächen zum Vorschein. Meistens ist es eine Angst, die durch die direkte Zurückweisung von einem Elternteil ausgelöst wurde.

Auch in den Träumen der Krebspatienten kommen die Ängste, verletzt zu werden, sehr häufig zum Vorschein. In einer retrospektiven Studie wurden 24 charakteristische Träume von Krebspatienten mit den Träumen von Personen, die nicht erkrankt sind, und mit Träumen anderer Patienten (z. B. der internistisch Erkrankten) verglichen. Es zeigte sich, daß Krebspatienten überdurchschnittlich oft träumen, daß sie Angst haben, von jemandem verletzt, vernachlässigt, verlassen oder abgewiesen zu werden. Ein Krebspatient träumt beispielsweise seit Jahren regelmäßig (auch schon lange vor seiner Erkrankung), daß Menschen ihn mit heißem Wasser übergießen, während er diese Menschen durch äußerste Freundlichkeit zurückzuhalten versucht. Ein anderer Krebspatient träumt, daß ihn Menschen verlassen und er ihnen in panischer Angst vor dem Alleinsein nachläuft. Dabei sei er bereit, jeden Dienst zu tun, um in der menschlichen Gemeinschaft anerkannt zu werden.

Der Ausbruch der Krebserkrankung geschieht so gut wie nie im Zustand des »ungetrübten« harmonisierenden Verhaltens. Das harmonisierende Verhalten scheint eine Prothese zu sein, die schlechthin die beste Bedingung ist, in der die emotionalen Bedürfnisse einigermaßen befriedigt werden. Nur in diesem Zustand sind auch therapeutische Lernprozesse möglich. Krebskandidaten erkranken an Krebs erst dann, wenn ihre Hoffnung nach Harmonie nach jahrelangen Bemühungen zunichte gemacht wird oder wenn eine harmonische Beziehung durch ungünstige Lebensereignisse verlorenging. Aus diesem Grund muß die Einschätzung des harmonisierenden Verhaltens differenziert geschehen. Hier sollen einige Beispiele angeführt werden:

Die Biologin K. bekam im 35. Lebensjahr Magenkrebs. Ihre Eltern hatten sie emotional ausgestoßen und nicht anerkannt. Als sie starb, kamen sie noch nicht einmal zum Begräbnis. Obwohl sie in ihrem Verhalten keine Abweichung von der Norm zeigte, wurde sie weder vom Vater noch von der Mutter bestätigt. Sie hatte ihrerseits alles unternommen, um mit den Eltern ein gutes Verhältnis zu bekommen. Mit 23 Jahren war sie sehr depressiv und verunsichert. Danach heiratete sie einen Pädagogen, der auf ihre symbiotischen Wünsche einging. Sie erstrebte ein vollkommen harmonisches Verhältnis, stellte sich völlig zurück, blühte aber emotional offensichtlich auf. Ihrem Ehemann erzählte sie, daß jene Zeit die einzige in ihrem Leben war, in der sie keine Depressionen hatte. Früher dachte sie bei jeder Krankheit: Hoffentlich sterbe ich! Trotzdem zeigte sie keinerlei Verhaltensstörungen. Obwohl sie ihren Mann sehr idealisierte, war sie letztlich ganz vernunftorientiert. Jede Äußerung zeigte, daß sie Probleme genau durchdachte. Ihr Mann erlebte nach eigener Aussage in den ganzen Jahren seiner Ehe nicht eine einzige unvernünftige oder unlogische Äußerung seiner Frau. Trotzdem bemerkte der Ehemann immer mehr, daß seine Frau nur durch das harmonische Verhältnis zu ihm lebte. Sie fragte ihn mehrmals am Tag, ob er sich wohlfühle, ob sie etwas für ihn tun könne und war manchmal in aufdringlicher Weise hilfsbereit. Danach bekam der Ehemann selbst Depressionen und begann in immer größerem Ausmaß, sich seiner Frau zu entziehen. Seine Frau reagierte darauf durch verstärkte Depressionen. Sie wurde chronisch apathisch, hoffnungslos und niedergeschlagen. Das nahm noch zu, nachdem der Ehemann seiner Frau gesagt hatte, daß es mit seinen Gefühlen für sie endgültig vorbei wäre und daß er glaube, sich eines Tages von ihr trennen zu müssen. Da seine Frau Schlafstörungen bekam, nahm sie zusätzlich zu Beruhigungsmitteln und Zigaretten Schlafmittel. Einige Jahre danach erkrankte sie an Magenkrebs. Sie hatte keine Angst vor dem Sterben; auch die Krankheit konnte sie nicht beunruhigen. Sie sagte ihrem Ehemann, daß diese ganze Entwicklung für sie eine innere Logik hätte. Ihre größte Sorge bereitete ihr in den letzten Tagen die

Frage, ob ihre Eltern, die sie vor einigen Jahren wegen Lappalien so verärgert hatte, daß sie sie so gut wie nie besuchten, zu ihrem Begräbnis kommen würden.

Herr C., 56 Jahre alt, erkrankte an Lungenkrebs. Herr C. hatte nie geheiratet und lebte mit seiner Mutter in einer Wohnung zusammen. Er fühlte sich von seiner Mutter unheimlich geliebt und äußerte, daß er seine Mutter ebenso liebe. Trotz großer mütterlicher Liebe zu ihm hatte seine Mutter ihn zu einem ausgesprochenen leistungsbewußten Verhalten erzogen. Wenn er die Normen und mitmenschlichen Regeln nicht einhielt, konnte seine Mutter äußerst streng reagieren. Die Mutter schrieb ihrem Sohn genauestens vor, wie seine zukünftige Frau auszusehen hätte. Auch über die anderen Erwartungen seiner Mutter war sich Herr C. im klaren. Er mußte seine Arbeit zufriedenstellend erledigen und sich täglich um die Belange seiner Mutter kümmern. Bis zu seinem 45. Lebensjahr tat er dies mit Freude, da er seine Mutter sehr gern hatte. »Wir lebten in absoluter Harmonie, das Verhältnis zu einer anderen Frau könnte nicht besser sein.« Deswegen wollte Herr C. auch nie heiraten. Im 45. Lebensjahr jedoch lernte Herr C. eine Frau kennen, die ihm sehr zusagte. Es entwickelte sich eine sehr kurze, aber intensive Beziehung, und Herr C. dachte an Heirat. Darauf reagierte die Mutter sehr ablehnend und aggressiv. Seine Freundin wurde »hinausgeekelt«. Herr C. fiel daraufhin in schwerste Depressionen, er konnte das so »absolut harmonische Verhältnis« zu seiner Mutter nicht mehr herstellen. Er fand aber auch keine Kraft mehr, neue Beziehungen einzugehen. Hinzu kam, daß er nicht fähig war, die verlorene Beziehung emotional zu überwinden. Die Gefühle selbst konnte er allerdings nicht beschreiben, nur die Folgen, die sich in chronischer Hoffnungslosigkeit und Depression formierten. Trotzdem fuhr Herr C. fort, alle Erwartungen der Mutter zu erfüllen. Er war nicht in der Lage, ihr zu zeigen, daß er unglücklich war. Obwohl Herr C. keine Zigaretten rauchte und auch sonst äußerst gesundheitsbewußt lebte (bezüglich Ernährung, Alkohol usw.), erkrankte er später an Lungenkrebs. Jahrelang vor der Erkrankung war er hyperaktiv und achtete nicht auf Krankheitssymptome. Das wichtigste Charakteristikum im Verhalten des Herrn C. schien seine Unfähigkeit zu sein, aggressive Gefühle, Unlust- oder Protesthaltungen zu zeigen. Bis zu seinem Tod war es für Herrn C. von Wichtigkeit, eine harmonische Beziehung zu seiner Mutter aufrechtzuerhalten. Die Mutter selbst äußerte, daß ihr Sohn immer gut zu ihr gewesen sei und nie ein böses Wort gesagt habe. Dasselbe bestätigen zwei Verwandte von Herrn C.

Auch die Idealisierungstendenz hat zum Ziel, gefürchteten Konflikten auszuweichen. Ein Teil der untersuchten Krebskandidaten und Krebspatienten zeigte eine extreme Idealisierungstendenz, obwohl ein anderer Teil wiederum äußerst realistisch und vernunftorientiert war. Die Idealisierungstendenz kommt in den Behauptungen der Krebspatienten zum Vorschein, sie hätten zu ihren engsten Bezugspersonen absolut ideale Beziehungen ohne jegliche Widersprüche. Häufig hängt die Idealisierung mit direkter Verleugnung von bestehenden Konflikten zusammen. Zum Beispiel behaupten einige Krebspatienten, sie hätten ein derart gutes Verhältnis zur Umwelt, daß es darüber überhaupt nichts zu sagen gäbe. Dabei weigern sie sich, verbale Äußerungen zu machen. Hier soll ein Beispiel einer Person mit Idealisierungstendenz angeführt werden:

Herr K., 63 Jahre alt, erkrankte an Lungenkrebs. Er leidet seit zwei Jahren an Lungenkrebs und hat eine Operation hinter sich. Er behauptet, daß er schon längst tot wäre, wenn seine Frau nicht eine ideale und höchst aufopfernde Persönlichkeit wäre. Ein Leben lang hat sich diese Frau so um ihn gekümmert, daß ihm nie auch nur ein einziger Wunsch unerfüllt blieb. Seine Frau hatte ihm gegenüber auch nie Böswilligkeit gezeigt. Aggressives Verhalten von seiten seiner Frau war ihm so gut wie unbekannt. Auch die Ärzte haben ihn hundertprozentig richtig behandelt; er konnte sich nicht an ein einziges Wort, das nicht freundlich gewesen wäre, erinnern. Leider war er mehrere Jahre vor der Erkrankung arbeitslos gewesen und konnte so das vorbildliche Verhalten seiner Ehefrau nicht belohnen. Deswegen litt er jahrelang unter schwersten Depressionen, er fühlte sich überflüssig und undankbar. Er war der Überzeugung, die Liebe seiner Frau nicht verdient zu haben und glaubte, daß sie sich ihre wahren Gefühle nicht anmerken ließ.

4. Ungünstige lebensgeschichtliche Ereignisse

Bisher konnte gezeigt werden, daß Krebskandidaten und Krebspatienten eine bestimmte familiendynamische Entwicklung haben und charakteristische Verhaltenstendenzen aufweisen, die durch das sogenannte harmonisierende Verhalten beschrieben worden sind. Man kann von einem harmonisierenden Orientierungsmuster, also einer Art subjektiver relevanter Ideologie sprechen. Krebskandidaten haben ein spezifisches Bewertungs- und Erwartungssystem in ihrem Verhalten. Durch dieses System werden auch soziale und lebensgeschichtliche Ereignisse bewertet und subjektiv erlebt. Die subjektive Ideologie der Krebspatienten läuft darauf hinaus, alles für ein symbiotisches und harmonisches Verhältnis zu den Mitmenschen zu unternehmen. Wenn im Laufe des Lebens bei solchen Personen bestimmte lebensgeschichtliche Ereignisse auftauchen, die das Streben nach harmonischem Verhalten zunichte machen, dann kommt es in der Regel zu chronischer Hoffnungslosigkeit und Niedergeschlagenheit. In diesem Zusammenhang spreche ich von emotionalem Streß. In verschiedenen Fragebögen und freien Interviews wurden unterschiedliche, ja fast alle denkbaren ungünstigen Lebensereignisse erfaßt. Dabei zeigte sich, daß Krebspatienten überdurchschnittlich oft in ihrem Leben durch ganz bestimmte Lebensereignisse betroffen werden. Ganz andere Lebensereignisse spielen beispielsweise bei Verhaltensgestörten oder auch internistisch Erkrankten eine Rolle. Die wichtigsten Lebensereignisse, die bei Krebskandidaten und -patienten zu chronisch anhaltenden Streßreaktionen führen, liegen meistens im Bereich der Auflösung von privaten Beziehungen, z. B. durch Tod oder Trennung von einer nahestehenden Person, durch schockierende oder unerwartete Verhaltensweisen von nahestehenden oder wichtigen Personen, Konflikte in Partnerbeziehungen.

Auch andere Trennungserlebnisse, wie z. B. Ausstoßung aus einer wichtigen Gruppe, aber auch innere Hemmungen, die zu immer neuen Enttäuschungen führen beim Versuch, eine harmonische mitmenschliche Beziehung aufzubauen, kommen häufig vor. Während Erlebnisse der Unzufriedenheit mit der eigenen Stellung in der Gesellschaft, Schwierigkeiten im Beruf und beruflichem Fortkommen eher für Verhaltensgestörte charakteristisch sind, geben Herzinfarktpatienten mehr Gefühle von Enttäuschungen mit wichtigen Bezugspersonen, geschäftliche Mißerfolge, finanzielle Schwierigkeiten usw. an. Generell kann gesagt werden: Je mehr lebensgeschichtliche Ereignisse und Erlebnisse zu chronischer, immer wiederkehrender Hoffnungslosigkeit und Niedergeschlagenheit geführt haben, die mit den vorher beschriebenen Verhaltenscharakteristika (z. B. Selbstzurückstellung, Idealisierung) in Verbindung stehen, desto größer ist die Chance einer Person, an Krebs zu erkranken. Ungünstige Lebensereignisse allein sind noch kein Krankheitsauslöser. Sie kommen ebenso häufig in Kontrollgruppen wie in der Gruppe der Krebspatienten vor. Von großer Bedeutung ist jedoch die Art und Weise, wie die lebensgeschichtlichen Ereignisse subjektiv bewertet werden.

Hier sollen einige Fälle dargestellt werden:

Herr M., 66 Jahre, Rectum-Karzinom, gibt an, mit seiner Frau bis zu deren Tod vor 10 Jahren in absoluter Harmonie gelebt zu haben. Nach ihrem Tod brach eine ganze Welt für ihn zusammen. »Ich fühlte mich traurig, hoffnungslos, unfähig, mit Menschen zu sprechen, weinte Tag und Nacht. Keinem Menschen möchte ich die Qualen wünschen, die ich nur in einer Nacht durchstehen mußte.« Zwei Jahre nach dem Tod seiner Frau kam es zu erheblichem geschäftlichen Mißerfolg; sein kleiner Lebensmittelladen brachte immer weniger ein und mußte schließlich geschlossen werden. Ebenfalls zwei Jahre nach dem Tod seiner Frau starb seine von ihm idealisierte Tochter bei einem Autounfall. »Danach war mir alles zuviel.« Obwohl er den Sinn seines Lebens verloren hatte, war er äußerst bemüht, seinen Nachbarn nicht zur Last zu fallen und so weit wie möglich die täglichen Arbeiten selbst zu verrichten.

Herr L., 57 Jahre, Magenkrebs, konnte mehrere Kriegs- und Gefangenschaftserlebnisse niemals verkraften. Bei Bombenangriffen verlor er seine Mutter, im Krieg selbst seine zwei besten Kameraden. Die unterschwellige Depression verstärkte sich durch eine einjährige Arbeitslosigkeit, besonders aber nach der Trennung von seiner Ehefrau. Letztere ließ sich von ihm scheiden, ohne hierzu Gründe angeben zu können. Er sei ihr gegenüber ein sehr guter Mensch gewesen, trotzdem wolle sie alleine weiterleben.

Herr K., 57 Jahre, Lungenkrebs, leidet an Gefühlen der eigenen Unzulänglichkeit und kann seit Jahren eine Trennung von seiner Frau nicht verarbeiten. Obwohl er im Berufsleben sehr pedantisch und fleißig ist, ist er eigenwilligen Verhaltensweisen seines Vorgesetzten ausgesetzt, die er nicht kritisiert, aber unter denen er zu leiden hat.

Frau J., 54 Jahre alt, Colon-Krebs, ist fleißig und verrichtet ihre tägliche Arbeit. Seit Jahren ist sie unterschwellig depressiv und hoffnungslos und kann den Sinn des Lebens in zunehmendem Maße nicht erkennen. Zehn Jahre vor dem Krankheitsausbruch erlitt sie einen schweren Unfall durch Eigenverschulden, von dem sie sich nie richtig erholen konnte. Sie litt auch unter den andauernden Streitigkeiten, die in ihrem Elternhaus vorkamen, und entwickelte hier Schuldgefühle.

5. Chronischer emotionaler Streß – Blockierung der Bedürfnisäußerung

Krebskandidaten und -patienten geraten aufgrund ihrer charakteristischen Lebensgeschichte und der daraus erlernten Verhaltensweisen in bestimmte Situationen, die chronische Hoffnungslosigkeit und Niedergeschlagenheit hervorrufen. Wenn das Verhalten der Menschen keine Möglichkeiten bietet, Konflikte zu kanalisieren und sozial zu äußern, z. B. in psychopathologischen und aggressiven Verhaltensweisen, und wenn es auch nicht in der Lage ist, psychosoziale Probleme zu lösen, dann sind Bedingungen für einen chronischen emotionalen Streß gegeben. Unter emotionalem Streß verstehe ich einen physiologischen Erregungszustand, der sich, obwohl er kognitiv gesteuert ist, der kognitiven Kontrolle entzieht. Wenn beispielsweise ein Mensch seine Situation so einschätzt, daß er sich von ihr bedroht fühlt und wenn dabei der Feind klar lokalisiert wird und sich als Folge daraus eine physiologische Erregung zeigt (z. B. kurzfristiger Anstieg des Blutdrucks), dann hat sich die physiologische Erregung noch nicht der kognitiven Kontrolle entzogen. Wenn eine Person jedoch eine Situation als ungefährlich einschätzt, andere unterdrückte kognitive Abläufe aber eine Erregung hervorrufen, dann hat sich diese Erregung der bewußten kognitiven Kontrolle entzogen.

Krebspatienten haben eine rigide, harmonisierende und idealisierende kognitive Orientierung. Um jeden Preis erstreben sie ein harmonisches Verhältnis zu ihrem Mitmenschen. Wenn sich durch bestimmte ungünstige Lebensereignisse die Möglichkeit einer erstrebten harmonischen Beziehung nicht realisieren läßt, dann tauchen emotionale Reaktionen auf, die sich der kognitiven Kontrolle chronisch entziehen. Obwohl die negativen Emotionen bewußt empfunden und wahrgenommen werden können, geraten sie nicht unter die kognitive Kontrolle. Der Krebskandidat und -patient zeigt weiterhin sein erlerntes Verhalten und seine erlernte Einschätzung und lebt mit seinem emotionalen Streß, ohne diesen verändern zu können.

Im weiteren Sinne verstehe ich unter emotionalem Streß ein ganzes

Bündel an Verhaltens- und Empfindungsweisen, die auf denselben oben beschriebenen Sachverhalt hindeuten. Sie wurden in Fragebögen und Beobachtungskatalogen festgehalten. Zum Beispiel ist emotionaler Streß das chronische Gefühl der eigenen Unzulänglichkeit oder das Gefühl der Resignation. Letztlich ist emotionaler Streß die Folge eines Zustandes, in dem das Individuum chronisch nicht in der Lage ist, seine in der Lebensgeschichte erlernten und wichtigsten Bedürfnisse und Gefühle zu äußern. Diesen Zustand nannte ich »chronische Blokkierung der Gefühls- und Bedürfnisäußerung«. Durch die Untersuchung von verschiedenen Personen, die später an Krebs erkrankt oder bereits Krebspatienten waren, konnte ich verschiedene Formen der Blockierung beobachten und beschreiben. Hier sollen die wichtigsten genannt werden:

a) Der Mensch ist chronisch nicht in der Lage, seine subjektiv wichtigsten Bedürfnisse im sozialen Rahmen zu äußern, da er von seinem bedürfnisbefriedigenden Objekt entfernt ist. Zu diesem Typ gehört z. B. eine Frau, die ihre Kinder sehr gern hat, aber in großer räumlicher Entfernung von diesen lebt. sie bekommt so gut wie keinen Besuch und wird immer hoffnungsloser und niedergeschlagener.
b) Die Versuchsperson kann aus inneren Hemmungen heraus zunehmend im gesamten sozialen Bereich keine Bedürfnisse äußern. Sie geht z. B. keine intimen Beziehungen ein. Obwohl sie von Außenstehenden als gut angepaßt betrachtet wird, befindet sie sich in einem zunehmend hoffnungslosen, verzweifelten und niedergeschlagenen Zustand.
c) Die Versuchsperson ist durch ungünstige Lebensereignisse nicht mehr in der Lage, ihre wichtigsten Gefühle und Bedürfnisse zu äußern.

Hierzu einige Beispiele:

Das autobiographische Buch von Fritz Zorn »Mars« ist ein einziges Dokument einer Person, die aufgrund der Blockierung der Bedürfnisäußerung, hervorgerufen durch innere im Elternhaus erlernte Hemmungen, in zunehmende Verzweiflung gerät. In unseren gesamten Studien macht diese Verhaltensweise, also die blockierte Gefühlsäußerung aufgrund innerer Hemmungen und ohne zusätzliche Lebensereignisse, weniger als 20 Prozent aus. Die meisten Blockierungen der Bedürfnisäußerung geschehen nach ungünstigen Lebensereignissen.

Fast alle Krebskandidaten und -patienten können einem ungeschulten Beobachter ihre blockierte Gefühls- und Bedürfnisäußerung und ihre chronische Hoffnungslosigkeit verbergen. Das ist keinesfalls bewußte Absicht dieser Personen, vielmehr wird das gestörte Verhalten durch die Selbstzurückstellung, Idealisierungstendenz und die Neigung zu harmonisierendem Verhalten verdeckt. Ein großer Teil der Krebskandidaten (spätere Krebspatienten) ist im Alltag hervorragend »angepaßt« und verbirgt seine Hoffnungslosigkeit. Sie haben sich genau den Bedingungen, die ihre Niedergeschlagenheit und Hoffnungslosigkeit hervorrufen, untergeordnet. Wenn sich beispielsweise eine Ehefrau von ihrem Ehemann chronisch vernachlässigt fühlt und durch den Entzug des Partners in einem Zustand der Hoffnungslosigkeit lebt, dann äußert sie ihre Gefühle sehr ungern (im Unterschied zum Verhaltensgestörten).

Aus diesem Grund ist der Kontext, mit dem der Interviewer das Gespräch führt, äußerst wichtig. Der Interviewer muß schon im Vorgespräch die Selbstzurückstellung, die Idealisierungstendenz usw. beobachten und darf die Fragen nicht so stellen, daß sie eine negative Bewertung der Antwort impliziert. Während unsere geschulten Interviewer bei 95 % aller Krebspatienten eine chronisch blockierte Bedürfnisäußerung und chronische Hoffnungslosigkeit feststellen konnten (die Kontrollgruppe zeigte nur 11 % dieses Verhaltens), haben ungeschulte Interviewer bei derselben Gruppe von Krebspatienten nur in 13 % chronische Hoffnungslosigkeit feststellen können, während sie in der Kontrollgruppe von nicht Krebserkrankten sogar 16 % feststellten. Die Krebspatienten geben auch in schriftlichen Befragungen keine blokkierte Bedürfnisäußerung zu, obwohl sie bei mündlichen Befragungen durch geschulte Interviewer chronisch anhaltenden Streß angeben. Es ist zu betonen, daß weder die geschulten noch die ungeschulten Interviewer in ihrer Befragung wußten, wer an Krebs erkrankt ist und wer nicht. Kein Interviewer kannte die spezifische Theorie, er kannte nur die Technik der Befragung. Dieser Exkurs ist besonders in bezug auf emotionalen Streß von großer Bedeutung. Jeder Arzt, der den typischen Krebspatienten kennt, wird in der folgenden Beschreibung mit mir übereinstimmen: Der Krebspatient tritt als gutmütiger, äußerst angepaßter Mensch auf, der fleißig ist und ein hervorragendes Durchhaltevermögen aufweist. Er jammert nie, zeigt wenig Angst, gibt sich im allgemeinen mit seinem Leben zufrieden und zeigt nach außen eher eine realistische oder idealisierende Haltung. Er erweckt oft den Anschein, als würde er nicht unter emotinalem Streß leiden, ja, als wäre er zu solchen, subjektiv gefärbten negativen Gefühlen unfähig. Von daher bedarf es einer speziellen Befragungstechnik, die eine Frage im Kontext der Ideologie des Befragten stellt. Dazu ein Beispiel:

Wenn der Krebspatient antwortet, daß er ein gutes Verhältnis zu seiner Ehefrau hatte, dann muß in der zweiten Frage des Interviewers auf diese Aussage eingegangen werden. Beispielsweise sollte gefragt werden, ob der Krebspatient, obwohl er gerade sagte, daß er zu seiner Frau ein absolut ideales Verhältnis hatte, trotzdem manchmal aufgrund besonderer Umstände durch das Verhalten seiner Frau längere Zeit niedergeschlagen und hoffnungslos war. Diese Frage wird der Krebspatient wahrscheinlich beantworten und die Antwort damit begründen, daß seine Frau mangelndes Verständnis für ein absolut ideales Verhältnis gezeigt habe.

Die Krebspatienten verdecken durch Vernunft und sachorientiertes Verhalten häufig die Äußerung ihres chronischen psychosozialen Stresses. Trotzdem empfinden sie ihn. Das Streßerlebnis ist nicht unbewußt und daher auch durchaus mit Ja-Nein-Fragen und durch Beobachtungen erfaßbar.

Eine besondere Fragestellung am Rande unserer Forschung war, ob Personen mit emotionalem Streß häufiger auch objektiv unter ungünstigeren sozio-ökonomischen Bedingungen leben. Um diese Frage zu beantworten, wurden 38 Personen gleichzeitig mit einem Fragebogen, der emotionalen Streß erfaßt, und mit einem Beobachtungskatalog, der sich auf objektive ungünstige Faktoren bezieht, befragt. Hierzu gehörte z. B. die Wohnsituation (ein Zimmer für sich, teilt das Zimmer mit mehreren Personen usw.), die soziale Integration (ob die Person objektiv sozial isoliert ist, ob die wichtigsten Familienmitglieder noch leben, ob die Person eine leitende Stelle am Arbeitsplatz hat, usw.). Es zeigte sich, daß Personen mit einem hohen Punktwert auf der Streßskala häufiger einen hohen Punktwert auf dem sozio-ökonomischen Beobachtungskatalog aufweisen als Personen, die keinen hohen Punktwert auf der Streßskala haben. Offensichtlich wirken auch ungünstige sozio-ökonomische Bedingungen über das emotionale Streß-Erlebnis auf die Entstehung von Krankheiten.

Der Zustand der blockierten Gefühls- und Bedürfnisäußerung muß theoretisch präzise beschrieben werden, um ihn im Einzelfall aufdekken zu können. Es gibt Personen, die im sozialen Bereich den Eindruck erwecken, gut angepaßt zu sein, und trotzdem im chronischen Zustand der Bedürfnisblockierung leben. In diesem Zusammenhang ist der Begriff des Bedürfnisflusses wichtig. Im Laufe eines Tages äußert eine Person beispielsweise verschiedene Bedürfnisse und reduziert Spannungen. So kann ein religiöses Bedürfnis geäußert werden, danach ein sexuelles und dann ein soziales. Wenn der Bedürfnisfluß intakt ist, dann ist der Übergang von inhaltlich verschiedenen Bedürfnissen, also deren Äußerung und Reduktion, ungestört. Im Zustand der blockierten Bedürfnisäußerung und -reduktion ist gerade der Bedürfnisfluß, also der Übergang einer subjektiv bedeutsamen Bedürfnisäußerung in eine andere, und der permanente Prozeß der Reduktion der Bedürfnisäußerung chronisch behindert. Dabei werden für das Individuum subjektiv wichtige Bedürfnisse nicht geäußert und befriedigt. Auch physiologische Bedürfnisse, z. B. nach Entspannung, werden nicht beachtet. In diesem Zusammenhang werden nur bestimmte, rudimentäre, ideologisch begründete, aber die eigentliche Spannung nicht ausdrückende Bedürfnisse geäußert. Solche Bedürfnisse nenne ich formale Bedürfnisse. So gibt beispielsweise ein Ehegatte an, sein größtes Bedürfnis sei, daß im Haushalt und in der Familie alles in Ordnung ist. Eine alte Frau nennt als ihr einziges Bedürfnis, daß ihre Enkelkinder durch ihr Verhalten zufriedengestellt werden.

Eine Bedürfnisblockierung kann durch verschiedene Ursachen zustande kommen. Es kann z. B. ein für das Individuum subjektiv zentral wichtiges Bedürfnis verhindert werden (Liebe zu einem Elternteil durch dessen Tod). Dadurch kann nun der gesamte Bedürfnisfluß gehemmt werden. Eine andere Person hat nie gelernt, zentral wichtige Bedürfnisse zu äußern; eine dritte Person leidet unter objektiver sozialer Isolation usw.

Vom Inhalt her können die Bedürfnisse sehr verschieden sein, es können religiöse, soziale, emotionalerotische, physiologische Bedürfnisse sein. Es bedarf enormer Erfahrung und theoretischer Kenntnis, um die formale Bedürfnisäußerung von dem wirklich vorhandenen Bedürfnispotential zu unterscheiden. Eine Frau, die ihr nymphomanes Verhalten trotz auftretender Depressionen und Lustlosigkeiten verstärkt, befindet sich z. B. im Zustand formaler Bedürfnisäußerung. Dieser Zustand kann für sie subjektiv und objektiv wichtigere Bedürfnisse chronisch unterdrücken. Auch die Identifikation von wichtigen

Bedürfnissen und das In-Gang-Setzen des individuellen Bedürfnisflusses ist analytisch und therapeutisch eine sehr schwere Aufgabe. Dabei müssen häufig bewußte und unbewußte kognitive Faktoren berücksichtigt werden. Jedes Individuum hat eine individuelle, kognitiv gesteuerte Regulation seines Bedürfnisflusses. Meiner Ansicht nach ist das Hauptcharakteristikum der chronischen Bedürfnisblockierung die Unfähigkeit des Individuums, verschiedene Inhalte der Bedürfnisäußerung zu integrieren. Die Hemmung in einem Bereich überträgt sich auf den anderen. Somit werden auch Bedürfnisse, die ursprünglich mit erheblicher Spannung geäußert wurden, zunehmend flacher und formaler. Das Individuum kann aber psychologisch nicht integriert sein, wenn es nur Bedürfnisse aus einem Bereich äußert (z. B. nur religiöse Bedürfnisse, nur soziale Bedürfnisse der Pflichterfüllung). Es bedarf eines übergeordneten kognitiven Konzeptes, durch das die einzelnen Bedürfnisse und ihr Übergang relativ konfliktfrei geäußert werden können. Wenn es zur chronischen Verhinderung des Bedürfnisflusses kommt und dabei subjektiv wichtige Bedürfnisse verhindert werden, dann setzt eine, zum größten Teil erlernte, selbstdestruktive Tendenz ein. Wenn auf diese die erlernte Tendenz nach sozialer Anpassung, besonders nach Anpassung an die Bedingungen, die die chronische Blokkierung hervorrufen, erfolgt, dann ist meiner Auffassung nach die kognitiv-emotionale Voraussetzung für die Krebsentstehung gegeben.

6. Exponierendes Verhalten

Ich habe mich nicht nur mit der Erforschung von emotionalem Streß und der kognitiven Struktur, also den subjektiven Bewertungen von sozialen Situationen, Verhaltensweisen usw., begnügt. Es wurde zusätzlich die Frage gestellt, was die Personen, die unter einem bestimmten emotionalen Streß zu leiden haben, konkret tun und wie sie sich verhalten. Dabei konnte ich spezifische gesundheitsschädliche Verhaltensweisen beobachten, die ich unter dem Begriff »exponierendes Verhalten« zusammenfasse.

Die klinisch-naturwissenschaftliche Krebsforschung erforscht zwar die einzelnen krebserzeugenden Noxen, berücksichtigt aber nicht die individuelle Motivation und die Summe der gesundheitsschädlichen Einflüsse und Verhaltensweisen auf das Individuum.

Ich gehe davon aus, daß Personen, die psychosozial isoliert sind, die ihre wichtigsten Bedürfnisse und Gefühle im sozialen Rahmen nicht zum Ausdruck bringen können (durch innere Hemmungen oder soziale Hindernisse) und die gleichzeitig ausgeprägte Eigenschaften des sogenannten exponierenden Verhaltens aufweisen, um ein Vielfaches mehr gefährdet sind, an Krebs zu erkranken, als Personen, die nur einen der erwähnten Faktoren zeigen. Unter »exponierendem Verhalten« verstehe ich im einzelnen:

- Hyperaktivität, ununterbrochener Arbeitseinsatz ohne Fähigkeit, sich auszuruhen und zu entspannen
- Ignorieren vorhandener Krankheitssymptome (physischer wie psychischer Art)
- erhöhter Abusus von Genußmitteln und Medikamenten, falsche Ernährung usw.
- erhöhte Bereitschaft, sich der Summe aller ungünstigen Umweltsbedingungen auszusetzen.

Dieses Verhaltenssyndrom impliziert folgendes:

- erhöhte Wahrscheinlichkeit, sich Kanzerogenen auszusetzen
- erhöhte Wahrscheinlichkeit, daß sich die Immunabwehr erschöpft
- erhöhte Wahrscheinlichkeit, daß die den nicht beachteten Krankheitssymptomen zugrundeliegenden pathophysiologischen Prozesse chronisch werden (z. B. entzündete Prozesse) und somit die Krebsgenese beschleunigen
- eine emotionale Beeinflussung eines noch unbekannten immunobiologischen Systems über zum größten Teil noch unbekannte neuro-hormonelle Wirkungen.

Das exponierende Verhalten hat eine psychologische Grundlage und eine Relevanz für die naturwissenschaftliche Forschung. Hier soll zunächst die Motivation und die Bedeutung des exponierenden Verhaltens im psychologischen Sinne erörtert werden.

Die Motivation zum exponierenden Verhalten wird im Elternhaus geschaffen und hängt mit der Bereitschaft zur Selbstzurückstellung, zum perfektionistischen Verhalten und dem Wunsch nach Erfüllung täglicher Aufgaben zusammen. Das Individuum glaubt, durch Hyperaktivität und ununterbrochenen Arbeitseinsatz die Erwartungen der Eltern zu erfüllen und dafür durch Liebe belohnt zu werden. Nach jeder Zurückweisung steigert sich das exponierende Verhalten, obwohl die erstrebte Belohnung meistens ausbleibt. Das Verhalten bleibt trotz fehlender Belohnung deswegen stabil, weil das Individuum keine anderen Verhaltensweisen erlernt hat. Somit ist das exponierende Verhalten die einzige Möglichkeit der Selbstbehauptung und Selbstbestätigung, über die der Krebskandidat verfügt. Nicht nur im Elternhaus, sondern auch in späteren Zweierbeziehungen und am Arbeitsplatz zeigen sich beim Krebskandidaten ausgeprägte Eigenschaften des exponierenden Verhaltens. Damit kämpft er um Anerkennung und Liebe. Er gibt die Erwartung nach Belohnung nie auf. Wenn für ihn wichtige Beziehungen in die Brüche gehen, dann verstärkt er sogar das exponierende Verhalten. In bestimmten, von ihm selbst idealisierten sozialen Beziehungen zeigt der Krebskandidat eine Tendenz, sich genau an die Bedingungen anzupassen, die seiner Bedürfnisbefriedigung im Wege stehen. Dabei stellt er seine eigene Gefühlsäußerung und seine eigenen Ansprüche völlig zurück. Während das Verhalten eigentlich die Funktion hat, Bedürfnisse zu befriedigen, d. h. Spannungen zwischen Mangel- und erstrebtem Zustand zu verringern, scheint bei Krebskandidaten diese Funktion extrem verhindert zu sein. Sie passen sich an ihre Bezugspartner, an ungünstige Situationen am Arbeitsplatz usw., derart an, daß sie die eigenen Bedürfnisse nicht mehr berücksichtigen. Sie verlieren die psychische Fähigkeit, eine Ausweichfunktion auszuüben, d. h. sie können ungünstige Wirkungsfaktoren, egal ob diese im emotionalen, sozialen oder physischen Bereich liegen, nicht vermeiden. Sie ertragen emotionalen Streß tage- und wochenlang ebenso wie pathologische Symptome und versuchen, sich an die Erwartungen ihrer Mitmenschen anzupassen. Das ist die psychologische Grundlage des exponierenden Verhaltens. Es ist letztlich das Ergebnis einer verhinderten Ausweichfunktion gegenüber psychosozialem Streß und gesundheitsschädlichem Verhalten. Das Individuum verharrt an der Quelle von gesundheitsschädlichen Spannungszuständen und Einwirkungen. Es hofft, dafür sozial belohnt zu werden. Es hat keine alternative Verhaltensweise gelernt.

Das exponierende Verhalten wurde in mehreren, hier aber nicht dargestellten prospektiven und retrospektiven Studien mit insgesamt 540 Fragen erfaßt (siehe Literaturverzeichnis). Dabei wurden fast alle erdenkbaren Bereiche untersucht: Von der Einnahme gesundheitsschädlicher Substanzen über das Vorhandensein und Nichtbeachten von Krankheitssymptomen, das Ignorieren ungünstiger Lebensbedingungen, gesundheitsschädlicher Substanzen und Umweltbedingungen bis zur allgemeinen Bereitschaft zur Hyperaktivität. Aufgrund multipler Regressionsanalyse konnten dann die wichtigsten Faktoren isoliert werden. Während die Berührung mit sogenannten kanzerogenen Substanzen, z. B. Teer, Berührung mit PVC am Arbeitsplatz, jahrelange Arbeit in der chemischen Industrie usw., einen erstaunlich geringen Zusammenhang mit der Krebserkrankung aufweisen, haben Verhaltensweisen wie Hyperaktivität, chronische Nichtbeachtung des körperlichen Zustandes, Nichtäußerung des Gefühls des Überfordertseins, schonungslose Arbeit, Inkaufnahme ungünstiger Umweltbedingungen eine sehr wichtige Funktion. Aufgrund solcher Befragungen ist beispielsweise eine hundertprozentige Unterscheidung von Krebspatienten und Kontrollgruppen möglich. Die Ergebnisse lassen einen Zusammenhang zwischen exponierendem Verhalten, einer Erziehung zum Perfektionismus und einer Tendenz, die eigene Person für eine andere Person völlig zurückzustellen, vermuten. In bezug auf die Nichtbeachtung von Symptomen wurden sehr konkrete Fragen gestellt, die sich beispielsweise auf die Nichtbeachtung von Frühsymptomen, wie sie sich bei bestimmten Krebsarten manifestieren, beziehen. Allgemeine Verhaltensweisen, wie z. B. Hyperaktivität und große Ausdauer, erlauben jedoch eine noch schärfere Trennung von Krebspatienten und anderen Gruppen. Hier sollen einige Beispiele für das exponierende Verhalten angeführt werden:

Frau S. hatte ein Elternhaus, in dem sie zum Perfektionismus und großem Fleiß erzogen wurde. Von früher Jugend bis zum 56. Lebensjahr mußte sie täglich mehr als 10 Stunden pro Tag arbeiten. Die Eltern haben von ihr permanente Arbeit erwartet. Obwohl sich Frau S. häufig seelisch und körperlich überfordert fühlte, verweigerte sie sich den elterlichen Erwartungen nicht. Sie hat versucht, alle Erwartungen zu erfüllen, obwohl sie ihr Elternhaus eher als kalt und lieblos bezeichnete. Später arbeitete Frau S. in einer Fabrik, in der es auch viele persönliche und soziale Überforderungen gab, an die sich Frau S. ohne Widerrede angepaßt hat. Sie idealisierte die Bedingungen am Arbeitsplatz und kam so gut wie nie in Konflikt mit ihren Vorgesetzten. Das Arbeitstempo am Fließband konnte sie subjektiv besser ertragen als ihre Kollegen, was sie damit begründete, daß sie schon immer gewöhnt war, zu arbeiten. Im Alter von 28 Jahren heiratete Frau S. Nach der Arbeit hatte sie den ganzen Haushalt zu erledigen, da ihr Mann, der auch in der Fabrik tätig war, nach der Arbeit keine Hausarbeit mehr verrichten wollte. Dann wurde ein Haus gebaut, wobei Frau S. wieder die Hauptlast der Arbeit hatte. Frau S. hatte verschiedene körperliche Symptome, wie z. B. häufig erhöhte Körpertemperatur von über 38° C oder Symptome verschiedener innerer Krankheiten nicht beachtet. Später wurden auch Symptome, die als mögliche Vorboten der Krebserkrankung anzusehen waren, ignoriert. Sie hatte länger als 10 Jahre einen regelmäßigen Konsum an Schlaftabletten und kann sich an kein Jahr erinnern, in dem sie länger als 5 Tage krank geschrieben war. Für Frau S. war die mitmenschliche Pflichterfüllung stets wichtiger als die Beobachtung ihres Gesundheitszustandes. Körperliche oder seelische Überforderung konnte sie Menschen gegenüber nicht zum Ausdruck bringen. Frau S. zeigt eine Tendenz zur Selbstzurückstellung ihrer eigenen Bedürfnisse und ist bereit, für das Glück ihrer Mitmenschen alle auf sie zukommenden ungünstigen Umstände in Kauf zu nehmen. Obwohl Frau S. Schwierigkeiten realistisch einsieht, behauptet sie plötzlich, in der Beziehung zu ihren Mitmenschen – gemeint sind die Eltern und ihr Ehemann – absolut glücklich gewesen zu sein. Trotzdem räumt Frau S. ein, daß sie sich von den Anforderungen und Überforderungen in ihrem Leben fast nie erholen konnte. Frau S. schreibt sich eine äußere Ausdauer zu, wenn sie mit ungünstigen Lebensbedingungen in Berührung kommt. Sie bewertet eine gute Anpassung an die Mitmenschen, die Selbstzurückstellung impliziert, höher als ihre eigenen seelischen und körperlichen Bedürfnisse. Sie sieht in der pausenlosen Leistung und Pflichterfüllung den tiefsten Sinn ihres Lebens. Vor verschiedenen Krankheitsanzeichen hatte sie so gut wie nie Angst. Über Symptome von Krankheiten sprach sie nicht und hoffte auch nicht auf mitmenschliche Hilfe. Seelische Überforderung und Kummer beachtete sie nicht und teilte sie auch ihren Mitmenchen nicht mit. Sie behauptet, viel durchmachen zu können, ohne gleich zu jammern.

7. Programmgesteuertes Verhalten

Ich habe in meiner Forschungsarbeit die Frage gestellt, welche Mechanismen bzw. psychischen Prozesse letztlich dafür verantwortlich sind, daß das spezifische Verhalten der Krebskandidaten zustande kommt. Wie und durch was wird ein solches Verhalten gesteuert? Diese Frage konnte ich in meiner sogenannten »Programmanalyse« beantworten. Sie ist gleichzeitig die Voraussetzung für die sogenannte »Programmtherapie«, die im letzten Teil des Buches dargestellt wird. Programme nenne ich verinnerlichte Bewertungsregeln, Annahmen über bestimmte Wirkungszusammenhänge und Regeln für bestimmte Handlungsabläufe (Wenn-Dann-Regeln). Die subjektive Bewertung, die sich meistens in Denkweisen, aber auch unbewußt manifestiert, betrachte ich zum größten Teil als erlernt. Ein Krebskandidat oder -patient hat also ein subjektives Bewertungssystem erlernt und verinnerlicht. Durch dieses Bewertungssystem wird sein spezifisches Verhalten gesteuert. Auf bestimmte Reize, z. B. soziale Erwartungen, folgen bestimmte Verhaltensweisen, gesteuert durch bestimmte Annahmen und Bewertungen. In sozialen Beziehungen nimmt der Krebskandidat an, daß man von ihm zu seiner eigenen Bewährung die Vollbringung einer perfekten Leistung erwartet. Über die Vorstellung, wie diese Leistung zu vollbringen ist, wird dann das Verhalten bis ins kleinste Detail gesteuert. Wenn sich ein Elternteil oder ein Bezugspartner aufregt, dann hat z. B. der Krebskandidat in seinem Bewertungssystem ein Verhaltensprogramm, das Selbstzurückstellung impliziert.

Auch die Nichtbeachtung der eigenen Symptomatik wird durch Verhaltensprogramme gesteuert. Die Analyse der erlernten und verinnerlichten Bewertungsstrukturen ist für eine therapeutische Beeinflussung des unerwünschten Verhaltens von größter Bedeutung. Nur eine solche Analyse kann als Voraussetzung für therapeutische Veränderungen bei Krebspatienten und -kandidaten angesehen werden und hat von daher eine erstklassige präventiv- und kurativ-therapeutische Bedeutung. Hier soll ein Beispiel eines Programmes angeführt werden, das bei einem Krebskandidaten harmonisierendes Verhalten und Selbstzurückstellung steuert:

»*Wenn* ich von einer Person oder einer Gruppe ausgestoßen, zurückgewiesen oder vernachlässigt werde, *dann* verstärke ich meine Bemühungen, mit diesen Personen ein harmonisches Verhältnis zu erzielen. *Wenn* ich die ausstoßende Person mag, *dann* bin ich vollkommen bereit, meine eigenen Bedürfnisse zurückzustellen und nur auf die Bedürfnisse und Wünsche der anderen Personen einzugehen. *Wenn* es weitere Beziehungsschwierigkeiten gibt, *dann* bin ich bereit, pausenlos zu arbeiten, auf eigene Krankheitssymptome nicht zu achten, Medikamente einzunehmen usw. *Wenn* Ärger oder Haß bei mir auftauchen, *dann* zeige ich das meinen Mitmenschen nicht. *Wenn* ich endgültig hoffnungslos bin, *dann* zeige ich mich nach außen angepaßt und fröhlich. Innerlich gebe ich mich und meine Wünsche auf.«

Ich unterscheide individuelle Programme, an denen ein Mensch sein Verhalten orientiert, und Programme, die ein Individuum einem anderen vermittelt. So werden beispielsweise Programme in der Familie durch Erwartungen, spezifische Bestrafungen und Belohnungen vermittelt. Hier soll das Ergebnis einer konkreten Analyse aus einer Familie eines Krebskandidaten, eines späteren Krebspatienten, aufgeführt werden:

1. Familiäre Programmvermittlung gegenüber dem Krebskandidaten:
   - Du sollst immer harmonisch und ausgeglichen sein
   - Wenn du negative Erlebnisse hast, sollst du dich zurückstellen
   - Dabei kannst du von niemandem Verständnis für deine eigenen Probleme erwarten
   - Du sollst andere Menschen immer im positiven Licht sehen und ihnen gegenüber nie aggressiv sein. Bei Schwierigkeiten sollst du alles still erdulden, nicht ausweichen, klagen oder dich zurückziehen.
2. Individuelles Programm des Krebskandidaten:
   - Ich zeige mich in allen Situationen harmonisch und ausgeglichen
   - Nach negativen Erlebnissen stelle ich meine Gefühle und Bedürfnisse zurück
   - Wenn ich Schwierigkeiten habe, belästige ich damit andere nicht
   - Die meisten Menschen sind mir gegenüber gut und großzügig
   - Wenn Schwierigkeiten auftreten, halte ich stand und weiche nicht aus
   - Ich kann mein Leben nicht beeinflussen. Ich kann mich nicht selbst aufgeben; ich werde höchstens vom Schicksal aufgegeben.

Die Analyse zeigt, daß das harmonisierende und exponierende Verhalten, das im Endeffekt jegliche Ausweichmöglichkeit des Individuums vor schädlichen, emotionalen, sozialen und physischen Einwirkungen blockiert, nicht nur individuell, sondern auch gruppenspezifisch (z. B. familiär) bestimmt wird. Die Krankheit wird gesellschaftlich, gruppenspezifisch und individuell programmiert. Ohne die detaillierten Kenntnisse der krankheitssteuernden Verhaltensprogramme bleibt jede Krankheitslehre einseitig.

Ich nehme an, daß auch der Krankheitsverlauf maßgeblich von Programmen beeinflußt wird. Hier sollen zwei Beispiele angeführt werden. Im ersten Fall wird das Programm eines Bronchial-Karzinompatienten, der nach der Diagnosestellung und Operation noch sechs Monate lang gelebt hat, dargestellt; im zweiten Fall wird ein in Alter und Tumorausbreitung vergleichbarer Patient dargestellt, der nach der Diagnosestellung Bronchial-Karzinom die Fünf-Jahres-Grenze überschritten hat:

1. Fall

Wenn Krankheitssymptome auftreten, dann ist das ein Zeichen, daß ich nicht mehr lange zu leben habe. Nach dem Tod meiner Mutter hat das Leben für mich keinen Sinn mehr. Ich sterbe lieber, als daß ich Schmerzen ertrage. Wenn ich hoffnungslos bin, dann zeigt das, daß ich nicht leben will. Weil meine Frau gestorben ist, möchte ich auch sterben.

2. Fall

Wenn Schmerzen auftreten, dann strenge ich mich an, sie zu überwinden. Wenn Depressionen auftauchen, dann kämpfe ich mit ihnen, um die Oberhand über sie zu gewinnen. Der Tod meiner Ehefrau hat mich erschüttert; jedoch werde ich dieses Trauma überwinden.

Die angeführten Beispiele zeigen, daß Annahmen über Wirkungszusammenhänge, Bewertungen, über Abläufe von Verhaltensweisen, Annahmen, die eine Orientierung auf ein Ziel hin ermöglichen, von Patient zu Patient verschieden sind. In verschiedenen Studien konnte ich nachweisen, daß programmgesteuerte Einstellungen eine wesentliche Rolle für den Krankheitsverlauf spielen. Dabei konnten verschiedene Faktoren beschrieben werden, die mit einem ungünstigen bzw. günstigen Krankheitsverlauf zusammenhängen (z. B. emotionaler Streß, typisches Sozialverhalten, Bedürfnisäußerung im sozialen Rahmen, exponierendes Verhalten). Von der Art, wie solche Faktoren zum Ausdruck kommen, wird der Krankheitsverlauf mitbestimmt, und diese Faktoren sind wiederum von Programmen bestimmt.

In meinem Forschungsprogramm habe ich einerseits bestimmte statistische Auswertungen vorgenommen, andererseits bin ich wichtigen inhaltlichen Fragen nachgegangen. Eine der wichtigsten Fragen war: Welche konkreten psychischen Prozesse machen einen Menschen krank? Bekanntlich wirken viele psychosoziale Faktoren auf die Entstehung bestimmter Krankheiten. Was sind die wichtigsten Prozesse, die den Schlüssel für die Analyse und Therapie darstellen? Ich konnte die Beobachtung machen, daß Personen, die unter jahrelanger emotionaler Erregung, Aufregung und Hoffnungslosigkeit litten, häufig trotzdem nicht erkrankten. Der emotionale Streß allein reicht für eine effektive Vorhersage der Erkrankung nicht aus. Auch aufgrund ungünstiger sozio-ökonomischer Faktoren allein kann eine Erkrankung nicht effektiv vorhergesagt werden. Einige Personen sind widerstandsfähiger als andere Personen. Woran liegt das?

Ich bin aufgrund meiner gesamten Erfahrung zu dem Schluß gekommen, daß der wichtigste Faktor, der eine Erkrankung – auch die Krebserkrankung – vorherzusagen ermöglicht, im kognitiven Bereich liegt. Ich spreche in diesem Zusammenhang von der *programmresultierenden Tendenz* (PRT) und will damit zum Ausdruck bringen, daß im Rahmen der individuellen Bewertungen und Annahmen über Wirkungszusammenhänge (Programme) bestimmte resultierende und kognitiv gesteuerte Verhaltenstendenzen auftreten. Solche Verhaltenstendenzen können zum einen das soziale Verhalten bestimmen (z. B. eine spezifische politische Verhaltensweise) und zum anderen das Verhalten der eigenen Person und dem eigenen Organismus gegenüber bestimmen. Diese Tendenz scheint die physiologischen Prozesse im Organismus zu kontrollieren. Bei einem Individuum kann beispielsweise aus einer bestimmten Bewertungsstrategie eine selbstdestruktive Verhaltenstendenz resultieren, die eine bestimmte Funktion z. B. auf die Immunabwehr ausübt. Aus diesem Grund war bei Krebskandidaten und -patienten die Identifikation der PRT ein wichtiges analytisches Ziel. Dabei wurde besonders das kognitive Selbstkonzept studiert. Es sollte erforscht werden, wie sich das Individuum resultierend selbst bewertet.

Zunächst bin ich hypothetisch davon ausgegangen, daß der Organismus die kognitive Sprache »versteht« und darauf reagiert. Die PRT wurde in freien Interviews, Beobachtungen, Traumanalysen und Analysen, die im hypnotischen Zustand gewonnen wurden, untersucht.

Die Analyse der programmresultierenden Tendenzen muß immer auch die Nebenprogramme berücksichtigen, die die Haupttendenz häufig verdecken. Beispielsweise war programmresultierende Haupttendenz eines Lungenkrebspatienten die folgende: Meine Mutter ist die Bedingung für mein Leben. Da meine Mutter tot ist, hat das Leben für mich keinen Sinn, und ich zerstöre mich selbst. Das Nebenprogramm dieses Patienten lautet: Ich bin immer fröhlich und lasse mir nichts anmerken. Die wichtigste resultierende Tendenz, die das Verhalten steuert, kann häufig unbewußt sein, während die Nebenprogramme bewußt sind. Für solche Fälle ist die Hypno-Analyse besonders geeignet, da durch sie die verhaltenssteuernden programmresultierenden Tendenzen aufgedeckt werden können.

In einer prospektiven Studie wurden 1353 Personen mit einem Fragebogen erfaßt. Eine Subgruppe von 236 Personen wurde mit mehreren Meßinstrumenten, die in diesem Buch dargestellt sind, erfaßt. In einem Zeitraum von 10 Jahren erkrankten aus dieser Population 50 Personen an Krebs. Zusammen mit einem geschulten Beobachter stellte sich der Autor die besondere Aufgabe, innerhalb dieser Population Personen zu identifizieren, die eine ausgesprochen selbstdestruktive programmresultierende Tendenz und gleichzeitig eine Tendenz nach optimaler sozialer Anpassung aufwiesen. Ausgewertet wurden nur die Fälle, bei denen eine übereinstimmende Beurteilung zustande kam. Eine solche Tendenz zeigten 35 der 50 späteren Krebspatienten und 62 Personen, die im erwähnten Zeitraum nicht an Krebs erkrankten.

Das Ergebnis zeigt, daß die Beobachtung von einem beziehungsweise zwei Kriterien zwar einen gewissen Erfolg aufweist, dieser aber – wie in diesem Buch bei der Auswertung eines Beobachtungskataloges nachgewiesen wird – erheblich geringer ist, als wenn mehrere Kriterien als die angeführten beobachtet werden. Dieses Ergebnis fügt sich gut in mein Konzept der synergetischen Forschung, in dem von der Zusammenwirkung mehrerer Faktoren ausgegangen wird. Erst wenn ein bestimmtes Bündel von Faktoren zusammenwirkt, kann der einzelne Faktor eher zur Krebserkrankung führen. Bezogen auf unser beobachtetes Kriterium bedeutet das, daß Selbstdestruktivität und Anpassung pathogen sein können, wenn andere Faktoren hinzukommen, wie z. B. die blockierte Bedürfnisäußerung.

Die Erforschung der PRT kann mit verschiedenen Methoden unternommen werden. Ziel unserer empirischen Studie war die Identifikation von Personen mit ausgesprochen selbstdestruktiver Tendenz und ausgeprägter sozialer Anpassung. Die soziale Anpassung und andere Merkmale, die in diesem Buch beschrieben werden, lassen sich weitgehend durch Beobachtung und Interviews erfassen. Die zentrale Methode zur Entdeckung der Selbstdestruktivität waren die hypnotische Entspannung und das freie Interview (freies problemorientiertes Gespräch, in dem das Ziel verfolgt wird, Äußerungen wahrzunehmen, aufgrund derer die Selbstdestruktivität beurteilt werden kann). Die Selbstdestruktivität läßt sich sehr schwer nur in standardisierten Fragebögen erfassen. Bestimmte Fragen konnten als Anlaß zum tiefenpsychologischen Interview und zur Hypnose dienen. Den prospektiv erforschten 236 Personen wurden zunächst folgende Fragen vorgelegt: Ist Ihnen die Vorstellung, die die folgenden Begriffe bei Ihnen hervorrufen, angenehm – unangenehm – oder stehen Sie dazu neutral?

1. Tot 2. Krank 3. Sehr krank 4. Sterben 5. Der eigene Vorname 6. Eigenes Begräbnis 7. Eigenes Grabmal 8. Selbstmord 9. Bewußte Selbstzerstörung 10. Bewußte Fremdzerstörung

Hypothetisch bin ich davon ausgegangen, daß die Wörter Nr. 8, 9 und 10 von den Krebskandidaten als unangenehm bezeichnet werden, weil sie einen sozial unangepaßten und nicht normenkonformen Zustand ausdrücken. Der eigene Vorname wird von den Krebskandidaten als negativ empfunden, alle anderen Wörter positiv. Alle diese Wörter drücken eine sozial erlaubte Selbstdestruktivität aus. Die Befragung wurde so ausgewertet, daß eine Person theoriekonform 10 Punkte erhalten konnte und zwar dann, wenn sie die Wörter 5, 8, 9 und 10 als unangenehm bezeichnete und die anderen Wörter als angenehm. Mit dieser Befragung konnte ein gewisses Ergebnis erzielt werden; es erwies sich aber als unbedingt notwendig, ein klärendes freies Interview anzuschließen. Wenn dies nicht weiterhalf, wurde die Hypno-Analyse eingesetzt.

Zunächst soll hier das Ergebnis angeführt werden: Von 50 an Krebs erkrankten Personen hatten 26 Personen 10 Punkte. Aus der Population von 186 nicht erkrankten Personen hatte 59 10 Punkte. Auch dieses Ergebnis zeigt, daß eine Befragung von bloß 10 Fragen zur Selbstdestruktivität ein gewisses Resultat aufzeigt. Es ist jedoch – wie bei der Auswertung eines Fragebogens gezeigt wird – wiederum weitgehend geringer, als wenn mehrere Faktoren berücksichtigt werden.

Das anschließende Gespräch war besonders darauf ausgerichtet, echte selbstdestruktive Tendenzen, die ohne narzistische Schonung und psychopathologische Bedürfnisäußerung verlaufen, zu identifizieren und von anderen Formen, z. B. von psychopathologischen Verhaltensweisen, abzugrenzen. Danach sind 45 Personen als selbstdestruktiv eingestuft worden, die später tatsächlich Krebs bekamen. 11 Personen dieser Gruppe konnten aufgrund des freien Gesprächs und der Beobachtung nicht ausreichend eingeordnet werden. Erst die Analyse in der Hypnose schuf Klarheit. Hier soll ein Beispiel einer solchen Analyse angeführt werden:

Zuerst wurden angenehme Ruhe und Entspannung suggeriert. Danach folgte ein Schlafbedürfnis. Im Halbschlaf wurde eine verbale Kommunikation zwischen dem Therapeuten und dem Probanten aufgenommen. »Sie sind vollkommen ruhig, antworten auf die Fragen nur aus Ihrem Gefühl heraus. Welche Einstellung haben Sie zur eigenen Person?« Antwort: »Ich bin mir doch egal wie ein Stein, auf den man schlägt.« – »Schonen Sie sich?« – »Warum soll ich mich schonen?« – »Lieben Sie sich?« – »Andere lieben mich ja auch nicht.« – »Macht es Spaß, wenn Sie sich selbst abweisen?« – »Warum soll es Spaß machen?« – »Wo geht Ihr Leben hin?« – »Man lebt und arbeitet halt, aber in meiner Lunge verbrenne ich. Unheilbare Zerstörung, in mir sind schwere Wunden, von denen ich nichts wissen will. Ich will auch nicht weiter antworten. Ihre Fragen tun weh; ich höre gut.« – »Sie fühlen sich angenehm und sind nicht mehr schläfrig.«

Schon seit meinen ersten retrospektiven Studien in Jugoslawien im Jahre 1963 interessiert mich besonders die Frage, ob es inhaltlich verschiedene Variationen des emotionalen Stresses gibt und ob es krankheitserzeugende und nicht krankheitserzeugende Variationen gibt. Ich konnte Menschen beobachten, die sich jahrelang aufregten, schimpften und andere Personen beherrschten und bis ins tiefe Alter gesund blieben, während andere ruhige und ausgeglichene Personen nach einer kurzfristigen, subjektiv als erschütternd empfundenen, aber objektiv geringfügigen Aufregung einen Herzinfarkt bekamen. Dasselbe gilt für den emotionalen Streß: chronische Hoffnungslosigkeit. 13 Jahre lang beobachtete ich eine Mutter prospektiv, die innerhalb eines Jahres ihren Sohn und ihre Tochter durch Tod verlor. Sie ist chronisch hoffnungslos und niedergeschlagen, hört praktisch nicht auf zu weinen. Nachts kann sie nicht schlafen und nimmt große Mengen Schlaf- und

Beruhigungsmittel. Diese Person befindet sich in der Population meiner prospektiven Studie in der Gruppe: nicht klinisch erkrankt. Bei anderen Personen war die Hoffnungslosigkeit unterschwellig, die Personen weinten und jammerten nicht und erkrankten trotzdem an Krebs.

Meine Beobachtungen überzeugten mich davon, daß es bei der Entstehung einer organischen Krankheit nicht so sehr nur auf die Intensität oder die Dauer der anhaltenden negativen Emotionen ankommt, sondern daß die Emotionen selbst ein Produkt von kognitiven Strukturen sind, deren pathogenetische Wirkung viel wichtiger ist. Krankheit wird durch das kognitive Programm erzeugt, wobei die emotionale Reaktion und die subjektive Befindlichkeit eher ein Produkt des Programmes ist. Aus meiner kognitiven Verhaltenstherapie ist hier der Begriff der kognitiven Wahrnehmung sozialer Beziehungen (kognitive Relation) besonders wichtig. Von der Art, wie eine soziale Beziehung wahrgenommen wird, hängt die organische Reaktion und die Krankheitsgenese ab. Dabei ist die Wahrnehmung von dynamischen Vorstellungen und Abläufen entscheidend. Bei Herzinfarkt- und Hirnschlagpatienten verläuft eine dynamische Wahrnehmung, die den emotionalen Streß hervorruft, in folgender Weise: In einer potentiellen Konfliktsituation empfindet sich die Person zunächst als überlegen oder angepaßt, wobei sie potentielle Ängste, Bewertungsaspekte eines Mitmenschen usw., nicht beachtet, also »verdrängt«. Wenn plötzlich eine Situation auftritt, in der sich ein Konflikt aktualisiert, dann setzt sich die andere Interpretation durch, mit der beispielsweise eine Person, die vorher negativ interpretiert wurde, plötzlich positiv interpretiert wird. Dieser akute kognitive emotionale Umschwung, in der die Person keine eigene kognitive Orientierung hat, wird emotional als erschütternd erlebt. Die Personen beschreiben in der plötzlich aufgetretenen Situation eine akute und kurzfristige Angst verbunden mit dem Gefühl, daß sich die Situation und der Konflikt mächtig ins Körperliche umsetzt, z. B. wird ein Schlag ins Herz beschrieben, auftretender Magenkrampf oder plötzliches, aber intensives Schwindelgefühl. Solche Personen wissen häufig, daß die Aufregung für sie schlimm ist, und versuchen von daher, ein harmonisches Verhältnis zum Mitmenschen zu erreichen. Trotzdem zeigen sie eine Tendenz, die Umwelt negativ zu interpretieren. Darauf reagieren sie aber mit Schuldgefühlen, wobei sie in der Konfliktsituation einen kognitiven Umschwung erleben, indem sie die positive Bewertung der eigenen Position aufgeben und auf die umgekehrte, also positive Bewertung ihrer Umwelt reagieren, die dann mit der negativen Bewertung der eigenen Person gleichzusetzen ist.

Wenn Personen demgegenüber an ihrer negativen Interpretation der Umwelt unerschütterlich festhalten und sich an der eigenen Überzeugung orientieren, dann bleiben sie trotz chronischer Aufregung länger als andere Personen ohne klinische Manifestation einer Erkrankung. In meiner prospektiven Studie konnte ich sehr alte Leute beobachten und dabei solche Personen identifizieren, die im Unterschied zu ihren Altersgenossen nicht an Krebs oder einer internistischen Krankheit erkrankten. Das waren durchweg Personen, die an ihren erlernten kognitiven Interpretationen und der sozialen Unterstützung, die sie für ihre Überzeugung bekamen, so gut wie nie gezweifelt haben, nicht an Schuldgefühlen litten und nicht dazu tendierten, kognitiv erschüttert zu reagieren (indem sie die anderen Menschen hoch und sich minder bewerten). Die kognitive Erschütterung, z. B. bei den Magengeschwür-Patienten, geht so vor sich: Zuerst glaubt der Magengeschwür-Patient eine sozial geborgene Situation vorzufinden, danach fühlt er sich erschüttert von irgendeinem Reiz, der sein Geborgenheitsgefühl bedroht. Der Diabetes-Mellitus-Patient glaubt zunächst, emotionale Zuwendung zu erfahren, und fühlt sich dann erschüttert durch plötzliche Frustration. Der Hypertoniker glaubt, zunächst eine harmonisierende Beziehung zu haben, fühlt sich aber dann meistens von einer Person physisch oder psychisch bedroht. Der Krebspatient glaubt, einen ideal harmonischen Zustand gehabt zu haben oder zu erstreben, der sich ihm aber meistens durch das eigene Verschulden entzieht.

Die beschriebene Vorstellungswelt ist in ihrer kognitiven Steuerung verschieden akzentuiert, so daß es zu unterschiedlichen Wahrnehmungen der kognitiven Relationen kommt. Wenn ein Krebspatient beispielsweise annimmt, daß der verlorene Idealzustand für ihn die Bedingung seines Lebens ist, dann wird er emotional mit ausgeprägterer Hoffnungslosigkeit reagieren. In einem anderen Fall kann der Verlust einer idealisierten Beziehung gerade zum Motiv werden, eine neue ähnliche Beziehung zu erstreben. Entsprechend der »kognitiven Strategie« verhalten sich die Emotionen. Die Emotionen sind schon Produkt der kognitiv-physiologischen Erschütterungen, sie können aber sehr wahrscheinlich pathogenetische hormonelle Prozesse in Gang setzen. Meiner Auffassung nach spielen die kognitiven Prozesse in der Psychosomatik die größte Rolle. Aus diesem Grund spreche ich vom *kognitiv emotionalen Streß*, wobei ich darauf dränge, daß jeder »Streß« auf seinen kognitiven Inhalt hin untersucht werden muß. Nur dann ist eine Vorhersage von Erkrankung beziehungsweise des Krankheitsverlaufes möglich. Wenn ein guter prospektiver psychosozialer Fragebogen im einzelnen den kognitiven Inhalt eines Stresses nicht erfaßt (dies ist eher möglich in freien Interviews), dann muß er zumindest in der Lage sein, die Manifestation von bestimmten kognitiven Inhalten zu erfassen und somit pathogenetische von harmlosen Inhalten und Einstellungen zu trennen. Diese Aufgabe leistet ein großer Teil unserer Fragebögen.

8. Das psycho-pathologische Problembewußtsein

In den prospektiven und retrospektiven Studien wurde systematisch das psycho-pathologische Problembewußtsein miterfaßt. In meinen ersten freien Interviews im Jahre 1963 fiel mir auf, daß Krebspatienten und Personen, die an einer internistischen Krankheit litten, überhaupt kein Bewußtsein psycho-pathologischer Probleme aufwiesen. Solche Personen sind sehr vernunftorientiert und behaupten von sich, daß sie keine irrationalen oder gar seelisch krankhaften Reaktionen zeigen. Besonders fehlt das Bewußtsein von erlebter Angst. Nicht nur Krebskandidaten haben kein psycho-pathologisches Symptombewußtsein. Ich gehe theoretisch davon aus, daß psycho-pathologische Reaktionen ein sozialer oder zumindest ein nach außen gerichteter Ausdruck einer psychischen Konfliktlage sind. Die Angstreaktion ist gleichzeitig ein Warnsignal, ähnlich wie der Schmerz bei organischen Erkrankungen oder die Träume aus dem Bereich des Unbewußten

In den prospektiven und retrospektiven Studien wurden 10 Fragen über das psycho-pathologische Problembewußtsein gestellt. Durch sie werden besonders neurotische und psychotische Ängste erfaßt. Die psycho-pathologische Problematik ist nicht nur auf das psycho-pathologische Problembewußtsein reduzierbar, sondern Produkt eines in der Familie erlernten Verhaltens. Während in Familien von Krebspatienten und internistisch Erkrankten eindeutige Bewertungen von

Verhaltensweisen vermittelt werden, sind die erlernten Bewertungen bei neurotischen und psychotischen Patienten höchst widersprüchlich. Der Krebskandidat beziehungsweise -patient hat in seiner Familie gelernt, daß zumindest ein Elternteil für ihn unentbehrlich ist und daß von ihm ein eindeutig angepaßtes und normenkonformes Verhalten erwartet wird. Dem Krebspatienten wurde z. B. der folgende Sachverhalt eindeutig vermittelt: Deine Eltern sind für dich unentbehrlich und äußerst wichtig, während du für deine Eltern von geringer Bedeutung bist. Du kannst dich nur dann unter Beweis stellen, wenn du viel leistest, deinen Eltern immer hilfreich zur Seite stehst usw. Eine solche Person »weiß« im späteren Leben immer, um was es geht: Sie muß um die Gunst anderer kämpfen und sich selbst zurückstellen. Irrationale Verhaltensweisen oder Ängste passen nicht in das Verhaltensmuster und sind aus der kognitiven Einstellung des Krebspatienten auch nicht ableitbar.

Auch der internistische Patient »weiß« konkret, um was es geht: Er glaubt fest, von einem Elternteil widerspruchslos geliebt zu werden, und glaubt, diesen Elternteil widerspruchslos zu lieben. Er weiß auch, daß von ihm Leistungen erwartet werden. Wenn er im späteren Leben sich an eine andere Bezugsperson bindet, dann gerät er zwar in einen Loyalitätskonflikt zwischen dem bindenden Elternteil und dieser Person, zeigt emotionale Aufregung und Verärgerung, hat aber kein psycho-pathologisches Symptombewußtsein. Selbst wenn er die Realität in seiner Interpretation bis zur Unkenntlichkeit verdreht, leidet er geradezu an einem »Realitätswahn«, hat also das Bewußtsein, genauestens die Wirkungszusammenhänge in der Realität zu erkennen und unter ihnen zu leiden.

Der neurotische Patient wurde im Elternhaus widersprüchlich erzogen. Mal wurde ihm vermittelt, daß er für die Eltern äußerst wichtig ist, dann wurde er von diesen je nach Laune vernachlässigt oder ausgestoßen. Auch dem psychotischen (z. B. schizophrenen) Patienten wurden widersprüchliche kognitive Bewertungen vermittelt. Die Eltern haben z. B. eine solche Person völlig fremdbestimmt und -gesteuert, gaben ihr aber gleichzeitig das Bewußtsein größter persönlicher Bedeutung. Wenn eine neurotische oder psychotische Person nun eine Überzeugung hat (z. B. daß sie besonders geliebt wird), so tauchen sofort die widersprüchlich erlernten Bewertungen auf. In diesem Zusammenhang zeigen sich auch Ängste und psycho-pathologische Reaktionen.

Die gesamte Problematik der Psycho-Pathologie wird für die Psychosomatik auch deswegen interessant, weil sich zunehmend der Eindruck verstärkt, daß Personen, die psycho-pathologische Reaktionen zeigen, seltener an Krebs und internistischen Erkrankungen leiden beziehungsweise erkranken werden. Die psycho-pathologische Reaktion scheint positiv zu wirken, weil sie chronische Spannungszustände, die aus festgefahrenen kognitiven Strukturen resultieren, »kreativ auflokkert«, indem sie die sozialen Reize aufgrund erlebter innerer Konflikte immer aufs neue verschieden interpretiert. So ist für den Neurotiker beispielsweise seine Mutter mal eine heilige Frau, mal eine Hure ohne Würde. Heute ist sie klug, morgen völlig dumm. Für den Krebspatienten ist die Mutter dagegen immer eine Frau mit konkreten Eigenschaften, zu der ein relativ unverändertes emotionales Verhältnis besteht. Somit hat der Krebskandidat eine chronisch wirkende Konfliktquelle, die er weder verbalisiert noch sozial äußert noch durch psycho-pathologische Reaktion zum Ausdruck bringt. Während der schizophrene Patient in einer subjektiven Welt lebt, in der die sozialen Reize (z. B. mit den Mitmenschen) in Kategorien beschrieben und erlebt werden, in denen die Einsicht in reale Wirkungszusammenhänge so gut wie nicht mehr zum Ausdruck kommt, lebt der Krebspatient in einer gegensätzlichen Welt. Er nimmt die beobachtbaren Wirkungszusammenhänge mit durchgehender Idealisierungstendenz wahr. In einer solchen Wahrnehmung haben die verborgenen Ängste und inneren Konflikte wohl nur einen Weg der Äußerung; nämlich die Umsetzung in das Organische.

Um das fehlende psycho-pathologische Problembewußtsein zu illustrieren, soll hier ein Gespräch mit einem Krebskandidaten und einem Krebspatienten dargestellt werden. Als Kontrast zu diesem Gespräch folgt im Anschluß das Interview mit einem schizophrenen Patienten, einem Neurotiker und einer nicht erkrankten Person.

Herr B., 56 Jahre, Magenkrebs:

Frage: Litten Sie oft unter irgendwelchen Ängsten oder seelischen Schwierigkeiten, die sie beunruhigt haben?

Antwort: Mit Sicherheit nicht; dazu hatte ich nie einen Anlaß. Ich bin ein äußerst realistischer Mensch, der die Dinge immer so sieht, wie sie sind. Ich bemühe mich, soviel wie möglich zu tun, um anderen Menschen zu helfen und mich selbst nicht ernster zu nehmen als nötig. Ich glaube, nur verwöhnte Leute haben Zeit zu spinnen. Ich kann mich nicht erinnern, einmal im Leben eine verrückte, unbegründete Angst gehabt zu haben. Natürlich mache ich mir in äußerst schweren Lebenssituationen ernsthafte Sorgen, aber das meinen Sie mit Ihrer Frage ja sicherlich nicht. Ich war auch nie ein Feigling; eine derartige Angst kenne ich auch nicht. Meine Frau hatte einmal Angst, herzkrank zu sein, obwohl der Arzt sagte, daß alles in Ordnung sei. Ich habe mich gegenüber meiner Frau verständnisvoll verhalten, obwohl ich mir nicht vorstellen kann, wieso man vor etwas, was nicht ist, Angst haben kann. Ich meine, die Dinge sind im Leben derart klar, daß man sie bis zum letzten realistisch einsehen kann, auch wenn sie für einen unangenehm sind.

Frau C., 55 Jahre, 6 Jahre nach der Befragung an Corpus-Karzinom erkrankt:

Sie gibt auf die oben gestellte Frage folgende Antwort:

Für Ängste oder irgendwelche verrückten Verhaltensweisen hatte ich in meinem Leben weder Zeit noch Lust. Zuerst mußte ich meine kranken Eltern versorgen, dann meinen kranken Ehemann. Viel Zeit verbrachte ich im Dienste meiner Kinder. Ich war gezwungen, das Leben immer so zu sehen, wie es wirklich ist. Wenn es Komplikationen gab, stürzte ich mich in die Arbeit, dann ging es wieder. Ich kann mich nicht daran erinnern, einmal etwas Verrücktes angestellt zu haben oder irgendwelche Ängste ausgestanden zu haben.

Die Selbstdarstellung des Krebspatienten und -kandidaten wurde durch ein Gespräch mit nahestehenden Personen bestätigt. Auch das gesamte Interview und die Beobachtung durch zwei Personen standen nicht in Widerspruch zu dieser Selbstdarstellung.

Dagegen die Antwort eines schizophrenen Patienten auf dieselbe Frage. Herr K., 52 Jahre:

Aber natürlich habe ich Ängste und größte seelische Schwierigkeiten. Auch Sie hätten solche Ängste, wenn Sie die Zeitbombe mit Hilfe der Newtonschen Graviditätstheorie entdeckt hätten. Ich mußte die Bombe aus Sicherheitsgründen auf den Mond verlegen. Was meinen Sie, wenn einer der Kosmonauten aus Versehen auf die Bombe stößt. Dann sind meine ganzen friedlichen Absichten, die ich der Welt gegenüber habe, zu Ende. In den letzten Tagen habe ich immer Angst, daß die Bombe aus Versehen zur Explosion gebracht wird.

Der neurotische Patient Herr M., 54 Jahre, antwortete: Mein Leben ist eine einzigartige Angstsymphonie mit den verschiedenartigsten Abschnitten. Jahrelang litt ich an Angst vor Krankheiten, die ich natürlich nie bekam. Ich hatte zum Beispiel größte Angst vor der Syphillis, aber merkwürdigerweise nur nach dem vollzogenen Geschlechtsverkehr. Während des Pettings kam ich nie auf solche Ideen. Dann hatte ich Ängste in geschlossenen Räumen. Dabei bekam ich Schweißausbrüche und Ohnmachtsanfälle. Meine Angst vor dem Tode habe ich bis heute nicht überwunden. Wenn ich mir vorstelle, daß auf der Straße eine Leiche liegt, renne ich in entgegengesetzter Richtung davon. Merkwürdigerweise tue ich immer das, was mir später Angst macht. So schlafe ich mit Frauen mit dem größten Lustgefühl, obwohl ich von vornherein weiß, daß ich später von der Syphillisangst geplagt werde.

Abschließend soll die Antwort einer Person dargestellt werden, die im Beobachtungszeitraum von 10 Jahren weder klinisch noch psychiatrisch erkrankt ist: Ich habe natürlich häufig Ängste und welcher Mensch kann schon von sich behaupten, daß er sich nicht ab und zu auch mal verhaltensgestört verhält.

9. Fehlende Zukunftsperspektiven

Retrospektive und prospektive Studien konnten immer wieder zeigen, daß Krebspatienten und -kandidaten (sowie z. T. auch die internistisch Erkrankten) eine Zukunftsperspektive in ihrem Verhalten fehlt. Selbst wenn diese Personen bestimmte Ziele für die Zukunft verfolgten, waren sie frei von emotionalem Engagement und innerer Beteiligung. Sie waren emotional resigniert und begründeten ihre Zukunftspläne höchstens normenkonform und aus der Sicht der Erwartungen anderer Personen. Bestimmte emotional gesteuerte Bedürfnisse werden nicht mehr in die Zukunft projiziert, von der eine Befriedigung erwartet wird. Dazu fehlt jegliche Hoffnung. Die aktuellen Spannungen und die ungünstige emotionale Lage sollen durch den eigenen Tod beseitigt werden. Solche Personen ahnen die Krankheit beziehungsweise den Tod voraus und haben im Unterschied zu Verhaltensgestörten keine Angst davor.

Die fehlende Zukunftsorientierung scheint programmgesteuert zu sein; ihr liegen also bestimmte bewußte und unbewußte Annahmen und Bewertungen zugrunde. Wenn die zukunftsorientierte Perspektive gestört ist, dann scheint ein wesentlicher Bestandteil der menschlichen Existenz blockiert zu sein. Der Mensch plant seine Bedürfnisbefriedigung immer in Zukunftskategorien. Wenn er keine Zukunftsperspektive vor sich sieht, dann scheint dieser Zustand mit bestimmten patho-physiologischen und pathologischen Konsequenzen zusammenzuhängen.

In meiner theoretischen Konzeption nehme ich an, daß der Ausbruch der Krebserkrankung sowie der Krankheitsverlauf mit einem Verhalten, das nicht an der Zukunft orientiert ist, in Zusammenhang steht.

Das an der Zukunft orientierte Verhalten ist durch bestimmte Denk- und Bewertungsstrukturen gesteuert. Ein solches Verhalten scheint einen wesentlichen kognitiven Impuls mit einer besonderen und noch unbekannten Wirkung auf ein physiologisches Regulationssystem auszulösen.

Diesen Verhaltenskomplex nenne ich das Jetzt-Zukunftsmotiv und meine damit die funktionale Einheit von der Gegenwarts- und Zukunftsorientierung des Verhaltens. Wenn das Jetzt-Zukunftsmotiv chronisch gestört ist und durch ein »Jetzt-ist-es-aus-Motiv« ersetzt wird, dann kann das letztere das psycho-physiologische Regulationssystem in Richtung Krankheit beeinflussen. Im »Jetzt-ist-es-aus-Motiv« fehlt das an der Zukunft orientierte und in die Zukunft gesteuerte Verhalten und damit Ziel und Bedürfnis. In ihm kommt sowohl eine chronische Blockierung der Gefühls- und Bedürfnisäußerung wie auch das chronisch insuffiziente Verhalten zum Ausdruck, das auf die Dauer nicht imstande ist, die Bedürfnisse zu äußern und zu befriedigen. Das »Jetzt-ist-es-aus-Motiv« impliziert eine erhebliche, auf die eigene Person und den eigenen Organismus gerichtete Selbstaggressivität. Auch dieses Verhalten ist programmgesteuert und fusioniert die einzelnen erforschten Bereiche, z. B. die Selbstzurückstellung, das harmonisierende Verhalten und das exponierende Verhalten, zu einem einheitlichen Verhaltenskomplex. Wenn z. B. ein Ehepartner chronisch nicht mehr in der Lage ist, seine wichtigsten Gefühle und Bedürfnisse zu äußern, kann er aufgrund eines bestehenden Programms zu extremer Idealisierung und Selbstzurückstellung neigen. Dieser Zustand führt mit großer Wahrscheinlichkeit zunehmend zum Verlust eines zukunfts- und bedürfnisorientierten Verhaltens. Eine solche Person wird gegenüber ihren Mitmenschen immer weniger Gefühle und Bedürfnisse äußern und damit die Spannung zwischen Gegenwart und

Zukunft, mit der der erstrebte Zustand in die Zukunft projiziert wird, verlieren. Sie lebt zwar formal in der Gegenwart, ist äußerst angepaßt, zeigt aber bei näherer Analyse ein selbstzerstörerisches, auf das eigene Sterben ausgerichtetes Verhalten. Das aber scheint ein wesentliches Signal in einem noch unbekannten psycho-physiologischen Funktions- und Regulationssystem zu sein. Bis jetzt konnte nur in prospektiven Studien die enorme krankheitsauslösende Wirkung eines solchen Motivs bewiesen werden. Dasselbe gilt auch für einen günstigen oder ungünstigen Krankheitsverlauf.

Ob sich aus einem derartigen Motiv Krebs oder eine andere organische Erkrankung entwickeln wird, hängt von zusätzlichen Faktoren ab. Hier sollen die zwei wichtigsten angedeutet werden:

a) Intensität der Anpassung an die ungünstigen Faktoren, die mit dem »Jetzt-ist-es-aus-Motiv« ursächlich zusammenhängen. Wenn sich eine Person optimal an solche Faktoren anpaßt, diese idealisiert, positiv interpretiert und sich für diese bereitwillig selbst zurückstellt, ohne sich gegen sie aufzulehnen und sich aufzuregen, dann wird eine solche Person eher an Krebs erkranken. Wenn sich dagegen eine Person chronisch erfolglos aufregt und ihre Umwelt negativ interpretiert, der Konflikt aber trotzdem bestehen bleibt, dann entwickeln sich eher internistische Erkrankungen wie z. B. Herzinfarkt, Diabetes-Mellitus, Hirnschlag und andere. Auch dieses Verhalten kann explizit und implizit, d. h. beobachtbar oder aufgrund freier Gespräche, festgestellt werden. Die Verhaltensgestörten äußern in der Regel ein in die Zukunft orientiertes Verhalten, in dem meistens irrationale Elemente zum Vorschein kommen.
b) die Intensität der behinderten Bedürfnisbefriedigung und des zukunftsorientierten Verhaltens, d. h. der Grad der Ausprägung des »Jetzt-ist-es-aus-Motivs«. Bei extremer Ausprägung besteht eine größere Wahrscheinlichkeit für die Entwicklung der Krebserkrankung.

Als Konsequenz der geschilderten Problematik scheint die Krebserkrankung Folge eines gestörten psycho-biologischen Regulationssystems zu sein, das sich aus einer fehlenden, an der Zukunft orientierten Bedürfnisäußerung und dem damit in Zusammenhang stehenden Verhalten ergibt. Der erwähnte Zusammenhang wurde durch Fragebögen, Beobachtungskataloge, freie Interviews und Registrierung von Träumen erfaßt. Er konnte bei allen Krebspatienten und -kandidaten nachgewiesen werden.

Zum Schluß soll das Bedürfnis im »Jetzt-ist-es-aus-Motiv« näher charakterisiert werden. Es kann sich dabei ein negatives wie ein positives Bedürfnis entwickeln. Bei dem sogenannten negativen Bedürfnis wird von einem unangenehmen, unerträglichen Jetzt-Zustand ausgegangen, wobei der erstrebte Zugang die Selbstvernichtung, die Selbstaufgabe und letztlich den Tod impliziert. Bei dem positiven Bedürfnis wird auch von einem negativen Ist-Zustand ausgegangen, es wird aber eine positive Änderung in zukünftigen sozialen Beziehungen angestrebt.

Hier sollen einige Beispiele aus der Analyse der Lebensgeschichten von Personen, die später an Krebs erkrankten, ausgeführt werden:

Frau J., 43 Jahre, hatte eine ausgeprägte emotionale Beziehung zu ihrer Tochter. Als die Tochter in ihrem 23. Lebensjahr bei einem Autounfall ums Leben kam, wurde Frau J. bis zum Ausbruch ihrer Krankheit, der sich drei Jahre nach dem Ereignis einstellte, chronisch hoffnungslos und niedergeschlagen. Die Beobachtung läßt nicht erkennen, daß Frau J. eine wie auch immer geartete, auf die Zukunft gerichtete Bedürfnisäußerung zeigt. Sie lebt, wie sie selbst sagt, in einem ihr unerträglichen emotionalen Zustand und erhofft sich nur durch ihren eigenen Tod eine Befreiung und Erlösung. Es lassen sich auch keine Verhaltenstendenzen beobachten, die andeuten, daß Frau J. sich aktiv um eine Verbesserung ihrer Ausgangssituation bemüht. Sie sucht keinerlei Hilfe von ihrer Umwelt, um in die Lage einer emotionalen Bedürfnisäußerung zu kommen. Frau J. zeigt keinen Willen weiterzuleben. Drei Jahre vor ihrer Erkrankung hatte Frau J. das Gefühl, bald zu sterben, hatte aber davor keinerlei Angst. Im Gegenteil, sie wartete geradezu darauf, weil sie die feste Hoffnung hatte, nach ihrem Tod der Tochter wiederzubegegnen. Frau J. fühlte sich seit dem Tod ihrer Tochter emotional derart erschüttert, daß sie sich in dieser Lage nicht vorstellen konnte, ihre wichtigsten Gefühle und Bedürfnisse auf die Zukunft gerichtet zu äußern. Dabei bezeichnete sie als ihr wichtigstes Gefühl die Liebe zu ihrer Tochter und als ihr wichtigstes Bedürfnis ein Wiedersehen mit der Tochter. Sie verrichtet pflichtbewußt ihre alltäglichen Aufgaben, lebt aber ganz in der Vergangenheit und gleichzeitig auf den Tod hin. »Wenn ich an meine Tochter denke, dann gehe ich mit dieser in eine andere Welt, dabei löst sich mein Körper auf und ich sterbe und verlasse diese Welt, obwohl ich noch lebe.«

Frau M., 63 Jahre, Hausfrau. Sieben Jahre nach der Befragung wurde ein klinisch manifestiertes Corpus uteri-Karzinom diagnostiziert. Frau M. lebte in einer harmonischen Ehebeziehung bis zum Tode ihres Gatten. Zu diesem Zeitpunkt war sie 60 Jahre alt. Anläßlich des Todes ihres Mannes zeigte sie keine ausgesprochene Erschütterung; sie nahm den Tod anscheinend als Schicksalschlag hin. Ihre drei Kinder waren verheiratet und besuchten sie ab und zu. Zu ihren Nachbarn hatte sie einen guten Kontakt. Frau M. wirkt nicht ausgesprochen hoffnungslos und niedergeschlagen, aber es lassen sich bei ihr auch keine emotionalen Regungen feststellen. Frau M. kann kein Ziel angeben, das sie in der Zukunft verwirklichen möchte. In diesem Zusammenhang kann sie auch kein Bedürfnis beschreiben. »Die Kinder sind groß und gehen auch ihrer Arbeit nach.« Frau M. sieht auch für sich objektiv keine Chance, in der Zukunft ihre Gefühle und Bedürfnisse zu äußern. »Ich besuche zwar meine Nachbarn, aber die haben auch ihre Sorgen!« Vor dem Tod hat sie keine Angst und betrachtet ihn sogar als persönliche Befreiung. »Wenn man stirbt, dann hat man die harte Arbeit und die Sorgen hinter sich.«

Herr C. war zum Zeitpunkt der Befragung 58 Jahre alt. Die Diagnose Magenkarzinom wurde im 60. Lebensjahr gestellt. Herr C. ist verheiratet und hat zwei Kinder. Er ist fleißig, pflichtbewußt und ausgesprochen freundlich. In der Ehe gibt es offensichtlich keine Auseinandersetzungen, aber auch keine emotionalen Äußerungen. Herr C. ist nicht in der Lage, Gefühle auch nur annähernd zu beschreiben. Er faßt das Leben eher als eine permanente Pflichterfüllung für Frau und Kinder auf. Die Befragung zeigt, daß er keinerlei persönliche, in die Zukunft gerichtete Pläne und Bedürfnisse hat, mit der Ausnahme, daß er für die Familie ein Haus bauen möchte. Er hatte häufig das Gefühl, sterben zu müssen, ohne konkrete Anhaltspunkte dafür angeben zu können. Dabei betont er, daß er vor dem Sterben keine Angst hat. »Ich kann mir vorstellen, daß es außer der ewigen Arbeit auch schönere Dinge gibt.« Er kann aber die »schönen Dinge« nicht konkretisieren.

Herr Z. war zum Zeitpunkt der Befragung 55 Jahre, bei Ausbruch eines Bronchialkarzinoms 59 Jahre alt. Herr Z. ist sehr beliebt, leidet aber trotzdem seit seiner frühen Jugend an inneren Hemmungen. Insbesondere sexuelle Gefühle kann er nicht zeigen. Er leidet an Gefühlen der eigenen Unzulänglichkeit, obwohl er sie seinen Mitmenschen nicht zeigt. Aus diesem Grund fühlt er sich subjektiv seit Jahren derart bedrückt, daß er keine Hoffnung zeigt, seine Ausgangssituation in der Zukunft verbessern zu können.

10. Angepaßtes, sozial nicht aggressives Verhalten

Im Hinblick auf die psychosoziale Komponente der Krebserkrankung besagt unsere Hypothese im wesentlichen, daß Krebspatienten und -kandidaten chronisch nicht in der Lage sind, vor Bedingungen auszuweichen, die auf ihre Bedürfnisäußerung ungünstigen Einfluß ausüben. Neben der Selbstzurückstellung, der Tendenz zur Idealisierung und Harmonisierung ist das angepaßte, nicht aggressive und selbstaggressive Verhalten mitverantwortlich für die Erkrankung. Im angepaßten Verhalten kommt immer wieder die Tendenz zum Vorschein, auf die sozialen Erwartungen der Mitmenschen einzugehen, wobei die Äußerung von Feindseligkeiten und Aggressionen vermieden wird. Wenn trotzdem Konfliktsituationen auftreten, tendieren diese Personen dazu, sich selbst Vorwürfe zu machen. Den Mitmenschen gegenüber werden jedoch keine Vorwürfe geäußert. Die Äußerung von Vorwürfen mit Andeutung von negativen Konsequenzen ist aber eine sonst verbreitete Art, Aggressionen loszuwerden. Meistens können sich die Krebskandidaten so gut wie nicht an aggressive Verhaltensweisen erinnern. Dies bestätigen auch ihre Angehörigen. Das impliziert, daß ein negativer emotionaler Zustand chronisch ertragen wird, ohne daß er durch aggressives Verhalten beseitigt wird. Ferner wird der Krebskandidat in Konfliktsituationen noch zusätzlich selbstaggressiv. Abschließend einige Beispiele dazu:

Frau G. kann sich nicht erinnern, ausgesprochen aggressiv gewesen zu sein und sagt, daß sie alle Konflikte hinunterschluckt und sie nicht zeigt. Dies wird durch den Ehegatten und den vier Kindern bestätigt. Frau G. war immer bemüht, den Erwartungen der Familienmitglieder gerecht zu werden. Ihr wichtigstes Ziel war, mit ihrer Umwelt in Ausgleich und Frieden zu leben, und sie kann sich nicht erinnern, ihren Eltern einmal einen Vorwurf gemacht zu haben, obwohl diese sehr streng waren. Wenn Frau G. unzufrieden und unglücklich war, war sie stets bereit, die Schuld bei sich selbst zu suchen.

Herr H., 57 Jahre, Magenkrebs. Er idealisierte seinen Arbeitsplatz, seinen Betrieb und seine Vorgesetzten. Im 54. Lebensjahr wurde er aus dem Betrieb entlassen. Sichtlich betroffen, zählte er eine Menge einsehbare Gründe dafür auf, daß ihm eigentlich nicht gekündigt hätte werden dürfen. Trotzdem war bei Herrn H. keine Aggression zu erkennen. Mit einer »philosophischen« Haltung – »So ist es eben im Leben« – versuchte er weiter, eine harmonisierende Einstellung zu seinem Betrieb beizuhalten. »Mein Verhältnis zum Betrieb ist trotzdem immer noch vorbildlich und unerschütterlich geblieben.«

11. Religiösität und Krebserkrankung

In meinen Studien konnte ich einen Zusammenhang zwischen Religiosität und Krebserkrankung nachweisen, der ein weiterer Beleg ist für den Einfluß kognitiv-emotionaler Programme auf die Gesundheit oder Krankheit eines Menschen. Die religiöse Einstellung und Erlebnisfähigkeit wurde durch Befragung und freie Interviews bei 2021 Personen und ihren Angehörigen erfaßt. Dabei war es von besonderer Wichtigkeit, zwischen einer konventionellen, aber erlebnisunfähigen und nicht spontanen religiösen Einstellung und einer erlebnisfähigen und spontan auftretenden Religiösität zu unterscheiden.

Während die konventionelle Religiösität dazu tendiert, das Verhalten rigide an kirchlichen Normen zu orientieren, wobei es leicht in Widerspruch zu Einsichten, dem Verhaltensmuster, den persönlichen Orientierungen und sozialen Verhaltensweisen anderer Personen gerät, zeigt die spontane Religiösität die Fähigkeit, eine Integration einer religiös-kosmischen Orientierung, der eigenen Einsichten, des Verhaltens und der Emotionen zu erreichen. Die konventionelle Religiösität ist im Gegensatz zur spontanen Religiösität erlebnisunfähig und individuell nicht integriert. Sie ist nicht flexibel in verschiedenen individuellen und sozialen Situationen und damit der eigenen aktuellen Bedürfnisstruktur und den sozialen Erfordernissen gegenüber nicht anpassungsfähig. Die spontane Religiösität ist nicht an unreflektiert vorgefaßten normativen Prinzipien orientiert, sondern erscheint als Folge einer Einsicht und eines erlebten Leidens an sich und der sozialen Situation. Sie bedeutet eine Abkehr von einem Verhaltensmuster und eine Zuwendung zu einem anderen Interpretationsmuster, die veränderte Einstellung vollzieht sich aber ohne Angst vor internalisierten religiösen Normen und daraus entstandenen Schuldgefühlen. Sie ist gleichzeitig eine einsichtige Kritik eines insuffizienten Verhaltens und emotionale Erfahrung hervorgerufen durch ein neues religiös-kosmisches Erlebnis. Während die konventionelle Religiösität immer wieder Schuld und Unbehagen hervorruft, wenn religiöse Pflichten verletzt werden, ist die spontane Religiösität lange Zeit im Individuum funktional stabil integriert, auch selbst dann, wenn sie längere Zeit ausfällt und das Individuum sich an anderen Maßstäben orientiert.

Ein weiteres Unterscheidungsmerkmal zwischen spontaner und konventioneller Religiösität ist, daß die spontane Religiösität einen Zugang zum Unbewußten und dessen Signale hat, während die konventionelle Religiösität ausgesprochen an sozial festgesetzten Normen orientiert ist.

Der Einfluß der Religiösität auf die Entwicklung organischer Erkrankungen wurde in einem Fragebogen zur religiösen Einstellung (22 Fragen) zusammen mit mehreren Fragebögen, die andere Aspekte erfassen, erhoben. Die Antwortstruktur des Fragebogens zur religiösen Einstellung ermöglicht die Unterscheidung zwischen konventioneller und spontaner Religiösität.

Der Fragebogen zur religiösen Einstellung wurde in einer prospektiven Studie 1353 Personen vorgelegt. In Heidelberg wurden zur religiösen Einstellung 334 Krebspatienten und eine Kontrollgruppe von 334 Personen, die nicht an Krebs erkrankt sind und bei denen keine andere chronische oder gravierende Erkrankung diagnostiziert wurde, befragt (siehe Anhang S. 115 ff.). Auch hier wurden noch andere Fragebögen zusätzlich eingesetzt. Der Fragebogen beinhaltet 10 Fragen zur konventionellen Religiösität (3–12) und 10 Fragen zur spontanen Religiösität (13–22). Die Personen wurden in der Gruppe eingeordnet, in der sie die meisten Punkte erreicht haben (Fragebogen siehe Anhang).

Die Ergebnisse der retrospektiven und der prospektiven Studie sind sehr ähnlich. In der Population der 1353 prospektiv befragten Personen befanden sich 114 mit spontaner Religiösität, 251 Personen mit konventioneller Religiösität, die restlichen 988 Personen waren Atheisten, davon schlossen aber 501 Personen trotzdem die Existenz Gottes nicht aus. Die gesamte Population wurde 1966 zum ersten Mal befragt und 1976 auf ihren Gesundheitszustand hin untersucht. In der Zwischenzeit sind 205 Personen an Krebs erkrankt und 411 Personen an einer internistischen Krankheit. In diesem Zeitraum sind 863 Personen verstorben, 490 lebten noch. Das Alter der befragten Personen bei der Nachuntersuchung im Jahre 1976 lag zwischen 60 und 90 Jahren.

Die Ergebnisse der Studie zeigen (siehe Tabelle 1, S. 118), daß die Personen mit spontaner Religiösität im Beobachtungszeitraum von 10 Jahren am wenigsten an Krebs oder an einer internistischen Krankheit erkrankten oder verstorben sind (vier Personen von 114 mit spontaner Religiösität sind an Krebs erkrankt, 19 an einer internistischen Krankheit und 49 Personen sind im Beobachtungszeitraum gestorben). Die spontane Religiösität zeigt keinen Zusammenhang mit Schulausbildung, Schichtzugehörigkeit oder sozio-ökonomischem Status. Auch das Vorkommen von ungünstigen Lebensereignissen ist gleich verteilt auf Personen mit spontaner Religiösität und andere Gruppen. Bei Personen mit spontaner Religiösität kommen seltener als bei anderen Personen gesundheitsschädliches Verhalten und emotionaler Streß vor (z. B. Hyperaktivität, keine Beachtung von Symptomen, Alkohol- und Tabakmißbrauch, Hoffnungslosigkeit, Depression, chronisch anhaltender Ärger und Aufregung).

Personen mit konventioneller Religiösität zeigen im Beobachtungszeitraum von 10 Jahren den größten Anteil an Krebs- und internistisch Erkrankten sowie an verstorbenen Personen. An Krebs sind 93 Personen erkrankt, an einer internistischen Erkrankung 71 Personen. Im Beobachtungszeitraum sind 203 Personen verstorben, nur 48 lebten noch.

Von den 501 atheistischen Personen, die die Existenz Gottes nicht ausschlossen, sind im Beobachtungszeitraum 32 Personen an Krebs und 119 an einer internistischen Krankheit erkrankt; verstorben sind 253 Personen.

Die weiteren Ergebnisse zeigen, daß der Anteil des Krebses, der internistischen Krankheiten und der Todesfälle bei Personen, die die Existenz Gottes ausschließen, erheblich größer ist als bei atheistischen Personen, die die Existenz Gottes nicht ausschließen. Die einzelnen Gruppen unterscheiden sich nicht wesentlich in Alter, Schulbildung, Geschlecht oder Beruf. Die Ergebnisse legen nahe, daß eine bestimmte Einstellung zur Religiösität mit Erkrankung und Tod zusammenhängt.

Erkrankung und Tod kommen in der folgenden Reihenfolge am häufigsten vor:

a) konventionelle Religiösität
b) atheistische Einstellung, die die Existenz Gottes ausschließt
c) atheistische Einstellung, die die Existenz Gottes nicht ausschließt
d) spontane Religiösität

Wie weitere Studien nahelegen, zeigt die spontane Religiösität auch einen sehr deutlichen Zusammenhang mit dem Orgasmuserlebnis auf. In einer Population von 80 prospektiv untersuchten Personen mit einem Fragebogen zur Sexualität zeigte es sich, daß von 20 späteren Krebspatienten nur 3 Personen im Geschlechtsverkehr orgasmusfähig waren. Von 20 später internistisch erkrankter Personen waren 2 orgasmusfähig. Vier von 20 Verhaltensgestörten hatten Orgasmus beim Geschlechtsverkehr. 20 Personen sind im Beobachtungsraum von 10 Jahren nicht an Krebs oder an einer internistischen Krankheit erkrankt. Darunter befanden sich 16 Personen, die im Geschlechtsverkehr orgasmusfähig waren. In der gesamten Population von 80 Personen waren 15 spontan religiös und 24 konventionell religiös. Die restlichen 41 Personen hatten eine atheistische Einstellung. Von den 15 Personen mit spontaner Religiösität waren acht orgasmusfähig, die restlichen sieben Personen zeigten eine extreme Abstinenz, häufig ohne Geschlechtsverkehr. Unter den 41 atheistischen Personen zeigten acht eine Orgasmusfähigkeit beim Geschlechtsverkehr, während alle 24 Personen mit konventioneller Religiösität ohne Orgasmuserlebnis waren. Aus diesem Ergebnis muß der Schluß gezogen werden, daß die Orgasmusfähigkeit am häufigsten bei Personen mit spontaner Religiösität vorkommt und am wenigsten bei Personen mit konventioneller Religiösität.

Die Heidelberger retrospektive Studie (siehe Tabelle 2, S. 119), die an 334 Krebspatienten und einer Kontrollgruppe von 334 nicht wesentlich erkrankten Personen durchgeführt wurde, zeigt folgende Ergebnisse:

210 Personen zeigten eine konventionelle Religiösität, 52 Personen eine spontane Religiösität, 72 Personen hatten eine atheistische Einstellung, davon schlossen 14 Personen die Existenz Gottes nicht aus. In der Kontrollgruppe von nicht erkrankten Personen waren 142 Personen konventionell religiös, 96 Personen spontan religiös, 96 Personen hatten eine atheistische Einstellung, davon schlossen 89 Personen die Existenz Gottes nicht aus. Die Ergebnisse zeigen – allerdings nicht so deutlich wie in der prospektiven Studie –, daß bei der Krebserkrankung mehr konventionelle und weniger spontane Religiösität als in der Kontrollgruppe vorkommt. Die Atheisten in der Kontrollgruppe schließen weniger die Existenz Gottes aus als die Atheisten in der Gruppe der Krebspatienten. Der relativ hohe Anteil der spontanen Religiösität bei Krebspatienten ist auf den Ausbruch der Krankheit selbst zurückzuführen. Nur sechs der befragten Krebspatienten geben an,

daß sie vor der Erkrankung spontan religiös waren. Auf dem Stand der bisherigen Auswertungen deutet sich auch ein Zusammenhang zwischen langer Lebensdauer nach der ersten Diagnosestellung und der spontanen Religiösität an.

Die Ergebnisse zeigen, daß die psychosomatische Medizin und die Psychotherapie der Religiösität eine wichtige Rolle zuschreiben müssen. Die Religiösität scheint bei der Krankheitsentstehung und beim Krankheitsverlauf ein mitwirkender Faktor zu sein. Die Konsequenz aus einer solchen Einsicht müßte sein, daß sich psychotherapeutische Bemühungen bei organisch Erkrankten inhaltlich auf die Ermöglichung spontaner Religiösität stützen sollten und auf die Beeinflussung der konventionellen Religiösität in Richtung der spontanen Religiösität.

In diesem Zusammenhang erscheint die Zusammenarbeit der Seelsorger mit der psychosomatischen Medizin auf einer inhaltlichen und nicht nur formalen Ebene nötig. Wenn konventionelle Religiösität mit Selbstdestruktivität, Neigung zum psychosozialen Streß deutlich zusammenhängt, dann ist Seelsorge in zweifacher Hinsicht nötig:

a) Im Abbau und der Verhütung einer konventionellen religiösen Entwicklung
b) Im Aufbau und der Förderung einer spontanen religiösen Entwicklung

Im psychotherapeutischen Prozeß sind immer wieder Einsichten im Zusammenhang mit persönlichem Verhalten und religiös-kosmischer Orientierung nötig. Ich habe die Erfahrung gemacht, daß Personen mit ich-harmonisierendem Verhalten sich wesentlich besser fühlen, wenn sie sich der Bedeutung ihres Verhaltens bewußt werden: der Tendenz, selbst Gott sein zu wollen. Auch Personen mit wir-harmonisierendem Verhalten, die andere Personen anbeten, als wären diese Gott, erleben Erleichterung, wenn sie die Bedeutung ihres Verhaltens erkennen. Die meisten Kandidaten für organische Erkrankungen und die organisch Erkrankten leiden an der mangelhaften Fähigkeit, spontan zu glauben, was mit Sicherheit ihren emotionalen Zustand beeinflußt.

Die konventionelle Religiösität scheint das exponierende Verhalten, die Selbstdestruktivität, die Selbstzurückstellung usw. zu unterstützen. Die spontane Religiösität scheint dagegen psychologisch sehr günstige Auswirkungen zu haben. Ich nehme an, daß sie eine besondere Funktion ausübt, den Bedürfnisfluß – also die koordinierte Bedürfnisäußerung und -befriedigung – in Gang zu setzen und aufrechtzuerhalten. Die konventionelle Religiösität hingegen erscheint als geeignet, den Bedürfnisfluß zu verhindern und die chronische Blockierung der Bedürfnisäußerung einzuleiten. Die spontane Religiösität regt außerdem das Unterbewußtsein an. Das Individuum wird mit Schuldgefühlen, Fehlinterpretationen der sozialen Umwelt, die letztlich zur ausweglosen Verzweiflung führen, eher fertig als eine Person mit konventioneller Religiösität oder atheistischer Einstellung. Ich habe beispielsweise die Reaktion von Personen verfolgt, die mit verschiedenen religiösen Einstellungen auf den Verlust einer nahestehenden und äußerst wichtigen Person reagiert haben. Der Glaubensinhalt der Personen mit konventioneller religiöser Einstellung wurde leblos, flach und formal. Die atheistische Person verstärkte zunächst ihre Aggressivität im sozialen Bereich, dann setzte sie die Aggressivität in Selbstdestruktivität um. Die Person mit spontaner Religiösität konnte mit der Trauerarbeit am adäquatesten fertig werden und brach den Bedürfnisfluß nicht ab.

Die Bedeutung der religiösen Einstellung für die Krebserkrankung und für die internistischen Erkrankungen läßt sich nahtlos in meine gesamte kognitive Verhaltensanalyse integrieren. Inwiefern objektiv wirkende transzendente Wirkungen dabei eine wesentliche oder unwesentliche Rolle spielen, kann hier nicht beantwortet werden. Solche Fragen schließen sich ja an das allgemeine Dilemma an, das mir täglich in meiner therapeutischen Arbeit begegnet: Ist der Mensch nur eine kognitiv funktionierende Maschine, die so repariert werden kann, daß fehlerlernte kognitive Steuerungen therapeutisch modifiziert werden sollen oder gibt es von vornherein einen bestimmten sozio-ökonomischen und kosmisch-normativen Kontext, der als Bedingung für das menschliche Funktionieren erscheint?

Fragebogen zur religiösen Einstellung

I. Allgemeine Fragen

1. Sind Sie ein religiöser Mensch und glauben Sie an Gott? (Ja – nur wenn beides zutrifft)
2. Schließen Sie die Existenz eines Gottes aus?

II. Fragen zur konventionellen Religiösität

3. Ist die Religion für Sie in erster Linie ein Trost, um die Lasten des Lebens besser ertragen zu können? 2 P.
4. Haben Sie die Gewißheit, daß Gott der Allmächtige ist und die Menschen lenkt und ihr Schicksal bestimmt, ohne daß diese zu ihrem Schicksal selbst etwas beitragen können? 2 P.
5. Wird Gott ausschließlich durch die Kirche, die kirchliche Ordnung und die Priester vertreten? 3 P.
6. Ist Gott für Sie eine zu große Autorität, um mit ihm persönlich (z. B. im Gebet) reden zu können? 3 P.
7. Haben Sie Angst, nicht religiös zu sein, weil dies gegen ihre Erziehung verstoßen würde? 3 P.
8. Empfinden Sie Schuld und Unbehagen, wenn Sie Ihre von der Kirche vorgeschriebenen religiösen Pflichten und Sitten vernachlässigen? 2 P.
9. Ist für Sie die Einhaltung kirchlicher Tradition, Sitten und Rituale von besonderer Bedeutung? 2 P.
10. Neigen Sie dazu, der Kirche die letzte Entscheidung und das Urteil darüber zu überlassen, was im Leben richtig und falsch ist? 3 P.
11. Beten Sie meistens nur die von der Kirche vorgeschriebenen Gebete? 2 P.
12. Steht Ihre eigene Religiösität häufig mit Ihren anderen Einsichten und Wünschen in Widerspruch? nein = 1 P.

III. Fragen zur spontanen Religiösität

13. Können Sie meistens Ihre Religiösität mit Ihren anderen Einsichten und Wünschen lückenlos vereinbaren? 1 P.
14. Können Sie selbst freie Gebete aus dem Verständnis verschiedener Lebenssituation heraus gestalten? 2 P.
15. Haben Sie den Eindruck, daß Sie im Gebet mit dem lebendigen Gott reden? 3 P.
16. Spüren Sie die Wirkung des Heiligen Geistes beim Gebet oft im eigenen Körper? 3 P.
17. Spüren Sie die Wirkung des Heiligen Geistes beim Gebet so, daß Sie große Freude und seelische Ausgeglichenheit empfinden? 3 P.

18. Weichen während des Gebetes Bedrückungen und Sorgen hinter befreienden religiösen Einsichten und Erlebnisse zurück? 3 P.
19. Bedeutet Gott für Sie in erster Linie Freude und Selbsterkenntnis? 3 P.
20. Spüren Sie im Gebet eine allmächtige Wirkung des Heiligen Geistes? 3 P.
21. Spüren Sie im Gebet, wenn der Heilige Geist auf Sie befreiend wirkt? 3 P.
22. Empfinden Sie nach dem Gebet eine große Liebe und Zuneigung zu allem Lebenden (Menschen, Tiere, Pflanzen)? 3 P.

12. Die typische Lebensgeschichte von Krebskandidaten und -patienten

Die typische Lebensgeschichte von Krebskandidaten und -patienten soll anhand von konkreten Beispielen die theoretischen Konstruktionen veranschaulichen und die einzelnen Elemente in ihrer Interaktion transparent machen.

Es kann nicht behauptet werden, daß alle Krebspatienten oder -kandidaten (Personen, die später an Krebs erkranken werden) eine völlig gleiche psychologische Struktur haben, mit gleichen Sozialisationsbedingungen in Berührung kommen und dieselbe soziale Konfliktstruktur aufweisen. Obwohl es statistisch gesicherte Verhaltenscharakteristika gibt, stehen sie bei verschiedenen Individuen in unterschiedlichen Kombinationen. So ist eine Person nach dem Tod einer nahestehenden Person besonders hoffnungslos, während sich eine andere Person auffallend normenkonform und perfektionistisch verhält. In der Analyse der typischen Lebensgeschichten zeigt sich auch, daß bestimmte Lebensereignisse und -erlebnisse sowie Verhaltensweisen und Einstellungen subjektiv verschiedenen bewertet werden.

Ich habe mir in der Analyse der Lebensgeschichten von Krebskandidaten und -patienten die Frage gestellt, ob es bestimmte Verhaltenscharakteristika gibt, die trotz mannigfaltiger Ausprägung letztlich inhaltlich auf dasselbe Phänomen zurückzuführen sind. Nach der Analyse einer großen Anzahl von Lebensgeschichten bin ich zu der Überzeugung gekommen, daß das gemeinsame Charakteristikum aller

Tabelle 1

	Anzahl der Personen	Krebspatienten	Internistisch Erkrankte	Verstorben	Leben noch
Spontane Religiösität	114	4	19	49	65
Konventionelle Religiösität	251	93	71	203	48
Atheist, schließt aber die Existenz Gottes nicht aus	501	32	119	253	248
Atheist, schließt die Existenz Gottes aus	487	76	202	358	129
Insgesamt	1353	205	411	863	490

Die chi^2-Tests auf Abhängigkeit für die 3 4 × 4-Felder-Tafeln, die die Religiösität zu lebt/verstorben, nicht erkrankt/erkrankt und innerhalb der Erkrankten zu Krebs/internistisch in Beziehung setzen, sind jeweils auf dem 0,1 %-Niveau signifikant.

Tabelle 2

	Krebspatienten 334	Kontrollgruppe 334
Spontane Religiösität	52	96
Konventionelle Religiösität	210	142
Atheist, schließt aber die Existenz Gottes nicht aus	14	89
Atheist, schließt die Existenz Gottes aus	58	7

Der chi^2-Test für die 4 × 2-Felder-Tafel auf Abhängigkeit ist dem 0,1 %-Niveau signifikant.

Krebskandidaten und späterer Krebspatienten eine chronische Blokkierung der individuell wichtigsten Gefühls- und Bedürfnisäußerung und -befriedigung im sozialen Bereich ist. Gleichzeitig sind diese Menschen normenkonform, anderen Personen gegenüber nicht aggressiv und stellen sich gegenüber einer Person, einer Sache oder Situation in den Hintergrund. Für die Blockierung der Bedürfnis- und Gefühlsäußerung bestehen verschiedene Gründe, und jede Blockierung hat ihre individuelle Vorgeschichte. Diese Vorgeschichte beginnt meistens in den familiären Beziehungen: Das Kind wird auf ein leistungsbewußtes, perfektionistisches und normenkonformes Verhalten hin erzogen. Gewöhnlich sind die emotionalen Beziehungen der Eltern zum Kind kalt und abweisend, so daß sich der spätere Erwachsene im Bereich der individuellen Bedürfnisäußerung wenig zutraut. Seine emotionalen Regungen beachtet er wenig und zeigt keine emotionalen Schwankungen. Im Verhalten werden keine Bedürfnisse geäußert; es kommt zu einer völligen Trennung und Verselbständigung von Verhaltensweisen, Emotionen und der in der Sozialisation entstandenen Bedürfnisstruktur.

Nun bricht die Person noch nicht zusammen; sie entwickelt zunächst übersteigerte und überangepaßte Verhaltensweisen. Sie zeigt zum Beispiel Neigung zur Idealisierung, zum perfektionistischen und altruistischen Verhalten. Bei kleinsten Frustrationen ist die Person hyperaktiv, achtet die eigene Gesundheit nicht und zeigt zunehmend Neigung zu übermäßigem Genußmittel- und/oder Medikamentenabusus. In der ersten Phase, vor der endgültigen psychischen Dekompensation, bindet sich die Person an eine andere Person oder an eine Aufgabe mit einer geradezu fanatischen Energie. Solche Personen behaupten beispielsweise, eine eingegangene persönliche Beziehung wäre für sie die erste tiefe menschliche Beziehung, wobei sie ihre eigenen Bedürfnisse zunehmend hinter das Ziel der Aufrechterhaltung der Beziehung zurückstellen. Eine andere Person zeigt zwar nicht solche Reaktionen, sie handelt aber derart perfektionistisch und ist so darauf bedacht, keinen Fehler zu machen, daß ihre emotionalen Regungen und Bedürfnisse nicht zum Ausdruck kommen. Eine dritte Person leidet bewußt an inneren Hemmungen (weil sie z. B. nicht dazu imstande ist, eine erwünschte partnerschaftliche Beziehung einzugehen), überdeckt aber dieses Verhalten durch auffällige Freundlichkeit.

Nun kommt die Phase der psychischen Dekompensation, in der

entweder der idealisierte Bezugspartner stirbt, innere Hemmungen die Person zur Verzweiflung bringen oder andere lebensgeschichtliche Ereignisse die mühsam aufgebaute Bedürfnisäußerung und -befriedigung völlig verhindern. Im Zustand der Dekompensation kann das Individuum über Jahre hinaus seine wichtigsten Bedürfnisse und Gefühle nicht äußern und befriedigen. Es bleibt weiterhin formal angepaßt, aggressionslos im sozialen Bereich (es sind nur periodische emotionale Ausbrüche beobachtbar), verstärkt aber sein gesundheitsschädliches Verhalten. Häufig erscheint die Person so, als würde sie Bedürfnisse äußern und befriedigen. Sie lebt beispielsweise in einer äußerlich gut harmonisierenden Ehe, verfügt über alle für sie notwendigen Lebensbedingungen, und gibt sich nach außen angepaßt und fröhlich, aber innerlich ist sie trotzdem zutiefst verzweifelt und hoffnungslos. Ich unterscheide in der Lebensgeschichte des Krebspatienten drei Phasen:

1. Die Phase der familiendynamischen Ausprägung von Verhaltensdispositionen
2. Die Phase der ideologischen Kompensation
3. Die Phase der psychischen Dekompensation und Verstärkung des exponierenden Verhaltens.

Ich möchte mit einigen konkreten Beispielen die Konzeption belegen:

Frau M., 34 Jahre, gibt an, ihren Vater über alles auf der Welt zu lieben. Sie war und ist an ihn äußerst gebunden. Die Mutter ist kalt, ausstoßend und abweisend. Bei der kleinsten emotionalen Regung dem Vater gegenüber wurde die Mutter äußerst streng und verwies das Kind auf die Verrichtung von Hausarbeiten oder anstehende Schularbeiten. Sie nannte das Kind faul und gab zu verstehen, daß eine Person nur dann geliebt werden kann, wenn sie auch alle Erwartungen, die an sie gestellt werden, tadellos erfüllt. Selbst der Vater hatte vor der Mutter Angst und beugte sich ihren Anforderungen. Wenn das Mädchen mit dem Vater alleine zusammen war, fühlte sie sich sehr wohl und geborgen, hatte aber immer größere Ängste vor der Mutter. Die Angst war auch in den Träumen festzustellen, in denen sie von der Mutter verfolgt wurde. Aus purer Angst war das Mädchen immer mehr darauf bedacht, alle Anforderungen der Mutter zu erfüllen. Sie hat sich bis zur Pubertät immer mehr vom Vater entfernt, hat ihn ab und zu sogar als Schwächling betrachtet; trotzdem war der Vater die einzige Person, der sie Gefühle und Liebe zeigen konnte. (»Ich war mein ganzes Leben lang in meinen Vater verliebt.«) Mit 16 Jahren hatte sie den ersten Geschlechtsverkehr, wonach sie furchtbare Angst, Unlust und Ekel empfand. Mit 18 Jahren heiratete sie und glaubte, einen ebenso gütigen und liebenswürdigen Mann wie ihren Vater gefunden zu haben. Trotzdem konnte sie sich in der Ehe nicht von Angstgefühlen befreien. Sie war eine äußerst fleißige Hausfrau, erfüllte alle Aufgaben, wurde aber zunehmend unfähiger, Gefühle zu äußern oder zu empfinden. Sie begann, Alkohol zu trinken, Schlafstörungen linderte sie mit Schlaftabletten. Sie litt an Migräneanfällen und nahm häufig schmerzstillende Mittel. Sie mußte permanent etwas tun, da sie nur einschlafen konnte, wenn sie über alle Grenzen müde war. Ihren Mann idealisierte sie täglich und nannte ihn »meine liebste Person der Welt«. Trotzdem spürte sie, daß sie selbst keine Gefühle äußern konnte und nur für andere lebte. Nach der Trennung von ihrem Mann hatte sie mehrere Jahre exzessiv Partner gewechselt und glaubte am Anfang, daß sie größte sexuelle Lust empfinde, wenn die Partner zu ihr rücksichtslos und brutal waren. Sie suchte für ihr als sündhaft empfundenes sexuelles Verhalten Bestrafung. Ein Jahr lang hatte sie eine solche masosadistische Beziehung, kam dann aber zu der Überzeugung, daß ihr auch das nicht weiterhalf. Sie wurde zunehmend hoffnungsloser und depressiver, selbst der Haß auf die Mutter und die Liebe zum Vater wurden geringer. Sie erlebte keine emotionalen Höhen und Tiefen. Ihr konstantes emotionales Gefühl waren Hoffnungslosigkeit und Depression. Im 32. Lebensjahr wurde Cervix-uteri-Karzinom diagnostiziert.

Ein junger Arzt der aus gut-bürgerlichen Verhältnissen kam, wurde in einem vernunftorientierten, auf Leistung und Perfektionismus ausgerichteten Elternhaus erzogen, in dem nie gefühlsmäßige Regungen gezeigt wurden. Schon als er 6 Jahre alt war, erklärte ihm der Vater, daß nur Leute, die viel arbeiten und etwas leisten, anerkannt werden. Er sah im Elternhaus nie, daß der Vater die Mutter umarmte, auch die Mutter zeigte ihm gegenüber keinerlei Gefühle. Jeder körperliche Kontakt wurde vermieden. Er war zunächst ein sehr guter Schüler, ließ dann eine Zeitlang in seinen Leistungen nach, um sich danach nur »um so mehr zu fangen« und das Studium mit der Note sehr gut zu absolvieren. Zu Hause wurde meistens nur über langweilige und monotone Themen gesprochen. Mit 18 Jahren hatte er zum ersten Male sexuelle Gedanken, als ihm ein Mädchen »ganz gut gefiel«. Dann zeigte sich aber, daß seine Gefühlswelt derart verkrüppelt war, daß er nicht einmal imstande war, seine Gefühle zu beschreiben oder nachzuempfinden. Trotzdem heiratete er nach dem Studium eine Frau (Krankenschwester) aus demselben Ort und eröffnete eine Praxis. Dabei kümmerte er sich mit größter Genauigkeit und Sorgfalt um alle anstehenden Fragen und war bei den Patienten sehr beliebt. Er war zu jeder Tages- und Nachtzeit bereit, seine Patienen zu besuchen. Außerdem trieb er viel Sport und hatte noch einige andere Hobbys. Er konnte sich jahrelang mit seinem perfektionistischen Verhalten und seiner »äußeren Ordnung« zufriedengeben. Dann stellte seine Frau seine verklemmte Sexualität zur Diskussion, obwohl auch sie von ihm selbst als sexuell gehemmt empfunden wurde. Das führte zunächst zum Versuch, die Sexualität zu verbessern. Zunehmend mußte er aber einsehen, daß seine Gefühls- und Erlebniswelt völlig gehemmt und behindert war. »Ich fühle mich wie ein Stein«, sagte er. Obwohl er den Konflikt durch gesteigerte Arbeit überwinden wollte, stellten sich in gesteigertem Maße Niedergeschlagenheit und Hoffnungslosigkeit ein. Als sich seine Frau mit einem Jugendfreund anfreundete, griff er zusätzlich zum Alkohol und zu Schlaftabletten. Im 35. Lebensjahr wurde er an Magenkrebs operiert.

Herr P., 63 Jahre alt, Metzgermeister, wurde in einem arbeitsamen und gefühlsmäßig warmen Elternhaus aufgezogen. »Wir waren sehr arm und mußten alle viel arbeiten.« Seine Mutter liebte er zwar etwas mehr als den strengen Vater, aber auch vor dem Vater zeigte er größte Achtung. Er war sein ganzes Leben lang bereit, sich für andere Kameraden und Mitmenschen zurückzustellen und auch die Arbeit für andere zu erledigen. Er war immer sehr beliebt, obwohl er sich meist ruhig im Hintergrund aufhielt. Es war für ihn von großer Wichtigkeit, daß andere Menschen glücklich waren. »Nur das Glück von anderen macht mich selig«, sagte er. Mit 23 Jahren heiratete er, seinen eigenen Worten nach zu urteilen, eine fleißige und liebenswürdige Frau. Sie bekamen drei Kinder. Er war immer bereit, seiner Frau so weit wie möglich zu helfen. So reduzierte sich sein Leben immer mehr auf familiäre Beziehungen, obwohl er im Beruf »seinen Mann stand«. Er war nicht in Vereinen organisiert, hatte auch keinerlei Hobbys. Im 53. Lebensjahr wurde er von einem Kollegen betrogen, der die Kasse ausraubte. Er wollte nicht gegen den Kollegen vorgehen, war aber zutiefst getroffen. Zwei Jahre danach starb eines seiner Kinder bei einem Autounfall. Dies erschütterte ihn in großem Maße. Er mußte aber und wollte auch weiter für seine Frau und seine zwei anderen Kinder leben.

Kurz danach kam es zu einer langfristigen Trennung von den zwei Kindern, die heirateten und verreisten. Sein ganzes Leben drehte sich nun nur noch um seine von ihm idealisierte Frau. In seinem 55. Lebensjahr starb sie plötzlich an Herzinfarkt. »In diesem Augenblick spürte ich«, sagte er, »daß für mich alles aus ist. Das letzte Mal äußerte ich meine Gefühle und meine Liebe am Sarg meiner Frau. Ich habe sieben Jahre lang im Zustand der Hoffnungslosigkeit, Verzweiflung und Einsamkeit gelebt. Obwohl ich sehr niedergeschlagen war, habe ich mir das vor anderen nicht anmerken lassen und habe noch mehr gearbeitet als früher. Ich habe an Verstopfung und Schlaflosigkeit gelitten. Häufig kam der Doktor und hat mir verschiedene Medikamente verschrieben, die ich lange Zeit eingenommen habe.« Im 63. Lebensjahr wurde ein Rectum-Karzinom diagnostiziert.

Frau S., 64 Jahre, wuchs in einer armen Handwerkerfamilie auf. Die Familie hatte sich nach mehreren Umsiedlungen an einem Ort niedergelassen. Das Verhältnis zum Vater war immer von Kälte und Skepsis geprägt. Obwohl die Mutter nach der Aussage des Bruders meistens emotional abweisend und kalt zu der Tochter war, entwickelte diese zunehmend ein idealisierendes Verhältnis zur Mutter. Emotionale Beziehungen zu anderen Personen wurden zwar mehrfach versucht, scheiterten aber immer wieder. Mit 30 Jahren traf sie ihre »große Liebe«, für die sie sich völlig aufopferte. Als ihr Partner überraschend in ihrem 42. Lebensjahr starb, wurde sie hoffnungslos, traurig und niedergeschlagen. Nach einem Trauerjahr fand sie zur Mutter zurück, an die sie sich zunehmend band. Die nächsten 10 Jahre lebte sie mit ihrer Mutter in einer eigenartigen Symbiose und fühlte sich glücklich, der Mutter »dienen zu dürfen«. Der Vater wurde häufig als Störfaktor empfunden, aber nur von ihrer Seite aus. Die Mutter scheint den Vater sehr geliebt zu haben. Als Frau S. 40 Jahre alt war, brach sich die Mutter, die zu diesem Zeitpunkt 67 Jahre alt war, bei einem Treppensturz beide Beine. Die Brüche konnten nicht mehr behandelt werden, so daß die Mutter ein Pflegefall wurde. Frau S. pflegte ihre Mutter 15 Jahre lang Tag und Nacht mit steigernder Aufopferung, bis die Mutter an Lungenentzündung starb. Danach wurde Frau S. der eigenen Aussage nach derart niedergeschlagen und hoffnungslos, daß sie den kurz darauffolgenden Tod des Vaters kaum wahrnahm. »Ich konnte die Beerdigung von einem Traum nicht unterscheiden.« Nach dem Tod der Mutter war die gesamte Gefühls- und Bedürfnisäußerung zur Umwelt blockiert. Frau S. war immer in Bewegung, konnte nicht mehr schlafen und nahm eine Unmenge Schlafmittel ein. Täglich trank sie mehr als zehn Tassen Kaffee und beachtete die verschiedensten Krankheitszeichen nicht. So hat sie in einem Jahr eine 10 Tage lang andauernde Grippe mit 39° C Fieber nicht beachtet und weitergearbeitet. Die Ernährung wurde einseitig; sie aß meistens nur noch Schokolade, Äpfel, Brot und Milch. Diesen Zustand hätte sie nicht lange ertragen können, wenn sie in der Nachbarschaft nicht eine Freundin entdeckt hätte, die sehr unglücklich war und ihrer Hilfe bedurfte. Diese Freundin war auch die einzige Person, mit der sie soziale Beziehungen aufrechterhielt. In den letzten zwei Jahren litt sie an Schmerzen im Rücken mit Ausstrahlungen in den Bauch, an Verdauungsstörungen und an Stuhlveränderungen. Trotzdem ging sie nicht ein einziges Mal zum Arzt. Zu Mitmenschen war sie immer sehr freundlich. Sie galt als fleißig und als eine Person, die für sich keine Forderungen stellte. Sie hatte nie Angst vor einer Erkrankung, obwohl sie seit Jahren vermutete, daß sie an Darmkrebs erkranken würde. Diese Vermutung stellte sich zum ersten Mal beim Tod ihrer Mutter ein. Mit 64 Jahren wurde die Diagnose Dickdarmkrebs gestellt und anschließend erfolgte die Operation.

Frau C., 52 Jahre, wuchs in einem bäuerlichen Elternhaus auf und wurde schon früh zur Pflichterfüllung und zum Fleiß erzogen. Da der Vater schon sehr früh starb, mußte sie mit ihrer Mutter jahrelang auf dem Bauernhof hart arbeiten. Mit 20 Jahren heiratete sie; mit 21 Jahren bekam sie eine Tochter, mit 23 Jahren einen Sohn. Kurz danach verstarb der Ehemann, was sie zutiefst erschütterte. Für das Wohlergehen der Kinder »riß sie sich jedoch zusammen«. Von den Kindern und von den Nachbarn wird sie als äußerst tolerant, fleißig, hilfsbereit, pflichtbewußt, selbstlos, vernünftig, zuverlässig und ausgeglichen bezeichnet. Sie neigte immer dazu, ihre Mitmenschen positiv zu interpretieren, und richtete ihre Gefühle auf die Bedürfnisse ihrer Mitmenschen aus. Sie ist nie ausgesprochen aggressiv gewesen und stellte ein Leben lang ihre eigenen Bedürfnisse hinter die Pflichterfüllung. Die größte Liebe zeigte sie der Tochter gegenüber, obwohl sie den Sohn auch sehr gern hatte. Sie mußte sehr viel arbeiten, um die Schulen der Tochter bezahlen zu können. Wenn es familiäre oder andere Schwierigkeiten gab, zeigte sie sich physisch und psychisch sehr belastbar. Die Kinder bemerkten bei ihr nie Ängstlichkeit oder Furcht. Sie neigte selbst dazu, gesundheitsschädliche Einflüsse zu unterschätzen. Häufig hatte sie verschiedene Krankheitssymptome, die sie jahrelang nicht beachtete. Keinem der Kinder ist in Erinnerung, daß sie sich über irgend etwas beklagt hätte. Wenn es ganz schlimm wurde, ging sie zum Arzt und ließ sich Medikamente verschreiben, obwohl sie nie im Bett liegen blieb. Alkohol hat sie nie getrunken, auch nie Zigaretten geraucht; dafür trank sie aber dauernd Kaffee. Die eigenen Gefühlsregungen und Probleme äußerte sie nach dem Tod ihres Ehemannes überhaupt nicht. Sie erzählte, daß das früher ganz anders war und daß ihr Mann sehr auf sie einging. Abends hätte er sie immer im Bett zugedeckt und vor dem Einschlafen gefragt, ob sie noch etwas brauche. Diese Aufmerksamkeiten konnte sie nie vergessen, und sie denkt täglich daran. Dabei kommen ihr meistens die Tränen in die Augen. Nach dem Tod des Mannes hat sie sich für die Kinder ganz zurückgestellt, hatte aber das Gefühl größter Zufriedenheit, wenn es den Kindern gut ging. Eine »ganz große Freude« bereitete ihr die Heirat ihrer Tochter, kurz nachdem sie Lehrerin geworden war. Danach kam der größte Schlag ihres Lebens: Die Tochter starb plötzlich einige Monate nach der Eheschließung an einem bösartigen Tumor. Dieser Schlag war für sie derart unbeschreiblich, daß sie nur angeben konnte, jahrelang ohne jegliche Gefühlsregung gelebt zu haben. »Ich war zu niedergeschlagen, um traurig zu sein oder um irgendwelche persönlichen Wünsche zu äußern.« Frau C. war bis zu ihrer Erkrankung im 52. Lebensjahr nicht mehr in der Lage, ihre wichtigsten Bedürfnisse im sozialen Rahmen zu äußern und zu befriedigen. »Abends dachte ich nur noch an meine tote Tochter und hatte den Wunsch, mit ihr im Sarg zu liegen.« Frau C. wirkte niedergeschlagen, hoffnungslos und zeigte keinerlei Zuversicht, ihre Ausgangsposition für eine Bedürfnisäußerung zu verbessern. Obwohl sie fortfuhr, ihren Sohn zu versorgen, mit dem sie in einer kleinen Einzimmerwohnung lebte, hatte sie selbst keinen Willen, weiterzuleben. Sie versuchte, zu ihrem Sohn äußerst aufmerksam zu sein, ihn zu bedienen und ganz für seine Wünsche da zu sein. Der Sohn trank viel Alkohol und verschuldete einen Autounfall, bei dem eine Person tödlich verunglückte. »Der Gefängnisaufenthalt meines Sohnes gab mir den letzten Rest.« Im 56. Lebensjahr erkrankte Frau C. an Lungenkrebs.

Herr S., 39 Jahre alt. Sein Vater war Arzt, er wurde von der Mutter meistens beherrscht. Herr S. empfand sich von seiner Mutter kalt und lieblos behandelt. Die Mutter hatte ihm immer neue Aufgaben gestellt. Leistungen, Disziplin und Perfektion von ihm verlangt. »Ich habe im

Studium und danach meine Aufgaben immer genau erfüllt und konnte Anforderungen nie ablehnen.« Herr S. heiratete eine sadistisch strukturierte Frau, die sein harmonisierendes Verhalten immer wieder erschüttert. Er fühlt sich von seiner Frau immer dann abgelehnt, wenn sie den Versuch unternimmt, bei ihm aggressives Verhalten hervorzurufen. Danach kommt es zu tagelangen Depressionen. Herr S. stürzte sich jahrelang in pausenlose Arbeit, er mußte vielen Aufgaben und mehreren Stellen gerecht werden. Im 42. Lebensjahr erkrankte Herr S. an Magenkrebs.

13. Beobachtung von Krebskandidaten und -patienten

Der größte Teil unserer Studien befaßte sich mit Befragungen; mit über 1300 Fragen wurden mehrere tausend Personen und ihre Angehörigen erfaßt. Obwohl aufgrund der Befragungen sehr interessante Ergebnisse erzielt wurden, gibt es Berichte, die eher der Beobachtung zugänglich sind. So können beispielsweise typische Verhaltensweisen einer Partnerbeziehung beobachtet werden, obwohl die Partner darüber keine Auskunft geben. Da der Mensch nicht allein lebt, ist die Partnerbeziehung ein wichtiger Faktor für seine psychosoziale Entwicklung überhaupt. Partnerbeziehungen bilden häufig ein festgefügtes System, über das die Personen in diesem System möglicherweise nicht nachgedacht haben. Es ist deshalb oft leichter, ein Phänomen zu beobachten als zu erfragen. Verhaltensweisen können durch die Beobachtung und Befragung gleichzeitig bestätigt werden. Das methodische Problem in der Beobachtung ist ebenso groß wie das bei der Befragung. Die Beobachter müssen geschult sein, und die Kriterien müssen unmißverständlich beschrieben sein.

In der Methode der Beobachtung wird zunächst mit der Person, die es zu beobachten gilt, mehrmals in der Woche eine mehrstündige Kommunikation vereinbart. Außerdem werden mindestens eine, möglicherweise auch mehrere nahestehende Personen in die Beobachtung miteinbezogen. Die Methode der Beobachtung berücksichtigt Verhaltensweisen und verbale Äußerungen. Das Ergebnis entsteht aufgrund durchgeführter Recherchen. So muß beispielsweise eine subjektiv bewertete Einstellung einer nahestehenden Person von einer objektiven Beobachtung getrennt werden. Es kann vorkommen, daß sich die beobachtete Person ausgesprochen vernunftorientiert verhält, sie jedoch von einer nahestehenden Person nur deswegen als unvernünftig bezeichnet wird, weil zwischen den Personen eine Trennung vorgekommen ist. Die Objektivität der Beobachtung wird dadurch erzielt, daß nur solche Beobachtungen berücksichtigt werden, bei denen hohe Übereinstimmung zwischen mindestens zwei unabhängigen Beobachtern besteht. Gleichzeitig werden zur Kontrolle auch die Beobachtung eines Angehörigen und die Selbsteinschätzung der Versuchspersonen festgehalten. Es zeigt sich im allgemeinen, daß eine hohe Übereinstimmung zwischen den Ergebnissen geschulter Beobachter, der Selbsteinschätzung und der Beobachtung durch eine nahestehende Person besteht. Die ungeschulten Beobachter geraten mit ihrer Beobachtung allerdings in krassen Widerspruch zu den Ergebnissen der geschulten Beobachter, der Selbsteinschätzung und der Beobachtung von nahestehenden Personen.

In unseren prospektiven und retrospektiven Studien wurden mehrere Beobachtungskataloge eingesetzt. In diesem Buch soll ein sehr bewährter Beobachtungskatalog dargestellt werden. Aufgrund dieses Beobachtungskataloges konnte aus einer beobachteten Population von 236 Personen bei 41 Personen Krebs vorhergesagt werden. In der gesamten Population bekamen 50 Personen nach 10 Jahren Krebs. Das Alter der Personen lag zwischen 55 und 85 Jahren. Die Beobachtung wurde von zwei Personen durchgeführt.

Hier sollen die wichtigsten zusammengefaßten Variablen des Beobachtungskataloges, d. h. seine einzelnen Elemente, die zu einem Bereich gehören, dargestellt werden.

Wir-harmonisierendes Verhalten

Ich bin von der Hypothese ausgegangen, daß Krebspatienten ein harmonisches und gleichzeitig symbiotisches Verhältnis zu ihren Mitmenschen erstreben und daß sie bereit sind, sich dafür zurückzustellen. Dieses Verhalten nannte ich wir-harmonisierendes Verhalten. Um ein symbiotisches Verhältnis zu Mitmenschen zu erreichen, zeigt der Krebskandidat bzw. Krebspatient Verhaltensweisen, die objektiv beobachtbar sind. Er wirkt auf andere zuverlässig, ausgeglichen, vernünftig, verständnisvoll, selbstlos, tolerant, fleißig, hilfsbereit, nicht verhaltensgestört, pflichtbewußt und vermittelt anderen Menschen

Zuversicht und Optimismus, interpretiert andere Menschen positiv, ist selten aggressiv und stellt seine emotinal-erotischen Bedürfnisse hinter die Pflichterfüllung. Diese Verhaltensweisen wurden mit 15 Kriterien erfaßt. Für jedes beobachtete Kriterium gab es einen Punkt.

Exponierendes Verhalten

Die Eigenschaften des exponierenden Verhaltens werden nicht nur subjektiv empfunden, sondern sind auch objektiv beobachtbar. Mit 15 Kriterien, die wiederum 15 Punkte ausmachen, wurde das exponierende Verhalten erfaßt. Folgende Kriterien wurden beobachtet:

- Große physische und psychische Belastbarkeit
- Keine manifeste Angst, Furcht, Ängstlichkeit (dies wird als Folge gestörter Ausweichfunktion gegenüber ungünstigen psychischen und physischen Einwirkungen angesehen)
- Tendenz, gesundheitsschädlichen Einflüssen nicht auszuweichen
- Keine Beunruhigung durch Krankheitssymptome
- Großes Durchhaltevermögen am Arbeitsplatz
- Fehlendes Selbstmitleid
- Tendenz, psychische Symptome mit Medikamenten anzugehen
- Tendenz zum Genußmittelabusus
- Hyperaktivität
- Fehlende Fähigkeit, sich zu entspannen, sich zu erholen beziehungsweise abzuschalten
- Tendenz, Krankheitssymptome zu verschleppen
- Keine Beobachtung von Gefühlsregungen und der eigenen Probleme

Blockierung der Gefühls- und Bedürfnisäußerung und -befriedigung

Als einen wichtigen Faktor in der psychosomatischen Krebsforschung habe ich den Zustand beschrieben, in dem chronisch über Jahre hinweg die wichtigsten Gefühle und Bedürfnisse eines Menschen nicht geäußert werden. Obwohl alle Menschen gleiche Grundbedürfnisse haben (z. B. das Bedürfnis nach Nahrung, sozialer Anerkennung), sind die wichtigsten Bedürfnisse im psychosozialen Bereich so gut wie immer verschieden subjektiv strukturiert. Wenn solche individuell spezifischen Bedürfnisse in ihrer Äußerung verhindert werden, kommt es zu dem Zustand, den ich chronische Blockierung der Bedürfnisäußerung und -befriedigung nenne. Nun kann eine Person aber auch dann in diesen Zustand geraten, wenn sie durchaus innerlich in der Lage wäre, ihre Gefühle und Bedürfnisse zu befriedigen, aber objektiv sozial isoliert ist (z. B. soziale Isolation aufgrund schlechter Wohnsituation, des Alters). Andere Personen hätten sozial die besten Bedingungen für ihre Bedürfnisäußerung, leiden aber an großen inneren Hemmungen. Aus solchen Gründen unterscheide ich mehrere Typen der Blockierung (A, B, C, D, E). Diese wurden im Beobachtungskatalog erfaßt.

Personen mit der Blockierung A sind chronisch nicht in der Lage, ihre wichtigsten Bedürfnisse sozial zu äußern und zu befriedigen, weil sie von ihrem bedürfnisbefriedigenden Objekt entfernt sind. In dieser Lage befindet sich beispielsweise ein Elternteil, der seine geliebten Kinder so gut wie nie sieht, oder ein Kind, das von seiner Bezugsperson getrennt ist, oder ein geschiedener Ehegatte, der die emotionale Beziehung nicht überwunden hat. Die Blockierung einer spezifischen und subjektiv wichtigen Bedürfnisäußerung impliziert immer eine Generalisierung, also die Ausbreitung auf auch andere Bereiche der Bedürfnisäußerung. Wenn z. B. eine Mutter das ersehnte Kind nicht bei sich hat, dann kann sie in ihrer Gefühlsäußerung zu den Nachbarskindern ebenfalls gehemmt sein.

Bei Personen, die die Blockierung B aufweisen, ist im gesamten Bereich der sozialen Kommunikation keine direkte Bedürfnisäußerung zu beobachten. Es werden jedoch keine Gründe hierfür angegeben. Die Person ist formal angepaßt, ist aber chronisch nicht in der Lage, Mangelzustände zu äußern und ihr Verhalten auf einen erstrebten Zustand auszurichten.

Bei Personen, die die Blockierung C aufweisen, herrschen innere Hemmungen vor. Nicht äußere, soziale Gründe, z. B. Verlust einer nahestehenden Person oder finanzielle Probleme, rufen diese Blockierung hervor, sondern verschiedene subjektive Bewertungen der eigenen Person. Solche Personen empfinden sich z. B. als unzulänglich und trauen sich keine Kontaktaufnahme mit Mitmenschen zu oder werden bei sozialen Kontakten zunehmend depressiv, weil sie fürchten, in ihrer Gefühlsäußerung gehemmt zu sein.

Personen mit der Blockierung D weisen eine objektive soziale Isolation auf, die z. B. durch schlechte Wohnverhältnisse hervorgerufen werden kann. Obwohl solche Personen einen großen Wunsch haben können, mit Menschen in Beziehung zu treten, ist ihnen aus objektiven sozialen Gründen eine Bedürfnisäußerung verwehrt.

Wenn Menschen chronisch verhindert sind, ihre wichtigsten Gefühle und Bedürfnisse im sozialen Rahmen zu äußern, dann können sie noch immer zum Teil indirekt durch Ersatzaktivitäten, z. B. durch psychopathologische Symptome, phantasiebetontes Verhalten, geäußert werden. Wenn auch solche Ersatzaktivitäten in der Beobachtung auszuschließen sind, dann ist die Blockierung E gegeben.

Für die Feststellung der Blockierungen mußte neben dem inhaltlichen auch ein zeitliches Kriterium erfüllt sein: Der beobachtete Zustand sollte mindestens ein Jahr lang chronisch anhalten. Für jede beobachtete Blockierung wurden drei Punkte verteilt. Eine Person, die alle fünf Blockierungen aufwies, konnte also 15 Punkte bekommen.

Ungünstiges, krankheitsbeeinflussendes emotionales Verhalten

Der emotionale Zustand ist nicht nur abfragbar, sondern auch beobachtbar. Eine Person, die sich niedergeschlagen und hoffnungslos fühlt, kann diesen Eindruck auf verschiedene Weise vermitteln und so von einer anderen Bezugsperson beobachtet werden. Eine chronisch anhaltende negative Emotion kann auf die subjektive Bewertung, z. B. die Einschätzung des eigenen Lebensziels, einwirken, wie umgekehrt die subjektive Bewertung die Emotionen steuert (»Wenn meine Mutter stirbt, dann hat das Leben für mich keinen Sinn.«). Als kognitiver Verhaltenstherapeut gehe ich davon aus, daß die subjektive Einschätzung und Bewertungsweise eher die Emotionen bestimmen als umgekehrt. Es gibt jedoch unter Therapeuten verschiedene Einstellungen. Die Gesprächstherapeuten nehmen beispielsweise an, daß die Emotion eher die Denkstruktur beeinflußt. In diesem Abschnitt beobachten wir das Produkt der Wechselwirkung von emotionalen Qualitäten und Selbsteinschätzung. Hier sollen die einzelnen Kriterien angeführt werden:

a) Emotionen

   Es wird beobachtet, ob die Person niedergeschlagen und hoffnungslos wirkt.

b) Selbstwertgefühl

   Durch Kommunikation mit der Versuchsperson soll die Frage beantwortet werden, ob die Person ein tiefes Gefühl der eigenen Unzulänglichkeit aufweist (sie glaubt beispielsweise nicht, von anderen Personen ehrlich geliebt zu werden und traut sich nicht zu, anderen Menschen ihre Gefühle mitzuteilen, weil sie glaubt, dafür unzulänglich zu sein).

c) In die Zukunft gerichtetes, bedürfnisäußerndes Verhalten
Der Mensch kalkuliert die Zukunft in seinem Verhalten ein. Er plant »seine Bedürfnisäußerung« für die Zukunft. Bei ungünstigen Bedingungen entwickelt er Methoden, mit denen er seine Bedürfnisäußerung in der Zukunft verbessern möchte. Er strebt beispielsweise danach, bestimmte Hindernisse zu beseitigen, durch bestimmtes Verhalten mehr Anerkennung zu erzielen. Ein Mensch mit viel Selbstvertrauen kann eine hohe Zuversicht haben, die Ausgangsposition für seine Bedürfnisbefriedigung zu verbessern. Als wichtiges Beobachtungskriterium galt es, bei bestimmten Personen das Fehlen einer Zuversicht zur Verbesserung der Ausgangsposition für eine zukünftige Bedürfnisäußerung zu entdecken.

d) Selbstaufgabe und Resignation
Unter Selbstaufgabe und Resignation waren für mich besonders zwei Kriterien wichtig: Das erste Kriterium bezieht sich wie das beschriebene auf das Verhalten einer Person, das sich für eine Verbesserung der Ausgangsposition für die zukünftige Bedürfnisäußerung nicht mehr einsetzt. Eine solche Person betrachte ich als resigniert. Das zweite Kriterium bezieht sich auf die Selbstaufgabe. Eine resignierte Person zeigt keinen Willen, weiterzuleben; ihr Verhalten tendiert in Richtung Sterben. Sie hat das Bedürfnis zu sterben, sie betrachtet das Leben als Mangelzustand und die Auslöschung der eigenen Existenz als erstrebenswerten Zustand.

Die hier aufgeführten Verhaltensweisen wurden nach sechs Kriterien gegliedert und beobachtet. Die ersten drei Kriterien (36, 37 und 38 im beigefügten Beobachtungskatalog) wurden mit zwei Punkten bewertet, während die drei anderen Kriterien (39, 40 und 41) mit jeweils drei Punkten bewertet wurden. Wenn alle Kriterien erfüllt sind, kann eine Person im beschriebenen Bereich 15 Punkte erhalten.

Soziale Kommunikation mit der wichtigsten Bezugsperson

Nicht nur das individuelle Verhalten, auch die Qualität der zwischenmenschlichen Beziehung, besonders der Beziehung zu Bezugspersonen (z. B. Ehepartner) spielt eine große Rolle für die Krankheitsentstehung. Aus diesem Grund habe ich systematisch die Beziehungen von Krebspatienten und -kandidaten zu ihren wichtigsten Bezugspersonen beobachtet. Dabei stellte sich heraus, daß es eine typische Art der Kommunikation zwischen Bezugspartnern gibt, bei denen mindestens eine Person später an Krebs erkranken wird. Hier sollen die Beobachtungskriterien angeführt werden. Es wurden vier Kommunikationsweisen beobachtet:

- Es wurde beobachtet, ob die Versuchsperson von der nahestehendsten und wichtigsten Bezugsperson bei gleichzeitiger Idealisierung und fehlender offener Aggression in eine Rolle gedrängt wurde, in der sie chronisch nicht in der Lage ist, ihre wichtigsten Gefühle und Bedürfnisse zu äußern.
- Die Bezugsperson zeigt die Tendenz, die Versuchsperson indirekt anzugreifen und zu entwerten. Darunter leidet die Versuchsperson, weil sie Harmonie erstrebt.
- Die Versuchsperson lebt mit ihrer Bezugsperson in einem festgefügten System gegenseitiger Verpflichtungen, wobei keine gegenseitige Gefühlsäußerung zu beobachten ist. Die Bezugspartner leben aneinander vorbei.
- Die Versuchsperson stellt ihre Bedürfnisäußerung für den Partner völlig zurück, weil sie die Beziehung für sehr wichtig hält.

Die vorhandenen vier Kriterien wurden jeweils mit drei Punkten bewertet.

Die Beziehung von Emotionen und Bedürfnisäußerung

Bei jedem Bedürfnis, also bei jeder Spannung zwischen einem erstrebten und einem Mangelzustand, ist ein bestimmter emotionaler Zustand feststellbar. Emotionen können auch als Motor der Bedürfnisäußerung angesehen werden. Gleichzeitig sind Emotionen auch Folgen der Bedürfnisbefriedigung oder -verhinderung. Das soziale Verhalten hat die Funktion, Bedürfnisse zu äußern und zu befriedigen. In einem gut funktionierenden System sind Emotionen und Bedürfnisse und das Verhalten aufeinander abgestimmt. Bei Krebspatienten und -kandidaten zeigt sich eine Spaltung zwischen verselbständigten Emotionen, unbefriedigten Bedürfnissen und einem formalistischen sozialen Verhalten, das weder Bedürfnisse äußert noch von Emotionen beeinflußt wird. Dieser Zustand ist beobachtbar. Er wurde durch sechs Kriterien erfaßt:

- Mit dem ersten Kriterium wurde der Zustand beobachtet, in dem soziales Verhalten, die emotionale Äußerung und die Bedürfnisse voneinander getrennt sind. Bei solchen Personen ist ein vernunftorientiertes oder normenkonformes Verhalten zu beobachten, wobei eine Beziehung zur Bedürfnisäußerung nicht erkennbar ist. Ebenso läßt sich auch kein emotionaler Einfluß auf das Verhalten feststellen. Die Instanzen Emotion – Verhalten – Bedürfnis scheinen in keinerlei Wechselbeziehung zu stehen und haben sich völlig verselbständigt.
- Das zweite Kriterium erfaßte die emotionalen Schwankungen. Normalerweise sind verschiedene Lagen, in denen sich der Mensch im Alltag befindet, von mehr oder weniger ausgeprägten Emotionen begleitet. Mal ist der Mensch aufgeregt und schreit, mal ist er verliebt und äußert Zärtlichkeit, mal ist er begeistert und freut sich, mal ist er konzentriert bei einer Sache usw. Bei einer solchen Person bestehen emotionale Schwankungen. Ziel der Beobachtung war es, Personen zu identifizieren, die äußerst geringe emotionale Schwankungen aufwiesen. Solche Personen äußern keine emotionalen Höhen und Tiefen. In verschiedenen Alltagssituationen verhalten sie sich emotional gleich.
- Durch das dritte Kriterium wurde die Konstanz von emotionalen Stimmungslagen in verschiedenen Situationen, die unabhängig von äußeren Problemen und Bedürfnissen sind, beobachtet. Ziel der Beobachtung war es, Personen zu identifizieren, die ein konstantes emotionales Verhalten aufwiesen.
- Das vierte Kriterium sollte die Tendenz der Versuchsperson feststellen, in allen Situationen, unabhängig von emotionalen Schwankungen, das Verhalten konstant zu halten.
- Mit dem fünften Kriterium wurde die Beobachtung auf nicht vorhandene emotionale Spontaneität, besonders auf die Frage, ob emotionale Regungen bedürfnisäußerndes Verhalten beeinflussen, eingeengt.
- Mit dem sechsten Kriterium wurde beobachtet, ob emotionale Regungen ein problemorientiertes Verhalten, das ausschließlich auf die Bedürfnisbefriedigung von Bezugspersonen ausgerichtet ist, steuern.

Für jedes dieser Kriterien wurden drei Punkte vergeben.

Auf dem Beobachtungskatalog können maximal 90 Punkte erreicht werden.

Aus folgendem Grund eignet sich der angeführte Beobachtungskatalog nicht zur Selbstbeobachtung: Personen, die stark zu Verhaltensstörungen neigen, z. B. hysterische Personen, geben sich selbst eine sehr hohe Punktzahl. Angehörige und besonders geschulte Beobachter sind objektiver. Personen mit phobischer Krebsangst beantworten den Fragenkatalog mit Auskünften, von denen sie annehmen, daß sie mit der Krebserkrankung in Zusammenhang stehen. Ein Krebsphobiker versuchte mit aller Gewalt, den Nachweis zu erbringen, daß er krebskrank sei. In diesem Fall scheinen Parallelen zum Herzphobiker zu bestehen, der immer der Meinung ist, einen Herzinfarkt zu bekommen. Die Krebskandidaten selbst zeigen äußerst selten Angst vor der Krebserkrankung.

Abschließend wird der Beobachtungskatalog mit einigen Erläuterungen angeführt.

RGM – Beobachtungskatalog

I. Zusammengefaßte Variable: Wir-harmonisierendes Verhalten

1. Die Versuchsperson ist sehr *zuverlässig.*
2. Die Versuchsperson ist sehr *ausgeglichen.*
3. Die Versuchsperson ist sehr *vernünftig.*
4. Die Versuchsperson ist sehr *verständnisvoll.*
5. Die Versuchsperson ist sehr *selbstlos.*
6. Die Versuchsperson ist sehr *tolerant.*
7. Die Versuchsperson ist sehr *fleißig.*
8. Die Versuchsperson ist sehr *hilfsbereit.*
9. Die Versuchsperson zeigt keine auffälligen *Verhaltensstörungen.*
10. Die Versuchsperson ist sehr *pflichtbewußt.*
11. Die Versuchsperson neigt dazu, anderen Menschen *Zuversicht und Optimismus* zu vermitteln.
12. Die Versuchsperson neigt dazu, ihre Mitmenschen *positiv* zu interpretieren.
13. Die Versuchsperson erstrebt *symbiotisches, wir-harmonisierendes Verhalten.*
14. Die Versuchsperson ist selten ausgesprochen aggressiv.
15. Die Versuchsperson stellt ihre emotional-erotischen Bedürfnisse hinter die Pflichterfüllung.

II. Zusammengefaßte Variable: Exponierendes Verhalten

16. Die Versuchsperson ist physisch und psychisch sehr belastbar.
17. Die Versuchsperson zeigt selten Ängstlichkeiten, Angst, Furcht.
18. Die Versuchsperson neigt dazu, gesundheitsschädigende Einflüsse zu unterschätzen.
19. Die Versuchsperson weicht gesundheitsschädigenden Einflüssen nicht aus.
20. Die Versuchsperson zeigt keine Ängstlichkeit oder Beunruhigung durch Krankheitssymptome.
21. Die Versuchsperson zeigt am Arbeitsplatz großes Durchhaltevermögen.
22. Die Versuchsperson beklagt und bedauert sich nicht bei anderen.

23. Die Versuchsperson neigt dazu, physische und psychische Symptome durch Medikamenteneinnahme zu lindern.
24. Die Versuchsperson neigt dazu, sich mit Genußmitteln aufzuputschen.
25. Die Versuchsperson ist dauernd hyperaktiv.
26. Die Versuchsperson zeigt geringe Entspannungsfähigkeit.
27. Die Versuchsperson zeigt geringe Erholungsfähigkeit.
28. Die Versuchsperson zeigt geringe Fähigkeit, abzuschalten.
29. Die Versuchsperson neigt dazu, Krankheitssymptome zu verschleppen.
30. Die Versuchsperson beachtet ihre Gefühlsregungen und -probleme nicht.

III. Zusammengefaßte Variable: Blockierung der Bedürfnisäußerung und -befriedigung

31. Die Versuchsperson ist chronisch nicht in der Lage, ihr wichtigstes Bedürfnis im sozialen Rahmen zu äußern und zu befriedigen: Sie ist vom bedürfnisbefriedigenden Objekt entfernt. (Blockierung A)
32. Die Versuchsperson zeigt im gesamten sozialen Bereich keine direkte Bedürfnisäußerung und -befriedigung: Es werden keine emotional-erotischen oder sozialen Bedürfnisse geäußert und befriedigt. (Blockierung B)
33. Die Versuchsperson ist innerlich chronisch blockiert, direkte Bedürfnisäußerung zu zeigen und Befriedigung anzustreben. (Blokkierung C)
34. Die Versuchsperson ist objektiv sozial isoliert, so daß sie niemandem gegenüber Bedürfnisse äußern und befriedigen kann. (Blokkierung D)
35. Die Versuchsperson übt keine Ersatzaktivitäten aus, durch die sie auf indirekte Weise Bedürfnisse sozial äußert und zum Teil befriedigt. (Blockierung E)

IV. Zusammengefaßte Variable: Ungünstiges krankheitsbeeinflussendes emotionales Verhalten

A) Emotionen

36. Die Versuchsperson wirkt sehr niedergeschlagen.
37. Die Versuchsperson wirkt sehr hoffnungslos.

B) Selbstwertgefühl

38. Die Versuchsperson empfindet sich selbst als unzulänglich.

C) In die Zukunft gerichtetes bedürfnisäußerndes Verhalten

39. Die Versuchsperson zeigt keine Zuversicht, ihre Ausgangsposition für eine Bedürfnisäußerung und -befriedigung zu verbessern.

D) Selbstaufgabe und Resignation

40. Die Versuchsperson kämpft nicht und setzt sich nicht aktiv für eine Verbesserung ihrer Ausgangssituation ein, die ihrer Bedürfnisäußerung und -befriedigung entgegen käme.
41. Die Versuchsperson zeigt keinen Willen, weiterzuleben, zu existieren. (Sie will sterben, gibt sich selbst auf.)

V. Soziale Kommunikation mit der wichtigsten Bezugsperson

42. Die wichtigste Bezugsperson greift die Versuchsperson zwar nicht direkt an und entwertet diese nicht (interpretiert sie positiv), erwartet aber, daß sich die Versuchsperson selbst aufgibt und mutet ihr den Zustand der blockierten Bedürfnisäußerung zu.
43. Die wichtigste Bezugsperson zeigt die Tendenz, die Versuchsperson anzugreifen und zu entwerten. Darunter leidet die Versuchsperson, die selbst Harmonie erstrebt und vernunftorientiert ist.
44. Die Versuchsperson und die Bezugsperson leben in einem festgefügten System gegenseitiger Verpflichtungen und gemeinsamer Aufgaben ohne gegenseitige Gefühlsäußerung.
45. Die Versuchsperson hat ihre emotionale Gefühlsäußerung in der Beziehung zu ihrer wichtigsten Bezugsperson völlig zurückgestellt im Austausch für eine subjektiv hoch bewertete Angelegenheit.

46. Soziales Verhalten, emotionale Äußerung und die Bedürfnisse sind voneinander getrennt (z. B. die Bezugsperson verhält sich normen- und problemkonform; aus den Mangelzuständen und den erstrebten Zuständen resultieren keine verhaltenssteuernde Emotionen).
47. Die emotionalen Schwankungen sind äußerst gering. Die Versuchsperson äußert keine emotionalen Höhen und Tiefen.
48. Die Versuchsperson zeigt die Tendenz, emotionale Stimmungslagen in den verschiedensten Situationen konstant zu halten, unabhängig von äußeren Problemen und Bedürfnissen.
49. Die Versuchsperson zeigt die Tendenz, in allen Situationen ihr Verhalten konstant zu halten, unabhängig von emotionalen Schwankungen und den aktuellen Bedürfnissen.
50. Emotionale Regungen steuern nicht bedürfnisäußerndes Verhalten (mangelnde emotionale Spontaneität).
51. Emotionale Reaktionen steuern problemorientiertes Verhalten und die Bedürfnisbefriedigung von Bezugspersonen.

Erklärungen zum Beobachtungskatalog

Zu I. 1: Erfüllt eingegangene Verpflichtungen äußerst korrekt.

Zu I. 2: Zeigt wenig Gemütsschwankungen, ist selten launisch, gerät selten in anhaltende Erregung und Panik.

Zu I. 3: Ausgesprochenes vernunftorientiertes Verhalten. Orientiert sein Verhalten nie betont an den eigenen Gefühlen und Bedürfnissen.

Zu I. 4: Zeigt großes Einfühlungsvermögen und Verständnis für Gefühlsregungen und -probleme anderer Personen.

Zu I. 5: Stellt meistens eigene Gefühle und Bedürfnisse zurück.

Zu I. 6: Fühlt sich durch konträre Positionen und Verhaltensweisen selten angegriffen und beunruhigt.

Zu I. 7: Erledigt anstehende Arbeiten sofort.

Zu I. 8: Setzt sich aktiv für die Belange seiner Mitmenschen ein und verweigert sich den Ansprüchen anderer selten.

Zu I. 9: Folgende drei Verhaltensstörungen werden ausgeschlossen:

a) psychopathisches Verhalten. Die Versuchsperson fällt mit ihrem extremen ich-bezogenen Verhalten aus der sozialen Norm.
b) neurotisches Verhalten. Zeigt gesteigerte Angst in normalerweise als harmlos empfundenen Situationen.
c) psychotisches Verhalten. Zeigt einen Verlust der Einsicht in reale Wirkungszusammenhänge, der nicht auf Informationsmangel zurückzuführen ist (z. B. Verfolgungswahn, Halluzinationen).

Zu I. 10: Orientiert sich an vorgegebenen Aufgaben und Erwartungen und erfüllt diese korrekt (Aufgaben und Erwartungen sind sozial vorgegeben und definiert).

Zu I. 11: Die Versuchsperson gibt keine hoffnungslosen Situationen zu, auch wenn sie real existent sind.

Zu I. 12: Die Versuchsperson schreibt den meisten Menschen positive Eigenschaften zu und übt selten negative Kritik.

Zu I. 13: Orientiert ihr Verhalten an den Bedürfnissen der Bezugsperson und versucht damit, das eigene Verhalten in Einklang zu bringen.

Zu I. 14: Die Versuchsperson geht selten aktiv gegen ungünstige Einflüsse oder mitmenschliche Bedrohungen vor.

Zu I. 15: Die Pflichterfüllung und das Engagement für das wir-harmonisierende Verhalten behindern chronisch die emotional-erotische Bedürfnisäußerung und -befriedigung.

Die Ergebnisse der Beobachtung aufgrund des angeführten Beobachtungskatalogs zeigen in prospektiver und in retrospektiver Studie (siehe beigefügte Tabelle), daß es einen eindrucksvollen Zusammenhang zwischen der Punktzahl auf dem Beobachtungskatalog und der Krebserkrankung gibt. In der prospektiven Studie wurden 236 Personen zu einem Zeitpunkt beobachtet, als sie noch nicht an einer klinisch manifestierten Krebserkrankung litten. Zehn Jahre nach dem Beobachtungszeitpunkt sind 50 Personen an Krebs erkrankt. Wir gehen davon aus, daß Personen eine hohe Punktzahl haben, wenn sie mehr als 35 Punkte auf dem Beobachtungskatalog erreichen. Auf der beigefügten Tabelle wurden 6 Gruppen zusammengestellt. Die, die über 67 Punkte erreichten, gehören zur Gruppe mit extrem hoher Punktzahl. Die Gruppe mit zwischen 49 bis 67 Punkten hat eine sehr hohe Punktzahl, die Gruppe mit 35 bis 49 Punkten eine hohe Punktzahl, die

Gruppe mit zwischen 25 und 35 Punkten weist eine mittelmäßig ausgeprägte Punktzahl auf, die Gruppe mit 13 bis 25 Punkten eine geringe Punktzahl, während die Gruppe von 0 bis 13 Punkten eine extrem geringe Punktzahl zeigt. Anhand dieser Einteilung in 6 Gruppen wurde die prospektive Studie ausgewertet. Es zeigte sich, daß 41 spätere Krebspatienten eine hohe Punktzahl aufwiesen; 8 spätere Krebspatienten hatten eine mittelmäßig hohe Punktzahl, während ein Krebspatient eine geringe Punktzahl aufwies. Im Beobachtungszeitraum von zehn Jahren sind 186 nicht an einem klinisch manifestierten Krebs erkrankt. Innerhalb dieser Population zeigten 21 Personen eine hohe Punktzahl, 22 Personen eine mittelmäßig ausgeprägte Punktzahl, 89 Personen eine geringe Punktzahl und 54 Personen eine sehr geringe Punktzahl. 82 % der späteren Krebspatienten hatten auf dem Beobachtungskatalog zum Zeitpunkt der Beobachtung eine hohe Punktzahl. In der nicht erkrankten Gruppe hatten zum Beobachtungszeitpunkt nur 11,3 % eine hohe Punktzahl. Eine geringe oder sehr geringe Punktzahl erreichten nur 2 %. Dagegen hatten 76,8 % der nicht an Krebs erkrankten Personen zum Zeitpunkt der Beobachtung eine geringe oder sehr geringe Punktzahl.

Die angeführten Daten erlauben die Errechnung der Validität (Gültigkeit) und Reliabilität (Zuverlässigkeit) des Testes sowie des Risikoschätzwertes. In dieser Arbeit soll nur der Risikoschätzwert dargestellt werden. Die anderen statistischen Auswertungen würden den Rahmen dieser Arbeit sprengen. (Sie sind in meinen Arbeiten *Soziales Verhalten und die Krebserkrankung* und *Verhaltensmedizin organischer Erkrankungen* dargestellt.) In der beigefügten Tabelle ist die Errechnung des *Risikoschätzwertes* dargestellt; er liegt bei 12,6, d. h. eine Person mit einer hohen Punktzahl hat eine 12,6mal höhere Chance, innerhalb von 10 Jahren an Krebs zu erkranken, als eine Person mit einer niedrigen Punktzahl.

In einer retrospektiven Studie wurden 120 Krebspatienten aus der Heidelberger Chirurgischen Universitätsklinik anhand des Beobachtungskataloges beobachtet und mit einer in Schicht, Alter und Geschlecht vergleichbaren Kontrollgruppe verglichen. Die Kontrollgruppe stammt aus der Kartei des Einwohnermeldeamtes. Die Vergleichbarkeit wurde nach dem Prinzip des matching pairs hergestellt, d. h. jedem Krebspatienten entsprach eine Person der Kontrollgruppe. Sie übte denselben Beruf unter möglichst gleichen Arbeitsbedingungen aus. Das Alter variierte von ± 3 Jahren. Die Ergebnisse zeigen (siehe beigefügte Tabelle), daß 96 Krebspatienten (80 %) eine hohe Punktzahl aufweisen. In der Kontrollgruppe sind es 21 Personen (17,5 %). Eine geringe oder sehr geringe Punktzahl haben 5 Krebspatienten (4,1 %), in der Kontrollgruppe sind es 71 Personen (59,1 %). Eine mittelmäßig ausgeprägte Punktzahl erreichten 19 Krebspatienten (15,8 %), in der Kontrollgruppe sind es 28 Personen (23,3 %). Auch diese Studie zeigt, daß Krebspatienten eine höhere Punktzahl auf dem Beobachtungskatalog aufzeigen als die Kontrollgruppe. Sie leiden also an ähnlichen psychosozialen Problemen wie die Personen vor der Erkrankung (obwohl verschiedene spezifische Auswertungen zeigen konnten, daß es in bestimmten Bereichen erhebliche Unterschiede in der Ausprägung psychosozialer Merkmale vor und nach der Erkrankung gibt).

Die dargestellte Auswertung beinhaltet zwei subjektive Gesichtspunkte. Verschiedene Beobachtungskriterien sind mit einer subjektiv gewichteten Punktzahl versehen, je nach der vom Autor angenommenen theoretischen Relevanz der einzelnen Kriterien für die Krebserkrankung. Der zweite subjektive Gesichtspunkt ist die Einteilung der beobachteten Personen in sechs verschiedene Gruppen je nach der Höhe der erreichten Punktzahl.

Diese Auswertung entspricht meiner statistischen Konzeption und meinem Auswertungskonzept aus dem Jahre 1965. Die Ergebnisse zeigen, daß es einen eindrucksvollen Zusammenhang zwischen einer erreichten Punktzahl auf dem Beobachtungskatalog und der später aufgetretenen Krebserkrankung gibt. Damit haben sich die subjektiven Annahmen empirisch bestätigt. Trotzdem werden die Daten in einer anderen Arbeit mit komplexeren statistischen Methoden ausgewertet. In diesen Verfahrensweisen wird für jedes Beobachtungskriterium die sogenannte empirische beziehungsweise optimale Punktzahl ermittelt. Dabei kann sich herausstellen, daß bestimmten Beobachtungskriterien eine viel größere oder geringere Bedeutung zukommt, als vom Autor hypothetisch angenommen wurde. Die in diesem Buch dargestellte subjektive Auswertung und ihre Ergebnisse sind trotzdem von Bedeutung, weil das Ergebnis einen Zusammenhang aufweist, der auch durch andere statistische Auswertungsmethoden nicht mehr zu erschüttern ist.

Auch verschiedene andere Auswertungen (z. B. welche konkreten Krebsdiagnosen aufgetreten sind, wieviel Jahre nach der Beobachtung die Diagnose gestellt wurde, welche Einzelfaktoren eine besondere Rolle gespielt haben, wie hoch der Erwartungswert in der untersuchten Population ist, an Krebs zu erkranken, und wie häufig Krebs tatsächlich aufgetreten ist) werden in gesonderten Publikationen dargestellt (u. a. in *Verhaltensmedizin organischer Erkrankungen*). Dabei sollen medizinisch-epidemiologischen Auswertungen und multivariate Verfahrensweisen aus dem Gebiet der empirischen Psychologie angewandt werden.

Ziel dieser Darstellung war der Nachweis, daß es einen Zusammenhang zwischen den dargestellten Kriterien des Beobachtungskataloges und der Krebserkrankung gibt. Bestimmte Aspekte beziehungsweise beobachtete Kriterien spielen dabei eine unterschiedlich große Rolle. Die Darstellung all dieser Einzelheiten würde jedoch ebenfalls den Rahmen dieser Arbeit sprengen.

Berechnung der Inzidenzenratio (Risikoschätzwert):

Mit dem Meßinstrument Beobachtungskatalog wurden 236 gesunde Personen in zwei Gruppen aufgeteilt: Die eine Gruppe hatte eine Punktzahl von über 34 auf der Skala (Risikogruppe), in der anderen Gruppe waren alle Personen mit Punktzahlen unter 35 auf der Skala (Vergleichsgruppe).

In der Risikogruppe von 62 Personen ergab sich nach 10 Jahren bei 41 Personen eine Krebsinzidenz, während in der Vergleichsgruppe die Inzidenz nur 9 von 174 betrug.

Durch Division der beiden Inzidenzen erhält man eine Ratio, die in der analytischen Epidemiologie als Risikorate* bezeichnet wird. Diese Ratio ergibt den Wert von 12,6 und kann als Schätzwert für die Intensität der Beziehung zwischen hoher Punktzahl und Krebsrisiko angesehen werden. Eine detailliertere Analyse muß der Suche nach denjenigen Risikofaktoren gelten, die den stärksten Beitrag für die Zuordnung

* In der Epidemiologie ist es üblich, in prospektiven Untersuchungen das Auftreten von Krankheiten in noch gesunden Untersuchungsgruppen mit einer Exposition gegenüber *einzelnen* Risikofaktoren (wie Zigarettenrauchen, Strahleneinwirkung oder Berufstätigkeit) mit dem Auftreten von Krankheiten in Vergleichsgruppen *ohne* diese Exposition zu vergleichen. Im obigen Beispiel wurde eine Risikogruppe zunächst global nach Erreichen einer Punktzahl zusammengestellt, die eine Vielzahl von Risikofaktoren beinhalten kann. Daher ist die Anwendung der Inzidenzenratio nur mit Einschränkung möglich.

Ergebnisse aufgrund des Beobachtungskataloges

Prospektive Studie

Verteilung der Punktzahlen	Krebserkrankungen	Nicht an Krebs Erkrankte	
über 67	12	1	
von 49 bis 67	14	5	
von 35 bis 49	15	15	
von 25 bis 35	8	22	
von 13 bis 25	1	89	
von 0 bis 13	0	54	
	50	186	N = 236

Retrospektive Studie

Verteilung der Punktzahlen	Krebserkrankungen	Nicht an Krebs Erkrankte	
über 67	28	2	
von 49 bis 67	41	5	
von 35 bis 49	27	14	
von 25 bis 35	19	28	
von 13 bis 25	5	42	
von 0 bis 13	0	29	
	120	120	N = 240

Für die prospektiven wie für die retrospektiven Daten ist der chi²-Test auf Abhängigkeit für die 4-Felder-Tafel (Trennung bei 25 Punkten) auf dem zur Gruppe »Hohe Punktzahl« liefern. Dazu sind weitere Auswertungen einer prospektiven Studie an einer größeren Bevölkerungsgruppe vorgesehen.

14. Träume – frühe Warnsignale für die Krebserkrankung

In meiner Forschungsarbeit wollte ich überprüfen, ob Erkrankungen, besonders die Krebserkrankung, schon Jahre vor ihrer klinischen Manifestation das »Unbewußte« – wie auch immer dies definiert sein mag – attackieren beziehungsweise ob das Unbewußte organische Vorgänge und einen patho-physiologischen Zustand, der mit der Krankheitsentwicklung zusammenhängt, registriert und dem Bewußtsein im Trauminhalt anbietet. Um diese Hypothese zu prüfen, wurden charakteristische sowie immer wiederkehrende Träume von 61 Personen notiert, die zum Zeitpunkt der Befragung nicht an Krebs oder einer anderen internistischen Krankheit litten. Einige Jahre nach der Befragung wurden einige Personen krebskrank. Die Arbeit konnte zeigen, daß charakteristische Träume als Vorboten bestimmter Erkrankungen auftauchen und daß sie nach standardisierten Kriterien auswertbar sind. Die Traumanalyse in unserem Forschungsprojekt war allerdings nicht das wichtigste Kernstück unserer Arbeit, und sie muß in Zusammenarbeit mit Psychoanalytikern weiter vertieft und fortgesetzt werden.

Drei Beobachtern wurden 20 Träume von späteren Krebspatienten, 20 Träume von später internistisch erkrankten Personen (z. B. Herzinfarkt, Hirnschlag), 11 Träume von Verhaltensgestörten und 10 Träume von Nicht-Erkrankten vorgelegt. Die Rater konnten aufgrund der schriftlichen Traumdokumentation die Träume der Krebspatienten zu 85 % richtig einordnen (die Träume der internistisch erkrankten Menschen konnten sie sogar zu 90 % erraten).

Im folgenden sollen die Kriterien für die Zuordnung der Träume zur Krebserkrankung dargestellt werden. Anschließend werden die typischen Träume von 20 Krebskandidaten dargestellt. Abschließend soll die klassische psychoanalytische Auffassung des Traumes kurz referiert werden.

Bei Krebskandidaten zeigt sich in Träumen eine Verselbständigung von Emotionen, wobei im Vordergrund Hoffnungslosigkeit und Niedergeschlagenheit stehen. Das Verhalten zeigt keine Tendenz in Richtung Bedürfnisbefriedigung. Das Traumgeschehen wird von verselbständigten psychischen Abläufen beherrscht, die über die Person hereinbrechen, ohne daß ein integriertes Verhalten auftritt, um das Geschehen einigermaßen in den Griff zu bekommen. In den Träumen der Krebskandidaten kommen völlige Resignation und blockierte Bedürfnisäußerung zum Vorschein. Auf Warnsignale wird nicht gehört, sie werden abgewehrt. Die Welt wird als positiv und unbedrohlich empfunden, selbst wenn im Traum ausgesprochen bedrohliche Elemente vorkommen.

Darstellung der Träume:

1. Ein Sünder geht von Land zu Land, erledigt Arbeit für jedermann, stellt selbst keine Ansprüche, achtet sich nicht. Die Sonne rückt für ihn immer weiter weg, er folgt ihr, findet sie nie und nie. Sein Mund ist ausgetrocknet; plötzlich bin ich diese Person. Eine Stimme sagt mir: Stehle Geld. Lebe leicht. Nein, nein, sagt der Sünder.
2. Ich träume ein großes Wasser; alles Sumpf. In ihm sind viele Millionen großer und kleiner Tiere. Sie sind alle frei und schwimmen in Millionen Richtungen. Ich sitze am Ufer; bin völlig müde. Das Wasser dringt in mich ein, die Tiere leben in mir weiter, sie zerstören mich. Ich unternehme gar nichts. Geh weg vom Ufer, ist der eine Gedanke. Geh über die Berge ans saubere Meer. Ich bleibe trotzdem.
3. Viele Herren stehen mit schwarzen Zylindern in einer langen Reihe. Die Menschenmenge tanzt. Alles läßt mich kalt. Ich beobachte das Geschehen distanziert. In der Brust ist Kälte, nichts als Kälte. Einer kommt mit einem Messer und will zustechen.
4. Ich träume, mein verstorbener Sohn ruft: Mutti, Mutti! Er hat Angst und braucht Hilfe. Ich bin in einem tiefen, sehr kalten Raum eingesperrt. Ich kann nicht raus, er ruft wieder. Ich will kommen und kann nicht, mich hält es fest. Die Wolken tragen mein Kind in den Himmel. Ich bin schwarz und dunkel wie eine Hexe. Viele Ratten kommen im Keller auf mich zu. Mein Kind ist für immer weg, das fühle ich schmerzlich. Eine Tür öffnet sich ein wenig; es kommt ein Lichtstrahl in den Keller. Ich will nicht raus; an den Füßen beißt mich eine giftige Schlange. Die Ratten und Mäuse fressen meinen ganzen Körper. Sie ziehen mich auf den Boden. Ich schreie nicht; es bricht über mich hinein. Alles ist mir völlig egal.

5. Ich träume einen schönen sonnigen Tag. Die Menschen sind freundlich und lachen. Ich bin innerlich verzweifelt und tief traurig. Ich begrüße die Leute und sage: Das Wetter ist sehr schön. Plötzlich kommt ein schlimmer Wind. Alles ist staubig; der Staub zerstört meinen Körper. Ich lache weiter, begrüße die Menschen und sage: Das Wetter ist heute sehr schön.
6. Ich bin in einem exotischen Märchenland. Es gibt viele giftige Schlangen. Ich hatte das Gefühl, giftige Schlangen können einem nichts tun. Ich lag im Urwald und wurde von vielen Schlangen gebissen. Mein ganzer Körper wurde paralysiert. Trotzdem lebte ich im Glauben, giftige Schlangen sind ungefährlich.
7. Ich sitze im Schnellzug und behaupte, der Zug fahre rückwärts. Die Passanten behaupten, er fahre vorwärts. Ich denke, es lohnt sich nicht zu streiten. Trotzdem bin ich sehr traurig bei dem Gedanken, daß der Zug vorwärts fährt. Die Zukunft bedeutet mir nichts.
8. Ein großer böser Gott beherrscht die Welt. Die Menschen sollen ununterbrochen arbeiten und für den Gott Pflichten erfüllen. Einige tun es, einige protestieren. Ich bin froh, für den bösen Gott Pflichten tun zu können. Damit vergesse ich den Tod meiner Frau.
9. Ich träume vergrößerte Geschlechtsteile. Die berühren sich in überdimensionaler Größe; ich betrachte alles kalt und ohne Erregung. Ich bin erschrocken und angeekelt. Dreht diesen Film ab, bitte ich. Ein Arbeiter spricht hinten: Sieh dir das ruhig an, davon wirst du betäubt. Ein Narkosestoff dringt in meinen Körper ein. Ich tue so, als wäre nichts geschehen.
10. Der gesamte Kosmos gerät ins Schwanken. Meine Körperteile fallen auseinander. Verschiedene Körperteile fliegen in verschiedene Richtungen. Trotzdem sitze ich in einer überdimensionalen Größe in einem Stuhl und betrachte das Geschehen. Mein Körper ist kalt, ich bin eine Leiche. Das beunruhigt mich.
11. Ich träume meinen Sohn im Grab. Er ruft mir zu: Mutter, komm zu mir! Ich sage, ich komme bestimmt, mein lieber Sohn. Zuerst muß ich aber die Wohnung saubermachen und 1150 Häuser putzen.
12. Meine Mutter ist die Königin. Sie übergibt das Zepter meiner Frau. Ich gehe aus meinem Palast in die Berge spazieren und begegne der

Lorelei. Ich glaubte, Gefühle haben zu müssen. Die Sonne wurde so heiß, daß mein ganzer Körper verbrannte. Meine Mutter kam und legte ihre feuchten Hände auf meine Brust. Ich glaubte wieder, ich müßte Gefühle haben, hatte aber keine. Plötzlich war ich eine Eidechse.

13. Ich träumte sehr verworrenes Zeug. In einem tiefen Loch in der Erde kam unheimlich viel Papier zusammen. Ein starker Wind begann zu wehen. Ich ging ins Loch zum Papier, bekam aber den Eindruck, daß ich mich vom Papier nicht mehr unterscheide.
14. Ich bin unheimlich durstig, habe tagelang kein Wasser bekommen. Ich sage mir trotzdem: Du hast keinen Durst. Meine Nachbarn versuchen, gut zu mir zu sein. Ich bin zu ihnen sehr freundlich, wiederhole aber immer den Satz: Du hast keinen Durst.
15. Mein Magen ist eine riesige Sporthalle. In ihm spielen zwei Handballmannschaften. Ich bin gütig und sage: Spielt ruhig weiter. Dies sage ich, obwohl ich Magenschmerzen habe.
16. Der Gott kämpft mit dem Teufel um die Vorherrschaft im Kosmos. Ich bin für Gott, verhalte mich aber abwartend. Ich sage mir: Du mußt die Spannung aushalten und an gar nichts denken, egal, was geschieht.
17. Mein Magen und meine Därme sind aus Plastik. Von vier Seiten werden sie gedehnt. Die Wände werden ganz dünn und durchsichtig. Wenn sie nur nicht platzen, denke ich.
18. Ich möchte gehen und kann nicht. Dann werde ich in den Keller eines Hauses getragen, unten sehe ich viele Leichen, die von Ärzten seziert werden. Ich denke, ich bin selbst eine Leiche und finde das hochinteressant.
19. Meine Frau nimmt mich mit in die Schule. Ich bin plötzlich ein Schüler. Der Lehrer kommt in die Klasse. Dann beginnt der Fußboden zu sinken. Ich sitze bis zum Mund im kalten Wasser. Ich nehme mir fest vor, ein guter Schüler zu sein.
20. Ein großes Auge ist stellvertretend für die Sonne am Horizont. Eine Hand zeigt mir den Weg ins Grab. Ich verspreche zu kommen, möchte aber zurück zu meiner Mutter. Dann träume ich den Tod meiner Mutter. Ich möchte aber zurück ins Meer. Ich möchte zurück ins Leben, obwohl ich mich nicht als lebendig empfinde. Letztlich folge ich dem Auge.

Für die Traumanalyse und -deutung sind die Arbeiten von Sigmund

Freud und C. G. Jung besonders wichtig. C. G. Jung betrachtete den Traum als das Sorgenkind der medizinischen Psychologie. Er schlug vor, den Traum in seinen ärztlichen Aspekten zu behandeln, d. h. in bezug auf Diagnose und Prognose krankhafter Zustände. Er nannte es eine Aufgabe der Zukunft, daß psychologisch geschulte Ärzte systematisch Träume protokollieren, da man so die Gelegenheit hätte, ein Traummaterial zu erhalten, das sich auf den später erfolgenden Ausbruch lebensbedrohender akuter Erkrankungen beziehen würde, also auf Ereignisse, die zur Zeit der Protokollaufnahme nicht vorauszusehen wären.

Während Freud für Träume bestimmte Ursachen annimmt, sieht C. G. Jung, daß Träume auch bestimmte Botschaften für die Zukunft vermitteln. Sie haben nicht nur einen kausalen, sondern auch einen finalen Charakter. Der Traum steht nach Jung recht häufig in krassem Gegensatz zu den Absichten des Bewußtseins, dieser Gegensatz ist jedoch nicht immer sehr ausgeprägt. Zuweilen kann der Traum auch in geringem Maß von der bewußten Einstellung abweichen und Modifikationen einbringen. Manchmal kann er sich sogar mit dem Inhalt des Bewußtseins voll decken. Aus diesem Grund schlägt Jung vor, daß die Traumdeutung mit der Befragung des Patienten Hand in Hand gehen soll. Jung unterscheidet »kleine« und »große« Träume. Bedeutungsvolle Träume werden oft ein Leben lang im Gedächtnis bewahrt. Jung bringt die Träume in Beziehung zum Unbewußten. Das kollektive Unbewußte ist die tiefste Schicht, es stammt nicht in erster Linie aus persönlichen Erlebnissen, sondern wird dazu erst sekundär. Primär handle es sich um allgemein menschliche Probleme, die subjektiv übersehen wurden und sich objektiv zum Bewußtsein durchdrängen.

Freud hat erkannt, daß wir ohne den Träumer keine Traumdeutung vornehmen können. Ein Traumbericht kann vielschichtig sein, so daß die Assoziationen des Träumers zur Erklärung der Trauminhalte nötig sind. In diesem Zusammenhang schlug Jung das Aufnehmen des Kontextes beziehungsweise die Befragung des Träumers vor, um die Bedeutung der einzelnen Traumaspekte festzustellen.

In unseren Studien wurde systematisch der Traumkontext erfragt. Die Träume selbst sind die sogenannten bedeutungsvollen Träume.

15. Befragung von Krebspatienten und -kandidaten mit einem Ja-Nein-Fragenkatalog

Ich möchte hier noch einmal näher auf den Fragebogen eingehen, den wir zur Erhebung der besprochenen Daten eingesetzt haben. Es ist ein Fragebogen mit 130 Fragen, der retrospektiv bei 120 Krebspatienten und einer ebenso großen und vergleichbaren Kontrollgruppe angewandt wurde. Er wurde gleichfalls in der erwähnten prospektiven Studie an 236 Personen eingesetzt.

Der Fragebogen beinhaltet 10 Fragen zur Familiendynamik, 12 Fragen zur Sexualität und Partnerbeziehung, 10 Fragen zum vernunftorientierten Verhalten, 10 Fragen zum harmonisierenden Verhalten, zur Selbstzurückstellung, Idealisierung, 21 Fragen nach ungünstigen lebensgeschichtlichen Ereignissen und emotionalem Streß, 10 Fragen zum sogenannten exponierenden Verhalten, 10 Fragen zur Psycho-Pathologie, 13 Fragen zum Komplex »angepaßtes, sozial nicht aggressives und selbstaggressives Verhalten«, 10 Fragen erfassen die religiöse Einstellung und 10 Fragen gehören zum Komplex »Selbststeuerung – Fremdsteuerung«.

Die Fragen zur Familiendynamik erfassen inhaltlich folgende Aspekte:

- harmonisierende Tendenz im Elternhaus
- harmonisierendes Verhalten dem Elternhaus gegenüber
- Erziehung zur täglichen Pflichterfüllung
- Erziehung zum aufopfernden Verhalten Eltern gegenüber
- Bereitschaft zur Erfüllung von elterlichen Aufgaben
- strenge Erziehung im Elternhaus
- große Wichtigkeit eines Elternteils für die eigene Person

Für jede Ja-Antwort wurde ein Punkt erteilt.

Fragen zur Partnerbeziehung und Sexualität umfassen folgende Aspekte:

- die Rolle der Sexualität in der Selbsteinschätzung
- Auftreten von sexuellen Phantasien
- erlebter Orgasmus beim Geschlechtsverkehr oder durch andere Sexualpraktiken
- Hemmung der Sexualität durch Bindung an bestimmte Person
- gefühlsmäßige Befriedigung durch einen Sexualpartner
- subjektiv empfundene behinderte Sexualität
- Erlebnisfähigkeit in der Sexualität

Bei positiver Beantwortung aller Fragen wurden 11 Punkte verteilt.

Bereich vernunftorientiertes Verhalten:

- Bereitschaft, immer das Vernünftige und logisch Richtige zu tun
- Versuch, mitmenschliche Konflikte durch Vernunft und Verstand zu überwinden
- keine Tendenz, einseitige Gefühlsreaktionen zu zeigen
- Tendenz, die Menschen vernünftig zu behandeln, auch dann, wenn sie die Gefühle der Versuchsperson verletzten
- Überzeugung der Versuchsperson, daß sie die meisten Konflikte vermeiden sollte durch Einsatz ihrer Vernunft und Logik

Wenn alle 10 Fragen mit Ja beantwortet wurden, erhielt die Person 10 Punkte.

Der Bereich »Harmonisierendes Verhalten, Selbstzurückstellung, Idealisierungstendenz« ist in 10 Fragen zusammengefaßt. Bei Beantwortung aller Fragen mit Ja wurden 10 Punkte erteilt.

In diesem Bereich werden Variablen wie folgende erfaßt:

- die Überzeugung, jahrelang mit den Mitmenschen in hundertprozentiger Harmonie gelebt zu haben
- die Tendenz, jeglichem Streit mit dem wichtigsten Menschen auszuweichen, um ein gutes Einvernehmen nicht zu gefährden
- Tendenz, alle Schwierigkeiten und Hindernisse in Kauf zu nehmen, um eine subjektiv wichtige Arbeit nicht zu gefährden
- Tendenz, die seelischen Bedürfnisse völlig zurückzustellen, um ein idealisiertes Verhältnis zu den wichtigsten Mitmenschen zu erhalten
- Tendenz, zu wichtigsten Mitmenschen ein idealisiertes Verhältnis anzustreben
- Tendenz, mitmenschlichen Streit in idealisierte Verhältnisse umzuwandeln (bestes Einvernehmen)

Bereich »Ungünstige lebensgeschichtliche Ereignisse und emotionaler Streß«:

In diesem Bereich beziehen sich 19 Fragen auf ein Ereignis oder Erlebnis, das die Versuchsperson so sehr betroffen hat, daß sie sich länger als ein Jahr immer wieder hoffnungslos und niedergeschlagen fühlt. Für die 19 konkreten Alternativen, wie z. B. mitmenschliche Vereinsamung, Unglück in der Partnerbeziehung (siehe dazu den beigefügten Fragenkatalog), wurden jeweils zwei Punkte verteilt. Zwei weitere Fragen beziehen sich auf die Blockierung der wichtigsten Gefühle und

Bedürfnisse, hervorgerufen durch ungünstige Ereignisse oder innere seelische Hemmungen. Für die positive Beantwortung dieser Fragen wurden jeweils drei Punkte verteilt. Wurden alle Fragen mit Ja beantwortet, konnten 44 Punkte vergeben werden.

Bereich »Exponierendes Verhalten«:

10 Fragen wurden vorgelegt. Wenn die Fragen 1, 3, 4, 9 und 10 mit Nein und die restlichen mit Ja beantwortet wurden, wurden 10 Punkte erteilt. Die Fragen erfassen folgende Aspekte:

- keine Tendenz, sich vom Arzt krank schreiben zu lassen
- Nichtbeachtung des körperlichen Zustandes für die Pflichterfüllung
- keine Mitteilung des Gefühls der Überforderung Mitmenschen gegenüber
- mangelnde Fähigkeit, sich von den Anforderungen zu erholen
- große Ausdauer in Berührung mit ungünstigen Lebensbedingungen
- Tendenz, den seelischen Bedürfnissen nicht nachzugeben für eine vermeintliche Anpassung an die Mitmenschen
- Hyperaktivität im Verhalten
- Nichtbeachtung von vorhandenen Krankheitszeichen

Bereich »Psycho-Pathologie«:

Zur Psycho-Pathologie wurden 10 Fragen vorgelegt. Hypothetisch wird davon ausgegangen, daß Krebskandidaten so gut wie kein psycho-pathologisches Symptombewußtsein haben und damit auch kein Ventil, ihre Konflikte indirekt zu äußern. Wenn alle Fragen mit Nein beantwortet wurden, wurden 10 Punkte erteilt.

Folgende Variablen wurden in der Psycho-Pathologie erfaßt:

- Angst vor dem Tod
- Lebensangst
- Gefühl, verfolgt zu werden
- Phobische Ängste
- Zwangsneurotische Symptomatik
- Angst, sich auffällig und seelisch gestört zu verhalten
- Hypochondrische Ängste
- Angst, von anderen Menschen beobachtet zu werden

In der Erfassung der Psycho-Pathologie wurde der Angstproblematik besondere Aufmerksamkeit gewidmet, und es werden die häufigsten neurotischen und psychotischen Ängste erfaßt. Meiner Annahme nach reagieren Krebskandidaten nicht auf durch Angst hervorgerufene Warnsignale, sie nehmen die Angst nicht mehr wahr.

Die Fragen zum Komplex »Zukunftsorientiertes Verhalten« beinhalten folgende Aspekte:

- Vorhandensein eines Ziels in der Zukunft
- Vorhandensein von Bedürfnissen, die in der Zukunft befriedigt werden sollen
- Berücksichtigung der Zukunft in Denkweisen
- Hoffnung, in der Zukunft die Ausgangssituation für die Lösung von Problemen zu verbessern
- Wahrgenommene Chance, in der Zukunft Bedürfnisse zu äußern
- Hoffnungslosigkeit, in der Zukunft Bedürfnisse zu äußern und zu befriedigen (aufgrund ungünstiger Lebensereignisse oder besonderer Erlebnisse)
- Wunsch zu sterben als Bedürfnisbefriedigung und Problemlösung
- Todesahnung ohne konkreten Anlaß
- Hoffnungslosigkeit, Bedürfnisse in der Zukunft zu befriedigen aufgrund der jetzigen Lebenssituation
- Nicht vorhandene Vorstellung von zukünftigem Verhalten in der Phantasie
- Fehlende Vorstellung, in der Zukunft bestimmte Bedürfnisse zu äußern, weil der Versuchsperson seit Jahren eine Person unsympathisch ist
- Fehlende Bedürfnisbefriedigung in der Zukunft aufgrund einer chronischen sozialen Belastung
- Fehlende Bedürfnisäußerung in der Zukunft aufgrund einer seelischen Belastung

Die ersten fünf Fragen im Fragebogen zum zukunftsorientierten Verhalten bekommen zwei Punkte, wenn sie mit Nein beantwortet werden; die folgenden acht Fragen bekommen zwei Punkte, wenn sie mit Ja beantwortet werden.

Die Fragen zum angepaßten, sozial nicht aggressiven und selbstaggressiven Verhalten beinhalten folgende Aspekte beziehungsweise Variablen:

- Orientierung des eigenen Verhaltens an sozialen Erwartungen
- fehlende soziale Aggression trotz subjektiv empfundenem Anlaß
- angepaßtes Verhalten durch Konfliktvermeidung
- Vermeidungstendenz, nahestehenden Personen Vorwürfe zu machen, als sozial nicht aggressives Verhalten

- kein sozial aggressives Verhalten in Konfliktsituationen
- kein sozial aggressives Verhalten bei Auseinandersetzungen mit den Mitmenschen
- Tendenz zum Selbstvorwurf als eine Form des selbstaggressiven Verhaltens

Für jede Frage ist ein Punkt vorgesehen, somit können in diesem Bereich optimal 15 Punkte erzielt werden. Für die Fragen 96, 97, 98, 102, 107, 108, 109 und 110 wird je ein Punkt bei Ja-Antworten erteilt; für die Fragen 99, 100 und 101 wird ein Punkt bei Nein-Antworten erteilt.

Im Bereich »Fragen zur Religiösität« werden folgende Aspekte erfaßt:

- Glaube an Gott
- subjektiver Ausschluß der Existenz eines Gottes
- subjektive Fähigkeit, die Religiösität mit anderen Einsichten und Wünschen lückenlos zu vereinbaren
- subjektiv empfundene Fähigkeit, Gebete gestalten zu können, die aus dem Verständnis verschiedener Lebenssituationen heraus entstehen
- das Gefühl, beim Gebet mit dem lebendigen Gott zu reden
- das Gefühl, beim Gebet die Wirkung des Heiligen Geistes zu spüren
- Freude und seelische Ausgeglichenheit als empfundene Wirkung des Heiligen Geistes
- Befreiung von Bedrückung und Sorgen als Auswirkung religiöser Erlebnisse
- das Gefühl der befreienden Wirkung des Heiligen Geistes beim Gebet
- das Gefühl der Liebe und Zuneigung zu allem Lebenden nach dem Gebet

Die Frage 112 bekommt zwei Punkte für die Nein-Antwort, während die anderen Fragen zur Religiösität aufgrund der Ja-Antworten zwei Punkte bekommen. Insgesamt werden im Bereich der Religiösität 20 Punkte erteilt.

Zu Fragen der Fremd- und Selbststeuerung werden folgende Variablen erfaßt:

- Gefühl der Versuchsperson, bestimmte Personen fremdzusteuern
- Gefühl der Versuchsperson, von anderen Personen fremdgesteuert zu sein

- Angst, von fremdsteuernden Personen abgelehnt zu werden
- Versuch, eine andere Person in einer erstrebten engen mitmenschlichen Beziehung fremdzusteuern
- Bereitschaft zur Selbstzurückstellung, um nicht von einer fremdgesteuerten Person abgelehnt zu werden oder um die Möglichkeit zu erhalten, eine andere Person fremdzusteuern
- Selbststeuerung im kognitiven Bereich
- gegenseitige Fremdsteuerung als angenommene Bedingung für ein glückliches Leben
- Vorhandensein einer zwischenmenschlichen Beziehung, in der gegenseitige Fremdsteuerung vorherrscht
- Erstreben einer engen zwischenmenschlichen Beziehung, in der gegenseitige Fremdsteuerung vorherrscht
- Sehnsucht nach einer zwischenmenschlichen Beziehung, in der eine Person die Versuchsperson fremdbestimmt

Wenn alle Fragen des Fragebogens hypothesenkonform beantwortet werden, kann eine Person maximal 185 Punkte erzielen. Wenn eine Person über 160 Punkte erreicht, dann liegt sie unserer Annahme nach in ihrer Punktzahl extrem hoch. Eine Punktzahl zwischen 130 und 160 Punkten wird als sehr hoch eingestuft, während sie zwischen 100 und 130 Punkten als hoch eingestuft wird. Die Punktzahl zwischen 40 und 100 Punkten wird mit mittelmäßig hoch, zwischen 20 und 40 Punkten mit niedrig und zwischen 0 und 20 mit sehr gering bewertet.

Die theoretische Relevanz des Fragebogens

In diesem Buch wird die Hypothese geprüft, die besagt, daß eine allgemeine hohe Punktzahl auf dem Fragenkatalog eine Krebsvorhersage und eine Trennung zwischen Krebspatienten und Kontrollgruppen ermöglicht. Von sekundärer Bedeutung ist die Fragestellung, welche Bereiche im Fragebogen eine gute Vorhersage und welche eine geringe oder gar keine Vorhersage ermöglichen. Dies wird in anderen wissenschaftlichen Arbeiten, in denen beispielsweise multivariate und epidemiologische Verfahrensweisen angewandt werden, untersucht (*Verhaltensmedizin organischer Erkrankungen* und *Psychosocial Predictors of Cancer and Internal Diseases*). Sie ermitteln die sogenannte »empirische Punktzahl«, also die Punktzahl jeder Frage im Hinblick auf ihren wirklichen Vorhersagewert. Diese Auswertungen können nur ein noch besseres Ergebnis als das hier vorliegende aufweisen. Trotzdem hat die hier dargestellte Auswertungsweise eine wissenschaftliche Bedeutung und einen besonderen Reiz. Zunächst wird davon ausgegangen, daß die 130 Fragen nicht ein beliebiges Sammelsurium sind, sondern einen theoretisch erklärbaren, beobachtbaren und befragbaren Zustand charakterisieren, der bei Krebskandidaten und -patienten häufiger vorkommt als in den Kontrollgruppen. Bestimmte Fragen werden zwar von einem Krebskandidaten oder -patienten häufiger auf eine bestimmte Art und Weise beantwortet, während andere Krebskandidaten oder -patienten andere Fragen auf eine bestimmte Art und Weise häufiger beantworten, bei allen wird jedoch dasselbe Phänomen erfaßt.

Die nähere Auswertung, z. B. durch die multivariaten Verfahrensweisen, kann dann nur noch die Frage beantworten, welche konkreten Fragen von einer größeren Anzahl von Krebskandidaten und -patienten beantwortet wurden, womit diese Fragen ein größeres empirisches Gewicht bekommen als andere Fragen. Bei dieser Auswertung geht es zunächst um den Beweis, daß der Fragebogen von 130 Fragen (der ja aufgrund einer Reduktion aus einem Fragenkatalog von ursprünglich über 1000 Fragen entstanden ist und in dem sich nur Fragen befinden, die einen signifikanten Unterschied zu den Kontrollgruppen aufwiesen) ein theoretisch einheitlich zu beschreibendes Phänomen erfaßt. Wenn das nicht der Fall wäre, könnte aufgrund des Fragebogens auch keine Vorhersage möglich sein; denn es ist äußerst unwahrscheinlich, daß ein *ad hoc* zusammengestellter Fragebogen rein durch Zufall eine Vorhersage ermöglicht. Ich setze also voraus, daß durch die Anwendung eines jeden Fragebogens explizit und implizit eine bestimmte theoretische Annahme überprüft wird (unter der Voraussetzung einer einwandfreien methodischen Durchführung).

Ergebnisse:

Die beigefügte Tabelle zeigt, daß von den 50 klinisch gesicherten Krebsfällen, die in der Population von 236 prospektiv befragten Personen aufgetreten sind, 38 Personen in der prospektiven Befragung – also zum Zeitpunkt vor dem Ausbruch der Krebserkrankung – eine hohe Punktzahl hatten; das sind 76 %. Sieben Personen hatten keine auffällig hohe Punktzahl; das sind 14 %. Fünf Personen hatten eine sehr geringe Punktzahl; das sind 10 %. Eine sehr hohe Punktzahl hatten 28 Personen, also 56 %. Die Gruppe der Nichterkrankten zeigt, daß nur 9 Personen (4,8 %) eine sehr hohe Punktzahl hatten. 23 von 186 Personen in der nicht erkrankten Gruppe hatten eine hohe Punktzahl, also 12,3 %. Das Ergebnis zeigt, daß Krebskandidaten eine wesentlich höhere Punktzahl auf dem Fragebogen aufweisen als die Gruppe, die im Zeitraum von 10 Jahren keinen klinisch gesicherten Krebs bekam. Aufgrund der beigefügten Tabelle kann der Risikoschätzwert berechnet werden, der 9,1 beträgt. Dies bedeutet, daß eine Person, die eine hohe Punktzahl (über 100 Punkte) hat, im Vergleich zu einer Person mit einer geringeren Punktzahl (weniger als 100 Punkte) ein 9,1fach höheres Risiko eingeht, innerhalb von 10 Jahren an Krebs zu erkranken.

Auch die retrospektive Studie zeigt, daß 73 von 120 Krebspatienten (60,8 %) auf dem Fragebogen eine hohe Punktzahl aufweisen. In der Kontrollgruppe sind das 16 Personen (13,3 %).

Die Ergebnisse des Fragebogens und der Fragebogen selbst können nicht zur Selbstauswertung dienen. In unseren Studien hat sich gezeigt, daß gute Ergebnisse nur durch geschulte Interviewer möglich sind. Die hier angeführten Ergebnisse, erzielt durch den Beobachtungskatalog und dem Fragebogen, sind aufgrund einer subjektiven Punktverteilung (bestimmte Punkte wurden je nach theoretischer Relevanz mit 1, 2 oder 3 Punkten bewertet) entstanden. Obwohl es sich gezeigt hat, daß es einen Zusammenhang zwischen der subjektiven Punktverteilung und der Krebserkrankung gibt, werden dieselben Daten in anderen Arbeiten mit komplexeren statistischen Verfahrensweisen ausgewertet. Ziel dieses Buches ist die Erbringung des Nachweises, daß es einen Zusammenhang zwischen psychosozialen Faktoren und der Krebserkrankung gibt. Welchen Einzelfaktoren dabei ein größeres und welchen ein kleineres Gewicht zukommt, wie hoch die Erwartung, an Krebs zu erkranken, in der Bevölkerung ist und wie hoch das Vorkommen der Krebserkrankung in der untersuchten Population ist, sind Fragestellungen für weiterführende wissenschaftliche Erörterungen. In diesem Zusammenhang wird auf das beigefügte Literaturverzeichnis hingewiesen.

Die befragte Population, durch die der Beobachtungskatalog und der Fragebogen geprüft wurde, hatte ein hohes Alter (zwischen 60 und 80 Jahren). Von daher sind die Ergebnisse nicht so ohne weiteres für die Testung von jüngeren Personen geeignet. Wie weit die Testung jüngerer Personen eine Vorhersage ermöglicht, wird erst in meinen zukünftigen Forschungsarbeiten beantwortet.

Ergebnisse des Fragebogens

Prospektive Studie

Verteilung der Punktzahlen	Krebserkrankungen	Nicht an Krebs Erkrankte	
über 160	8	1	
von 130 bis 160	20	8	
von 100 bis 130	10	14	
von 70 bis 100	7	23	
von 40 bis 70	0	109	
von 20 bis 40	0	20	
von 0 bis 20	5	11	
	50	186	N = 236

Retrospektive Studie

Verteilung der Punktzahlen	Krebserkrankungen	Kontrollgruppe (Matching Pairs)	
über 160	10	2	
von 130 bis 160	21	4	
von 100 bis 130	42	10	
von 70 bis 100	25	8	
von 40 bis 70	18	51	
von 20 bis 40	2	42	
von 0 bis 20	2	3	
	120	120	N = 240

Der Fragebogen wurde auch von 236 gesunden Personen beantwortet. Auch sie ließen sich wieder in zwei Gruppen aufteilen: Die eine Gruppe, mit einer Punktzahl von über 100 auf der nach oben offenen Skala, wurde als Risikogruppe betrachtet; die Vergleichsgruppe enthielt alle Personen mit Punktzahlen unter 100 Punkten. In der Risikogruppe von 61 Personen ergaben 38 Krebsfälle eine Inzidenz von 0,63 nach 10 Jahren, während in der Vergleichsgruppe die Inzidenz 0,06 (12 von 176 Personen) betrug (vgl. Tabelle).

Die Inzidenzratio ergibt den Wert von 9,1, der wiederum als Schätzwert für die Intensität der Beziehung zwischen einer hohen Punktzahl bei der Beantwortung von Fragen und anschließender Krebserkrankung angesehen werden kann. Vereinfacht ausgedrückt heißt das, daß eine Person, die über 100 Punkte hat, schätzungsweise eine 9,1fache größere Chance hat, innerhalb von 10 Jahren an Krebs zu erkranken, als eine Person, die unter 100 Punkten hat.

Die Auswertung der retrospektiven Untersuchung bei der von bereits an Krebs erkrankten Personen ausgegangen wurde, ergibt nach Anordnung, wie in der Vierfeldertafel dargestellt ist, eine Risikorate von 10,1.

Fragebogen	*Krebspatienten*	*Vergleichsgruppe*
Punktzahl über 100	73	16
Punktzahl unter 100	47	104
	120	120

Berechnung der Risikorate:

$$\frac{73 \times 104}{16 \times 47} = \frac{7592}{752} = 10{,}1$$

Fragebogen zur Erfassung psychosozialer Faktoren

I. Fragen zur Familiendynamik

1. Wurde in Ihrem Elternhaus immer größter Wert auf absolut harmonische mitmenschliche Beziehungen gelegt?
2. Waren Sie Ihr ganzes Leben lang bemüht, ein absolut harmonisches Verhältnis zu Ihrem Elternhaus aufrechtzuerhalten?
3. Haben Ihre Eltern von Ihnen ein absolut perfektes, korrektes, absolut anständiges und völlig fehlerfreies Verhalten verlangt?
4. Sind Sie in Ihrem Elternhaus dazu erzogen worden, die täglichen Aufgaben laufend zu verrichten?
5. Haben Sie sich für Ihre Eltern immer sehr aufgeopfert?
6. Haben Sie meistens die Aufgaben erfüllt, die von Ihren Eltern an Sie gestellt wurden?
7. Waren Sie in Ihrem Elternhaus immer auf Ausgleich und Frieden bedacht?
8. Waren Ihre Eltern zu Ihnen eher streng und fordernd (als überliebevoll und überbesorgt)?
9. Sind Sie in Ihrem Elternhaus dazu erzogen worden, die mitmenschlichen Regeln strikt einzuhalten?
10. Ist ein Elternteil für Sie unentbehrlich?

II. Fragen zur Sexualität

11. Spielt die Sexualität in Ihrem Leben eine große Rolle?
    a) eine sehr geringe – sie wurde für die Pflichterfüllung und andere Dinge völlig in den Hintergrund gestellt.
    b) eine geringe – sie wurde für die Pflichterfüllung und andere Dinge meistens in den Hintergrund gestellt.
    c) eine angemessene – sie wurde mit der Pflichterfüllung und anderen Dingen harmonisch und sinnvoll kombiniert.
    d) eine sehr große – für sie wurde die Pflichterfüllung und andere Dinge meistens lange Zeit zurückgestellt.
12. Hatten Sie häufig sexuelle Phantasien (zärtliche, sadistische oder anders geartete)?

13. Hatten Sie beim Geschlechtsverkehr mit Ihrem Partner einen Orgasmus, d. h. einen erlebten seelischen und körperlichen Höhepunkt mit vorläufiger Bewußtseinseinengung und anschließender Entspannung?
14. Hatten Sie bei einem Sexualkontakt mit Ihrem Partner außerhalb des Geschlechtsverkehrs einen Orgasmus?
15. Hatten Sie durch Onanie einen Orgasmus?
16. Sind Sie in der Sexualität erlebnisfähig?

Sind Sie an eine Person, mit der sie keinen sexuellen Kontakt haben (z. B. Vater, Mutter usw.), derart gefühlsmäßig gebunden, daß Sie deswegen:

17. Seit Jahren überhaupt keinen sexuellen Kontakt mehr haben?
18. Nach dem Sexualkontakt große Unlustgefühle bekommen?
19. Nach dem Sexualkontakt große Schuldgefühle haben?
20. Hatten Sie in den letzten 10 Jahren einen Sexualpartner, der sie
    a) gefühlsmäßig vollkommen befriedigte
    b) meistens nicht befriedigte
    c) überhaupt nicht befriedigte
21. Fühlen Sie sich in Ihrer Sexualität seit Jahren sehr verhindert?

III. Fragen zum vernunftorientierten Verhalten

22. Sind Sie ein Mensch, der immer bestrebt ist, das zu tun, was vernünftig und logisch richtig ist?
23. Versuchen Sie, sich in allen mitmenschlichen Situationen vernünftig zu verhalten?
24. Versuchen Sie, alle mitmenschlichen Konflikte durch Verstand und Vernunft zu überwinden, indem Sie äußerst bemüht sind, keine einseitigen gefühlsmäßigen Reaktionen zu zeigen?
25. Wenn ein Mensch Ihre Gefühle tief verletzt, versuchen Sie, ihn trotzdem vernünftig zu behandeln und sein Verhalten zu verstehen (so daß Sie ihn so gut wie nie angreifen, entwerten oder rein gefühlsmäßig behandeln)?
26. Gelingt es Ihnen, die meisten mitmenschlichen Konflikte durch Einsatz ihrer Vernunft und Logik zu vermeiden (oft auch gegen gefühlsmäßige Regungen)?
27. Wenn jemand ihre Bedürfnisse und Wünsche zu verhindern versucht, bemühen Sie sich dann trotzdem, ihn zu verstehen?

28. Verhalten Sie sich in fast allen Lebenssituationen derart vernünftig, daß es nur äußerst selten dazu kommt, daß Ihr Verhalten rein von den Gefühlen geleitet wird?
29. Ist Ihr Verhalten häufig derart von Gefühlen geleitet, daß es rein von der Vernunft her als unsinnig oder schädlich angesehen werden muß?
30. Versuchen Sie, andere Personen auch dann zu verstehen, wenn sie Ihnen unsympathisch sind?
31. Hindert Ihre Vernunft Sie daran, Menschen anzugreifen, auch dann, wenn es dafür ausreichende Gründe gibt?

IV. Fragen zum harmonisierenden Verhalten, zur Selbstzurückstellung und Idealisierungstendenz

32. Haben Sie jahrelang mit Ihren wichtigsten Mitmenschen in völliger Harmonie und hundertprozentigem Einvernehmen gelebt?
33. Haben Sie immer dazu geneigt, jeglichem Streit mit mit Ihren wichtigsten Mitmenschen auszuweichen, um ein gutes Einvernehmen nicht zu gefährden?
34. Wenn Ihnen eine Arbeit viel wert ist, sind Sie dann auf unbegrenzte Zeit ohne weiteres bereit, alle Schwierigkeiten und Hindernisse dafür in Kauf zu nehmen?
35. Waren Sie schon immer bereit, ihre seelischen Bedürfnisse völlig zurückzustellen, wenn Sie dafür ein bestes Einvernehmen mit Ihren wichtigsten Mitmenschen erlangen konnten?
36. Haben Sie zu Ihren Mitmenschen schon immer ein absolut harmonisches Verhalten angestrebt?
37. Waren Sie im Leben immer bereit, auf persönliche Anerkennung zu verzichten, um dafür ein gutes Einvernehmen mit Ihren wichtigsten Mitmenschen einzuhandeln?
38. Waren Sie im Leben immer bereit, Ihre alltäglichen Bedürfnisse für die Menschen, zu denen Sie eine gute Beziehung hatten, völlig zurückzustellen?
39. Haben Sie schon immer versucht, zwischenmenschlichen Streit in Frieden und bestes Einvernehmen umzuwandeln?
40. War Ihnen das Glück Ihrer Mitmenschen immer wichtiger als Ihre eigenen Bedürfnisse (z. B. nach Gesundheit)?

41. Waren Sie Ihr ganzes Leben lang bemüht, ein absolut harmonisches Verhältnis zu Ihren wichtigsten Mitmenschen aufrecht zu erhalten?

V. *Ungünstige lebensgeschichtliche Ereignisse und emotionaler Streß*

Hat Sie ein Ereignis oder Erlebnis so sehr betroffen, daß Sie länger als ein Jahr immer wieder hoffnungslos und niedergeschlagen waren?
Wenn ja, welches?

42. Mitmenschliche Vereinsamung (z. B. schlechte Wohnlage, mangelhafte Kontaktmöglichkeiten)
43. Unzufriedenheit mit der eigenen Stellung in der Gesellschaft
44. Schwierigkeiten im Beruf und im beruflichen Fortkommen
45. Unglück in der Partnerbeziehung
46. Schwierigkeiten im Sexualleben
47. Immer neue Enttäuschungen, hervorgerufen durch innere seelische Hemmungen
48. Geschäftliche Mißerfolge, Geldentwertung oder größere finanzielle Schwierigkeiten
49. Enttäuschung von einem Elternteil
50. Tod oder Trennung von einem geliebten Elternteil
51. Tod oder Trennung von einem Kind
52. Ausstoß aus einer wichtigen Gruppe (z. B. am Arbeitsplatz, aus der Partei)
53. Schwere Kriegs- und Gefangenschaftserlebnisse
54. Schockierende und unerwartete Verhaltensweisen von nahestehenden oder wichtigen Personen (Eltern, Ehegatte, Freunde, Arbeitskollegen, Vorgesetzte usw.)
55. Tod oder Trennung von einem wichtigen Mitmenschen
56. Enttäuschung von einem wichtigen Mitmenschen
57. Ein schwerer Unfall
58. Ein schwerer Überfall
59. Andauernde Streitigkeiten im Elternhaus
60. Ein oder mehrere nicht genannte Gründe
61. Konnten Sie nach einem ungünstigen Ereignis in Ihrem Leben länger als ein Jahr Ihre wichtigsten seelischen Bedürfnisse und

Gefühle Ihren Mitmenschen gegenüber nicht mehr äußern und befriedigen?

62. Wurden Sie durch innere seelische Hemmungen länger als ein Jahr daran gehindert, Ihre wichtigsten seelischen Bedürfnisse und Gefühle Ihren Mitmenschen gegenüber zu äußern und zu befriedigen?

VI. Fragen zum exponierenden Verhalten

63. Waren Sie meistens weniger als fünf Tage im Jahr krankgeschrieben (Ihre jetzige Krankheit ausgenommen)?
64. War Ihnen die mitmenschliche Pflichterfüllung stets wichtiger als Ihr eigener körperlicher Zustand?
65. Wenn Sie durch Ihre engsten Mitmenschen überfordert waren, haben Sie es ihnen gegenüber sofort zum Ausdruck gebracht?
66. Haben Sie sich von den Anforderungen und Veränderungen in Ihrem Leben fast nie erholt (z. B. indem sie fast ununterbrochen gearbeitet haben)?
67. Waren Sie schon immer von äußerster Ausdauer, wenn Sie mit ungünstigen Lebensbedingungen in Berührung kamen?
68. War es für Sie im Leben schon immer viel wichtiger, an Ihre Mitmenschen gut angepaßt zu sein, als einem seelischen Bedürfnis nachzugehen (z. B. Liebe zu einer Person zu zeigen)?
69. Ist in der pausenlosen Leistung und Pflichterfüllung der tiefste Sinn und die tiefste Hoffnung Ihres Lebens beinhaltet?
70. Wollten Sie beim Auftauchen von Krankheitszeichen meistens abwarten, ob es von alleine aufhört?
71. Wenn sie 38° C Temperatur haben, betrachten Sie sich dann als krank?
72. Wenn Sie am Arbeitsplatz erkrankten, haben Sie dann schnell bei Ihren Mitmenschen Hilfe gesucht?

VII. Fragen zur Psycho-Pathologie

73. Hatten Sie häufig Angst vor dem Tode (z. B. davor, daß Sie plötzlich sterben könnten, Ihr Herz stillstehen könnte)?

74. Hatten Sie häufig Lebensangst, d. h. Angst, mit Ihrem Leben und dessen Problemen nicht fertigwerden zu können?
75. Glauben Sie manchmal, von anderen Menschen verfolgt zu werden?
76. Hatten Sie häufig Ängste vor belanglosen Verhaltensweisen, z. B. sich frei mit Menschen des anderen Geschlechts zu unterhalten?
77. Fühlten Sie häufig den Zwang, völlig unsinnige Dinge zu tun (z. B. den Zwang, bestimmte Gegenstände zu putzen, obwohl diese völlig sauber waren)?
78. Hatten Sie häufig Angst vor bestimmten Räumen oder Situationen (z. B. davor, über eine Brücke zu gehen)?
79. Hatten Sie häufig Angst davor, sich auffällig und seelisch gestört zu verhalten?
80. Hatten Sie häufig Ängste, etwas gegen Ihren Willen unternehmen zu müssen (z. B. aus dem Fenster zu springen oder jemanden töten zu müssen)?
81. Hatten Sie häufig Angst vor Krankheiten, die Sie nie hatten (z. B. Syphillis oder TB)?
82. Hatten Sie große Angst davor, von anderen Menschen ständig beobachtet zu werden?

VIII. Fragen zum zukunftsorientierten Verhalten

83. Haben Sie ein wichtiges Ziel, das Sie in der Zukunft verwirklichen wollen?
84. Haben Sie besonders wichtige Bedürfnisse, die Sie in der Zukunft befriedigen möchten?
85. Denken Sie in die Zukunft hinein (z. B. verfolgen Sie Ziele für die Zukunft, planen Sie zukünftige Bedürfnisbefriedigung)?
86. Wenn Sie in der Gegenwart verschiedenen Schwierigkeiten ausgesetzt sind, erhoffen Sie dann von der Zukunft Situationen, in denen Sie diese besser bewältigen können?
87. Sehen Sie für sich die Chance, Ihre wichtigsten seelischen Bedürfnisse und Wünsche in der Zukunft äußern und befriedigen zu können?
88. Haben Sie aufgrund ungünstiger Lebensereignisse oder besonde-

rer Erlebnisse jede auf die Zukunft gerichtete Hoffnung verloren, Ihre wichtigsten Gefühle und Bedürfnisse äußern zu können?

89. Ersehnen Sie häufig den eigenen Tod, um vor Schwierigkeiten und unangenehmen Gefühlen in der Gegenwart auszuweichen?
90. Haben Sie häufig das Gefühl, bald sterben zu müssen, obwohl keine konkreten Anhaltspunkte dafür vorlägen? (Ja – nur, wenn beides zutrifft.)
91. Haben Sie oft das Gefühl, aufgrund Ihrer jetzigen Lebenssituation nicht mehr in der Lage zu sein, die Befriedigung Ihrer wichtigsten Gefühle und Bedürfnisse in der Zukunft zu erreichen?
92. Stellen Sie sich häufig vor, wie Sie sich in der Zukunft in bestimmten neuen sozialen Situationen verhalten werden?
93. Ist Ihnen eine bestimmte Person seit Jahren derart unangenehm, daß Sie aus diesem Grund keine Äußerung und Befriedigung Ihrer wichtigsten Gefühle und Bedürfnisse sich in der Zukunft vorstellen können?
94. Fühlen Sie sich aufgrund einer sozialen Belastung seit Jahren derart unwohl, daß Sie sich aus diesem Grund keine zukünftige Äußerung und Befriedigung Ihrer wichtigsten Gefühle und Bedürfnisse vorstellen können?
95. Fühlen Sie sich durch seelische Belastungen seit Jahren derart unwohl, daß Sie sich aus diesem Grund keine zukünftige Äußerung und Befriedigung Ihrer wichtigsten Gefühle und Bedürfnisse vorstellen können?

IX. Fragen zum angepaßten, sozial nicht aggressiven und selbstaggressiven Verhalten

96. Könnten Sie ganz allgemein sagen, daß Sie in Ihrem Leben immer das getan haben, was man von Ihnen erwartet hat?
97. Würden Sie der Behauptung zustimmen: »Seinen Mitmenschen gegenüber Feindseligkeiten zu zeigen, gehört sich selbst dann nicht, wenn es dazu Anlaß gäbe.«?
98. Waren Sie in Ihrem Leben immer und mit allen Menschen auf Ausgleich und Frieden bedacht?
99. Machten Sie Ihren Eltern öfter Vorwürfe wegen ihres Verhaltens Ihnen gegenüber?

100. Machten Sie Ihren Freunden, Arbeitskollegen oder anderen Mitmenschen öfter Vorwürfe wegen ihres Verhaltens Ihnen gegenüber?
101. Machten Sie Ihren Liebespartner öfter Vorwürfe wegen seines Verhaltens Ihnen gegenüber?
102. Neigten Sie in Konfliktsituationen mit Ihren Mitmenschen dazu, alles, was Sie bewegte, in Sie hineinzuschlucken und nach außen hin keine Aggression zu zeigen?
103. Waren Sie im allgemeinen aggressiv, wenn Sie jemand bei Ihren Absichten oder Plänen behindern wollte?
104. Waren Sie in Auseinandersetzungen mit Ihren Eltern manchmal aggressiv?
105. Waren Sie in Auseinandersetzungen mit Ihrem Liebespartner manchmal aggressiv?
106. Waren Sie in Auseinandersetzungen mit Ihren Mitmenschen (z. B. Freunde, Arbeitskollegen) manchmal aggressiv?
107. Neigen Sie im allgemeinen dazu, nach Streitigkeiten mit Ihren Mitmenschen eher sich selbst Vorwürfe zu machen als andere zu beschuldigen?
108. Wenn sich ein Streit mit Ihrem Liebespartner angebahnt hat, neigten Sie dann eher dazu, sich selbst große Vorwürfe zu machen als Ihrem Liebespartner gegenüber aggressiv zu werden?
109. Wenn sich ein Streit mit Ihren Eltern anbahnte, neigten Sie dann eher dazu, sich selbst große Vorwürfe zu machen als gegenüber Ihren Eltern aggressiv zu werden?
110. Wenn Sie mit sich oder Ihrer Umwelt nicht zufrieden waren, haben Sie dann eher sich selbst als den anderen die Schuld zugeschoben?

X. Fragen zur Religiösität

111. Glauben Sie an Gott?
112. Schließen Sie die Existenz eines Gottes aus?
113. Können Sie meistens Ihre Religiösität mit Ihren anderen Einsichten und Wünschen lückenlos vereinbaren?
114. Können Sie selbst Gebete aus dem Verständnis verschiedener Lebenssituationen heraus gestalten?

115. Haben Sie den Eindruck, daß sie beim Beten mit dem lebendigen Gott reden?
116. Spüren Sie die Wirkung des Heiligen Geistes oft am eigenen Körper beim Beten?
117. Spüren Sie die Wirkung des Heiligen Geistes beim Beten so, daß Sie große Freude und seelische Ausgeglichenheit empfinden?
118. Werden während des Gebetes Bedrückungen und Sorgen zugunsten befreiender religiöser Einsichten und Erlebnisse zurückgedrängt?
119. Spüren Sie beim Gebet, wenn der Heilige Geist auf Sie befreiend wirkt?
120. Empfinden Sie nach dem Gebet eine große Zuneigung zu allem Lebenden (Menschen, Tiere, Pflanzen)?

XI. Fragen zur Fremdsteuerung – Selbststeuerung

121. Haben Sie das Gefühl, daß Sie für bestimmte andere Menschen äußerst wichtig und von zentraler Bedeutung sind, so daß diese ohne Sie nicht auskommen können?
122. Sind bestimmte andere Menschen für Sie und Ihr Leben äußerst wichtig und von zentraler Bedeutung, so daß Sie ohne diese nicht auskommen können?
123. Haben Sie die Befürchtung, daß Personen, die für Sie äußerst wichtig sind, Ihnen gegenüber eher ablehnend und kalt sind?
124. Erstreben Sie Ihr ganzes Leben lang eine enge zwischenmenschliche Beziehung, in der Sie für eine Person äußerst wichtig sind?
125. Wenn 124 mit Ja beantwortet wurde: Sind Sie bereit, sich für eine solch enge zwischenmenschliche Beziehung selbst zurückzustellen?
126. Sind Sie bei der Verrichtung alltäglicher Aufgaben sehr selbständig?
127. Können Sie sich ohne eine zwischenmenschliche Beziehung, in der absolute Harmonie herrscht und in der jeder für jeden äußerst wichtig ist, ein glückliches und ausgeglichenes Leben vorstellen?
128. Haben Sie jetzt eine enge und sehr harmonische zwischenmenschliche Beziehung, in der Sie gefühlsmäßig glücklich sind und in der einer ohne den anderen nicht auskommen könnte?

129. Streben Sie zur Zeit eine enge harmonische zwischenmenschliche Beziehung an?
130. Streben Sie Ihr ganzes Leben lang eine äußerst enge zwischenmenschliche Beziehung an, in der eine Person für Sie äußerst wichtig ist?

Abschließend sollen einige Aspekte des Interviewerproblems erörtert werden. Obwohl es in der empirischen Sozialforschung verschiedene Definitionen des Interviewers gibt, fehlt, wie Atteslander und Kneubühler (1975) feststellen, eine Theorie des Interviewers. Es gibt nur sehr wenige Experimente, die für eine Interviewerausbildung Gewinn versprechen. Die meisten empirischen Studien in der Sozialwissenschaft werden ohne genügende Interviewerausbildung durchgeführt. Ihre angewandten Meßinstrumente werden nicht experimentell überprüft, so daß die Bedingungen, unter denen spezifische Ergebnisse erzielt werden, weitgehend unbekannt bleiben. In unserem Forschungsprogramm wurden umfangreiche Experimente im Hinblick auf das Interviewerproblem durchgeführt. Zwei Jahre lang wurden ungeschulte und geschulte Interviewer eingesetzt. Dabei konnten die Bedingungen erforscht werden, unter denen das Interview positive Ergebnisse hervorbringt und damit auch eine Vorhersage der Krebserkrankung möglich macht. Darüber hinaus sind theoretische Reflexionen angestellt worden. Die umfangreichen Experimente werden in einer anderen Arbeit ausführlich dargestellt. Hier sollen nur einige Aspekte erwähnt werden.

Im Interview, das wir in unserer empirischen Studie einsetzen, wird die spezifische kognitive Einstellung erfaßt, die sich in individuellen Bewertungen, Annahmen, Überzeugungen usw. äußert. Dazu ist es nötig, daß die Kommunikation vom Wertkontext des Interviewten ausgeht. Der Befragte muß sich in seiner gesamten Einstellung vom Interviewer verstanden fühlen. In der Interviewerschulung werden außerdem noch andere Faktoren berücksichtigt. Die gestellten Fragen müssen z. B. von allen Interviewern inhaltlich gleich verstanden werden, auf bestimmte Reaktionen der Befragten müssen bestimmte Verhaltensweisen der Interviewer folgen, usw. Sehr wichtig ist auch die Kommunikation vor Interviewbeginn; der Befragte muß sich schon hier in der Spezifität seiner subjektiven Einstellung verstanden fühlen. Ich spreche von der normativen Empathie für die Spezifität der Subjektivität. Der Interviewer muß den Normenkontext, in dem der Befragte denkt, erkennen und akzeptieren. Wenn dies nicht der Fall ist, gibt der Befragte kognitive Einstellungen an, die mit seinen wirksamen Überzeugungen in Widerspruch geraten. Auf die Abhängigkeit des Normenkontextes der erhobenen Interviewdaten haben unter anderem auch Atteslander und Kneubühler (1975) hingewiesen.

Die durchgeführten Experimente zum Interviewerproblem zeigen, daß nur geschulte Interviewer zu einem positiven Ergebnis kommen, während die ungeschulten Interviewer so viele Fehler machen, daß das Ergebnis unbrauchbar ist. Zum Schluß soll ein Beispiel aus unserem Interviewerexperiment angeführt werden. Mit dem in diesem Buch dargestellten Fragebogen haben drei geschulte und drei ungeschulte Interviewer dreißig Krebspatienten und eine ebenso große Kontrollgruppe befragt. Von einem Interviewer sind jeweils 10 Krebspatienten und 10 Personen der Kontrollgruppe befragt worden. In jeder Gruppe sind 15 Personen zuerst von geschulten und 15 Personen zuerst von ungeschulten Interviewern befragt worden. Weder die ungeschulten noch die geschulten Interviewer wußten, welche Person an Krebs erkrankt ist und welche Person der Kontrollgruppe angehört. In sozialer Schicht, Alter und Beruf waren die ungeschulten und geschulten Interviewer vergleichbar. Das Ergebnis ist in der beigefügten Tabelle dargestellt. Es zeigt, daß die ungeschulten Interviewer im sogenannten Blindversuch zwischen Krebspatienten und Kontrollgruppe nicht unterscheiden konnte. Die geschulten Interviewer hingegen konnten einen beachtlichen Unterschied zwischen den beiden befragten Gruppen feststellen. Beim Einsatz glaubten alle Interviewer, daß es sich um eine prospektive Studie handele.

Die beigefügten Tabellen (S. 171 ff.) zeigen, daß ein ungeschulter Interviewer weder mit dem Fragebogen noch mit dem Beobachtungskatalog einen wichtigen Vorhersageerfolg erzielen kann. Der ungeschulte Interviewer und Beobachter war nicht in der Lage, die zukünftigen Krebspatienten von Personen, die nicht an Krebs erkrankt sind, zu unterscheiden. Er hatte die Aufgabe, so »objektiv« wie möglich zu sein, war aber weder mit dem Inhalt der Theorie noch mit dem Zweck der Fragekonstellationen und der Beobachtungskriterien vertraut. Die Befragung des ungeschulten Interviewers ergab, daß er jedes Beobachtungskriterium und jede Frage des Fragebogens von Tag zu Tag unterschiedlich auffaßte und so verschiedene Kriterien für die Ja-Nein-Antworten aufstellte. Obwohl er bestrebt war, ein »objektives« Inter-

Die Ergebnisse des Fragebogens aufgrund von geschulten und aufgrund von ungeschulten Interviewern – retrospektive Studie

Anzahl der Punkte auf dem Fragebogen	Krebserkrankte	Kontrollgruppe	Krebserkrankte	Kontrollgruppe
über 160	2	0	5	6
130 – 160	7	1	3	1
100 – 130	11	3	4	6
70 – 100	6	4	5	5
40 – 70	3	15	6	7
20 – 40	0	5	3	2
0 – 20	1	2	4	3
	30	30	30	30
	Befragung durch geschulte Interviewer (insgesamt 3 Personen)		Befragung durch ungeschulte Interviewer (insgesamt 3 Personen)	

Der chi^2-Test für die 4-Felder-Tafel (Krebs/Kontrollgruppe, Trennung bei 100 Punkten) ist für die geschulten Interviewer auf dem 0,1 %-Niveau signifikant. Bei den ungeschulten Interviewern ist der Unterschied zwischen Krebspatient und Kontrollgruppe gleich Null und damit auch nicht signifikant.

viewerverhalten an den Tag zu legen, stellte es sich immer wieder heraus, daß er in der Interviewersituation nicht wußte, was er mit der Befragung bezweckte. Seine Reaktionen waren nicht standardisiert, seine eigene Einstellung, Orientierung und sein Einfühlungsvermögen wechselten von Situation zu Situation.

Als wichtigste Schlußfolgerung aus meinem Interviewerexperiment läßt sich festhalten, daß nicht der Fragebogen oder der Beobachtungskatalog, sondern der Interviewer beziehungsweise der Beobachter das eigentliche Meßinstrument darstellen. Der Fragebogen und der Beobachtungskatalog sind lediglich ein Leitfaden für die zu erfassenden Themen und für das Verhalten des Interviewers. Letzteres stellt das wichtigste Kriterium im Interview- und Beobachtungsprozeß dar. Die Einstellung, Orientierung, Einschätzung und das Verhalten des Interviewers im Interviewprozeß müssen standardisiert sein. Nur dann kann ein gutes Ergebnis erzielt werden, wenn der Interviewer genau weiß, was er sucht und was er bezweckt. Dabei muß er sich an exakten Bestimmungen orientieren.

Ergebnisse des Fragebogens in der prospektiven Studie – erhoben durch einen ungeschulten Interviewer –

Verteilung der Punktzahlen	Krebs-erkrankungen	Nicht an Krebs Erkrankte
über 160	8	1
von 130 bis 160	20	8
von 100 bis 130	10	14
von 70 bis 100	7	23
von 40 bis 70	0	109
von 20 bis 40	0	20
von 0 bis 20	5	11
	50	186

N = 236

Ergebnisse des Beobachtungskatalogs in der prospektiven Studie – erhoben durch einen ungeschulten Interviewer –

Verteilung der Punktzahlen	Krebs-erkrankungen	Kontroll-gruppe
über 67	8	36
von 49 bis 67	10	39
von 35 bis 49	8	27
von 25 bis 35	6	28
von 13 bis 25	6	28
von 0 bis 13	12	28
	50	186

N = 236

16. Psychosoziale Mechanismen der Krebsentstehung

Wenn psychosozialen Fragen eine bestimmte Rolle in der Krebsentstehung zukommen soll, dann stellen sich zwei Fragen:

a) Wie wirkt psychosozialer Streß auf organische Vorgänge und
b) welche psychosozialen Mechanismen sind besonders krankheitserzeugend.

Über die Wirkung von psychosozialem Streß auf neurohormonelle Vorgänge im Organismus gibt es viele Hypothesen und Spekulationen. Im allgemeinen ist zu sagen, daß es noch sehr wenige und unzureichende psychophysiologische Experimente gibt, in denen gesicherte Ergebnisse erzielt wurden. Die medizinische Forschung hat Zusammenhänge von psychischem Streß und organischer Reaktion systematisch vernachlässigt. Das ist aus der einseitigen naturwissenschaftlichen Fragestellung erklärbar. Die experimentelle Krebsforschung befaßt sich ausschließlich mit dem Geschehen in den Krebszellen und im Organismus. Die Grundlage für die Krankheit wird in erster Linie im erkrankter Körper gesucht, und die Krankheit wird mit einem anonymen biologischen Prozeß gleichgesetzt. Das Verhalten und Empfinden des Individuums, das später erkrankt, wurden nicht als relevant angesehen. Meine experimentell ausgerichteten psychosomatischen Untersuchungen konnten zeigen, daß psychosoziale Faktoren einen Einfluß auf Krankheitsentstehung und -verlauf bei Krebspatienten haben. Es ist anzunehmen, daß die körpereigene Krankheitsabwehr entscheidend durch das Nervensystem und das hormonelle System beeinflußt wird. Wie psychosozialer Streß auf Nerven und Hormone wirkt und wie daraus Krebs entsteht, ist heute noch unbekannt. Es werden verschiedene Arbeiten von Hans Selye, G. F. Solomon, R. Ader und S. B. Friedman usw. angeführt. Die Beobachtungen von Solomon und Moos (1964) sowie kürzlich veröffentlichte und inzwischen reproduzierte Untersuchungsergebnisse von Ader und Cohen lassen annehmen, daß das Immunsystem auch auf psychologische Faktoren, insbesondere auf Streß, anspricht. Dennoch bleibt bis heute die Einbeziehung der Immunologie in die psychosozialen Krebsstudien problematisch. Bisher gibt es keine verläßliche und meßbare Immunreaktion, die als krebsspezifisch und sozial abhängig identifizierbar wäre.

Aufgrund der Ergebnisse von Selye werden die Funktion der Hypophyse, des Hypothalamus und ihre Einwirkung auf bestimmte Hormone, die letztlich mit der Widerstandskraft des Organismus zusammenhängen, berücksichtigt.

Von verschiedenen Autoren werden auch einige Tierexperimente angeführt, die der Dokumentation oder Widerlegung der These, daß psychosozialer Streß einen Einfluß auf die Tumorentstehung beziehungsweise auf das Tumorwachstum ausübt, dienen. Allgemein ist zu sagen, daß das Verhältnis von psychosozialem Streß und Tumorentstehung im Bereich der Pathophysiologie eine Aufgabe der Zukunft bleibt. Aus diesem Grund verzichte ich auf die Darstellung einer wenig oder experimentell ungenügend gesicherten Literatur.

Hier soll die Frage ausdiskutiert werden, welche psychosozialen Mechanismen besonders krankheitserzeugend sind. Unsere sozialwissenschaftliche Krebsforschung konnte eindeutige Zusammenhänge zwischen kognitiv-emotionalem Streß und Krankheitsentstehung sowie Krankheitsverlauf nachweisen. Analysiert man den Inhalt der psychosozialen Variablen, aufgrund derer positive Ergebnisse erzielt werden konnten, dann muß angenommen werden, daß bestimmte psychosoziale Faktoren auf mehreren Ebenen krankheitserzeugend wirken können.

Wenn sich ein Individuum beispielsweise in andauernde Hyperaktivität stürzt, dann ist die Möglichkeit einer Immunsuppression, also einer Erschöpfung des Immunsystems, wahrscheinlicher, als wenn das Individuum kein exponierendes Verhalten zeigt und sich z. B. ausruht und schont. Wenn entzündliche und andere körperliche Symptome nicht beachtet werden, dann wäre zu untersuchen, ob bei solchen Personen die Chronifizierung von endzündlichen Prozessen erhöht ist und ob sich darauf die Chance erhöhen kann, an Krebs zu erkranken.

Haben Personen, bei denen die Ausweichfunktion im Verhalten gestört ist, so daß sie sich ungünstigen Umweltbedingungen in größerem Ausmaß aussetzen als andere Personen, eine größere Chance, mit Kanzerogenen in Berührung zu kommen? Auch dieser mögliche Zusammenhang von Verhalten und Krebserkrankung müßte überprüft werden.

Aufgrund der gesamten Forschungsergebnisse scheint die weitaus wichtigste Komponente eine angenommene kognitive, also »programmresultierende« Wirkung auf eine noch unerforschte immunbiologische Organisation zu sein. Programmresultierend heißt, daß aus einer bestimmten subjektiven Bewertung (z. B. bestimmten Annahmen, Bewertungen der eigenen Person, Überzeugungen), die Programme genannt werden, eine chronische Verhaltenstendenz entsteht, die eine spezifische kodierte Wirkung auf die Organisation einer noch unbekannten Immunabwehr und ein noch unbekanntes zelluläres Organisationsprinzip ausübt.

Das spezifische programmgesteuerte Verhalten bei Krebspatienten ist derart charakteristisch, daß es differential-diagnostisch von anderen Verhaltensweisen klar abzutrennen ist. Aus einem Zustand der chronisch blockierten Gefühls- und Bedürfnisäußerung, der Hoffnungslosigkeit und Niedergeschlagenheit scheint ein programmgesteuertes Verhalten zu resultieren, das auf Idealisierung, Anpassung, Selbstzurückstellung usw. ausgerichtet ist und gleichzeitig Selbstaggressivität oder Selbstaufgabe erzeugt. Auf bestimmte Programme scheint die Immunabwehr und ein zelluläres Organisationsprinzip mit maligner Veränderung zu reagieren. Folgender Mechanismus wäre dabei vorstellbar:

a) chronisch blockierte Bedürfnisbefriedigung
b) soziale Anpassung trotz blockierter Bedürfnisäußerung
c) Selbstdestruktion im Zustand der chronischen Hoffnungslosigkeit
d) die Reaktion einer noch unbekannten Immunabwehr und eines

noch unbekannten, aber möglicherweise exakt definierbaren Prinzips der zellulären Organisation und Kooperation.

Danach wäre das organische Geschehen kein bloßer anonymer und mechanistischer Prozeß. Es wird angenommen, daß zahlreiche autoregulative biologische Mechanismen auch maßgeblich vom psychosozialen Zustand beeinflußt werden. Dabei läuft die Beeinflussung über Programme, also über subjektive Bewertungen. Wenn sich z. B. ein Individuum subjektiv überfordert fühlt, dann kann es an Grippe erkranken. Dementgegen wurde beobachtet, daß Personen unter schlechtesten klimatischen Bedingungen, denen sie tage- und wochenlang in ungenügender Kleidung ausgesetzt waren, nicht an Grippe oder Lungenentzündung erkrankten, weil sie den Ausbruch einer Krankheit für ihre Überlebenschancen sehr negativ bewertet haben. Das konnte zum Beispiel bei Soldaten an der Front beobachtet werden.

Unsere Forschungsergebnisse zeigen, daß bei Krebspatienten und -kandidaten Resignation, Sinnverlust und mangelnder Lebenswille mit der Tendenz nach positiver Interpretation der Umwelt, Selbstzurückstellung und Selbstdestruktion Hand in Hand gehen. Dieser Zustand ist gleichzeitig mit einer chronisch blockierten Gefühls- und Bedürfnisäußerung gekoppelt. Patienten, die später internistisch erkrankt sind, z. B. an Herzinfarkt oder Hirnschlag, weisen ganz andere Programme auf. Obwohl auch diese Personen daran gehindert werden, ihre Bedürfnisse und Gefühle zu äußern, zeigen sie unter anderem eine ausgesprochene Tendenz, ihre Umwelt negativ zu interpretieren und sich in das Zentrum des Geschehens zu stellen. Eine zukünftige psychobiologische Erforschung kann nur dann vorangetrieben werden, wenn die kognitiven Strukturen zu den pathophysiologischen Prozessen in Beziehung gesetzt werden.

Abschließend möchte ich noch einen weiteren psychosozialen Mechanismus des Krebsgeschehens andeuten: Krebs ist möglicherweise auch die selbstdestruktive Umsetzung eines subjektiv wichtigen Bedürfnisses, das chronisch in seiner sozialen Äußerung blockiert ist, in den Organismus. Diese Umsetzung vollzieht sich in der chronischen Anpassung an die Bedingungen, die das verhinderte Bedürfnis blockieren, wobei es zur manifesten oder verdeckten Hoffnungslosigkeit kommt. Ich gehe davon aus, daß dadurch ein zentral gesteuerter Prozeß eingeleitet wird, der von der sozialen Interaktion über kognitive Strukturen (Programme) und nervliche und hormonelle Wirkungen bis hin zur Beeinflussung der Zellinformation in Richtung Krebsexpansion und Aufgabe der Immunkompetenz läuft. Das subjektiv wichtige und verhinderte Bedürfnis beeinflußt dabei den sogenannten »Bedürfnisfluß«, den flexiblen Übergang von einer Bedürfnisäußerung zur anderen.

In dem eben beschriebenen Prozeß sind nur die sozialwissenschaftlichen Beziehungen empirisch nachgewiesen, während die implizierten naturwissenschaftlichen Beziehungen hypothetisch aus den Ergebnissen der sozialwissenschaftlichen Forschung abgeleitet werden. Leider hat die naturwissenschaftliche Krebsforschung die Beziehungen zwischen zentralnervösen Impulsen und der Zellinformation für die Krebsentwicklung von vornherein ausgeschlossen und deshalb in dieser Richtung keine experimentellen Arbeiten durchgeführt. Für die naturwissenschaftliche Medizin ist der Krebs ein lokales Geschehen im Gewebe, das durch irgendwelche physischen, mikrobiologischen oder chemischen Noxen ausgelöst wird. Die neuere naturwissenschaftliche Krebsforschung räumt jedoch immer mehr ein, daß die sogenannten Kanzerogene, also die krebsauslösenden Stoffe, alleine nicht fähig sind, Krebs zu erzeugen. In der Zelle und im Gewebe selbst muß eine Disposition für die Krebsentwicklung vorhanden sein. In diesem Fall fungieren die Kanzerogene eher als Anlässe und nicht als Ursachen. Noch immer aber wird in der naturwissenschaftlichen Krebsforschung der Zusammenhang zwischen sozialer und psychischer Integration und neurohormonellen Prozessen sowie deren Einfluß auf die Immunabwehr und die Art des Zellwachstums vernachlässigt. Deshalb ist für die Naturwissenschaft die Krebserkrankung noch immer ein zufälliges Naturereignis, deren Gesetzmäßigkeiten sie letztlich nicht verstehen kann. Aus ihrer Sicht unterliegt der Organismus einmal krebserzeugenden Stoffen, ein anderes Mal nicht. Für die Erklärung der »nicht erklärbaren« Ursachen wird in der letzten Verzweiflung immer wieder auf Konstitution und Erbanlagen zurückgegriffen. Daß die organischen Funktionen von sozialen und psychischen Faktoren sowie kognitiven Strukturen maßgeblich beeinflußt werden können, wurde von der naturwissenschaftlichen Medizin bisher dogmatisch abgewiesen. Deshalb geriet sie in eine methodische Sackgasse, die auch für andere Gebiete, wie z. B. die Herzinfarkt-Forschung, charakteristisch ist: Krebs wird durch die Folge der Krebserkrankung definiert, also zum Beispiel durch die Metastasen, den Primärtumor. Für diese Folge wird höchstens eine Noxe als Ursache gesucht. Eine wesentliche Komponente der Krebserkrankung aus der Sicht meiner Theorie ist jedoch ein fehlgesteuerter, kognitiver Impuls auf das Zellwachstum. Die klinischen Manifestationen des Krebses stellen eher die Folgeerscheinungen der Krebserkrankung dar, also ihre Symptome. Natürlich haben die organischen Symptome der Krebserkrankung und ihre Beseitigung für den leidenden Patienten das größte Gewicht. In der Behandlung solcher Symptome kommt der naturwissenschaftlichen Forschung und Klinik eine zentrale Bedeutung zu. Aus der direkten Konfrontation mit der Krankheit entwickelt der naturwissenschaftliche Mediziner aber häufig eine unzulässige Tendenz, sich mit dem Krebsproblem derart zu identifizieren, daß er es mit der naturwissenschaftlichen Problemstellung gleichsetzt. Dabei neigt er dazu, einen Alleingang der Soziologen und Psychologen zu »beobachten« und unterstellt der sozialwissenschaftlichen Onkologie den inkompetenten Wunsch, das Krebsproblem alleine erklären zu wollen. Es bedarf keiner großen Logik, um einzusehen, daß die moderne Medizin nur dann Fortschritte machen kann, wenn in Zukunft das naturwissenschaftliche und das sozialwissenschaftliche Experiment zusammenarbeiten. Die Kompetenzfrage kann nicht nach dem Geltungsbedürfnis einzelner Spezialisten beantwortet werden, sondern muß sich an den im Experiment nachweisbaren Zusammenhängen orientieren. Wenn die sozialwissenschaftliche Onkologie eindeutig nachweisen kann, daß Personen an Krebs erkranken, die ein spezifisches, genau beschreibbares und empirisch erfaßbares Verhaltensmuster aufweisen, dann ist das naturwissenschaftliche Experiment aufgerufen, die Beziehungen zwischen neurohormonellen Prozessen und der Krebserkrankung näher und systematischer zu erforschen. Während Millionen Dollar und DM für die Identifizierung immer neuer krebserzeugender Noxen aufgebracht wurden, gibt es gut wie kein brauchbares Experiment, das mit methodischer Stringenz die Beziehung von zentralnervösen Impulsen und der Krebserkrankung erforschte (obwohl die einzelnen, methodisch unzureichenden Arbeiten, besonders im Tierversuch, Hinweise auf solche Zusammenhänge geben. Siehe dazu: *Psychologie Heute*, Heft 6, 1978).

V. Therapieforschung

1. Psychosoziale Faktoren und Krankheitsverlauf

Bis heute gibt es noch keine systematischen wissenschaftlichen Arbeiten, die den Krankheitsverlauf verschiedener Krebsarten bei verschiedenen Patienten in Beziehung zu psychosozialem Streß und gesundheitlichem Zustand (z. B. der Tumorausbreitung zum Zeitpunkt der Befragung, später auftretende Metastasen) untersucht hätten. Dies ist aber eine dringende Aufgabe der psychosomatischen Krebsforschung. Nur auf diese Weise kann Klarheit darüber gewonnen werden, ob psychosoziale Faktoren bei bestimmten Krebsarten und in bestimmten Phasen der Tumorausbreitung eine positive oder negative Rolle im Krankheitsverlauf spielen. Um hierüber mehr zu erfahren, müssen Patienten, die an der gleichen Tumorart und Tumorausbreitung leiden, mit der gleichen Methode erfaßt und mindestens einmal jährlich nachuntersucht werden.

Ich habe mehrere Krankheitsverlaufstudien durchgeführt, konnte aber bis jetzt noch nicht die finanzielle Unterstützung und vor allen Dingen die klinische Mitarbeit erhalten, um die oben beschriebene Methode anzuwenden. Ich mußte mich mit der Erforschung eines Zusammenhangs zwischen psychosozialem Streß (hohe Punktzahl auf mehreren Fragebogen und auf dem Beobachtungskatalog), der Tumorart (besonders Bronchialkarzinom, Magenkrebs, Colon- und Rectum-Karzinom) und der Überlebensdauer der Patienten nach der ersten Operation begnügen. Dabei konnte nachgewiesen werden, daß es einen eindeutigen Zusammenhang zwischen der Überlebensdauer nach der ersten Operation beziehungsweise Diagnosestellung und der Punktzahl auf unseren Meßinstrumenten, die psychosozialen Streß messen, gibt. Dieser Zusammenhang gilt für alle erforschten Tumorarten. Dabei handelt es sich um dieselben oder ähnliche psychosoziale Faktoren, aufgrund derer Krebs vorhergesagt werden konnte (obwohl es auch Unterschiede gibt, die in verschiedenen statistischen Auswertungen festzustellen sind). Die Frage bleibt offen, ob der psychosoziale Streß die Ursache oder die Folge eines schlechten Krankheitsverlaufs ist. Hypothetisch nehme ich an, daß es sich um eine Wechselwirkung handelt, wobei dem psychosozialen Streß aber möglicherweise eine vorrangige Rolle bei ungünstigem Krankheitsverlauf zukommt. Die Frage nach der Wechselwirkung zwischen psychosozialem Streß und ungünstigem Krankheitsverlauf muß in zukünftigen intensiven Forschungen beantwortet werden. Dabei ist die Frage, ob Metastasen auf psychosozialen Streß gehäuft folgen oder ob die umgekehrte Reihenfolge zutrifft, von besonderem Interesse. Selbst wenn von einer Wechselwirkung auszugehen ist, wäre denkbar, daß durch therapeutische Beeinflussung von Streß ein präventiv und kurativ-therapeutischer Erfolg zu erwarten ist.

Um einen ersten Zusammenhang zwischen psychosozialem Streß und der Überlebensdauer von Krebspatienten nach der ersten Operation anzudeuten und damit eventuell die zukünftige Forschung anzuregen, soll hier eine Studie dargestellt werden. Anfang des Jahres 1975 wurden 52 Patienten mit Bronchialkarzinom, 43 Personen mit Magenkarzinom und 50 Personen mit Rectum-Karzinom mit zwei Fragebögen und einem Beobachtungskatalog untersucht. Bei allen Patienten wurde die Diagnose auf Krebs im Jahre 1974 gestellt. In den Jahren 1975/76/77, also in den drei Jahren nach der ersten Befragung, wurde geprüft, ob die Patienten noch leben oder gestorben sind. Danach wurde ein Zusammenhang zwischen der Punktzahl auf unseren Meßinstrumenten und der Überlebensdauer dargestellt (siehe beigefügte Tabelle, S. 187).

Die Studie zeigt, daß Personen mit einer hohen Punktzahl eine kürzere Überlebensdauer aufweisen.

Die angewandten Meßinstrumente bestanden aus dem in diesem Buch angeführten Fragenkatalog und dem Beobachtungskatalog. Zusätzlich wurde ein Fragebogen zur Überprüfung des therapeutischen Erfolges eingesetzt, der im wesentlichen auch psychosozialen Streß, Fähigkeit zur Selbstkontrolle usw. beinhaltete. Dieser Fragenkatalog wird zusammen mit dem Variablenkatalog im Anschluß an dieses Kapitel angeführt.

Die gesamte psychosomatische Erforschung des Krankheitsverlaufes sowie meine eigene Arbeit stecken noch in den Kinderschuhen. Heute ist es nicht möglich, einen Krebspatienten mit letzter Gewißheit psychosozial zu testen und aufgrund dessen eine Prognose für die Überlebensdauer zu stellen. Dazu sind zunächst noch umfangreiche Verlaufstudien, bezogen auf konkrete Tumorarten, nötig.

Ein Zusammenhang zwischen psychosozialem Streß, psychosozialen Faktoren allgemein und der Krebserkrankung (Entstehung und Verlauf) ist nicht nur in prospektiven Studien nachweisbar. Auch eine systematische Therapieforschung kann diesen Zusammenhang nachweisen. Aber auch dafür sind begleitende prospektive Studien nötig. Wenn zum Beispiel eine große Population von Personen, die aufgrund von Befragungen hohe Werte auf der Skala des psychosozialen Stresses aufweist, präventiv-therapeutisch behandelt wird und bei diesen Personen Jahre nach der Therapie weniger Krebs auftritt als bei einer vergleichbaren und nicht behandelten Kontrollgruppe, dann erhärtet sich der Verdacht eines Zusammenhanges zwischen psychosozialem Streß und der Krebserkrankung. Dabei muß in Nachuntersuchungen aber kontrolliert werden, ob die Therapie tatsächlich die psychosozialen Faktoren beeinflußt hat, die hypothetisch mit der Krebserkrankung in Beziehung gebracht werden. Um eine solche Beeinflussung zu erzielen, bedarf es einer sehr gezielten, effektiven Therapie.

Daß es einen Zusammenhang zwischen psychosozialen Faktoren und einem ungünstigen beziehungsweise günstigen Krankheitsverlauf gibt, ist durch therapeutische Interventionen nachweisbar. Wenn zum Beispiel eine Gruppe von Krebspatienten mit einer besonders hohen Punktzahl therapiert wird und nach der Therapie im Vergleich mit einer ähnlichen nicht therapierten Gruppe

a) bedeutend länger lebt
b) den psychosozialen Streß verlernt hat,

dann ist anzunehmen, daß die Umstellung des Verhaltens den Krankheitsverlauf beeinflußt. Wäre der psychosoziale Streß eine bloße Folgeerscheinung des Krankheitszustandes, dann wäre es nicht denkbar, daß die therapeutische Behandlung rückwirkend den Krankheitsverlauf positiv beeinflußt. Entweder gibt es einen direkten Einfluß von psychosozialem Streß auf einen positiven oder negativen Krankheitsverlauf oder es gibt diesen Einfluß nicht. Es ist jedoch methodisch sehr schwierig, den therapeutischen Beweis zu bringen, daß psychosoziale Faktoren auf den Krankheitsverlauf Einfluß nehmen können. Wenn der Beweis aufgrund von Befragungen und interdisziplinärer Zusammenarbeit mit Klinikern geschehen soll, dann setzt das äußerst aufwendige Untersuchungen über Tumorausbreitungen usw. voraus. Dabei wird an die Kliniker der Anspruch gestellt, daß sie nicht nur etwas über die Tumorausbreitung sagen, sondern, daß sie den gesamten

Gesundheitszustand des Patienten standardisiert und vergleichbar darstellen. Das ist bei dem heutigen Stand der Forschung nur sehr schwer und mit großem finanziellen Aufwand möglich.

Die Vergleichbarkeit zwischen der Kontrollgruppe und der therapierten Gruppe kann aber auf andere Weise geschehen. Wenn nach dem Zufallsprinzip bestimmte Patientenpaare gebildet werden, die in Tumorart, Alter, Schicht und Datum der Diagnosestellung vergleichbar sind, dann ist es nach dem Zufallsprinzip auch wahrscheinlich, daß der Krankheitszustand in der Kontrollgruppe und der therapierten Gruppe weitgehend übereinstimmen. Es müssen allerdings mehrere therapeutische Studien durchgeführt werden, damit sich diese Wahrscheinlichkeit erhöht. Wenn sich in der Nachuntersuchung nun herausstellt, daß die therapierten Krebspatienten

a) den psychosozialen Streß verlernt haben und
b) länger leben als die nicht therapierte Gruppe,

dann wäre der Nachweis einer Wirkung von psychosozialem Streß auf den Krankheitsverlauf erbracht. Dazu gilt allerdings folgende Einschränkung: Der Zusammenhang besteht nur dann, wenn die gleichen therapeutischen Methoden bei verschiedenen Krebspatienten den gleichen Effekt haben.

Über den Nachweis eines Zusammenhanges zwischen psychosozialem Streß und einem ungünstigen Krankheitsverlauf hinaus wäre dabei auch eine effiziente Therapie entwickelt worden. Diese Therapie wäre dann auch einsetzbar parallel zu anderen naturwissenschaftlichen Therapien. Auch dazu sind allerdings vorerst noch experimentelle Studien nötig.

Die Ergebnisse der Krankheitsverlaufsforschung in bezug auf psychosoziale Faktoren sind in den beigefügten Tabellen dargestellt. Sie werden anhand von mehreren Meßinstrumenten erzielt: durch den Beobachtungskatalog (S. 136) sowie den Fragebogen (S. 160). Das Ergebnis der beigefügten Tabellen zeigt, daß die Überlebensdauer mit derselben Punktzahl in Zusammenhang steht, aufgrund derer Krebserkrankung vorhergesagt werden kann. Dies illustrieren die beigefügten Tabellen eindeutig.

Die Personen, die im Jahre 1975 verstorben sind, zeigen auf dem Beobachtungs- und Fragenkatalog eine weitgehend höhere Punktzahl als die Personen aus der gleichen Population, die im Jahre 1976 und im Jahre 1977 verstorben sind. Im Jahre 1975 starben z. B. 67 Krebspatienten. Sie lebten im allgemeinen weniger als ein Jahr nach der Operation. Von diesen Personen hatten auf dem Beobachtungskatalog 47 Personen (70,1 %) eine »sehr hohe« Punktzahl und 66 Personen (98,5 %) eine »hohe« Punktzahl.

Ein recht ähnliches Bild ergibt sich, wenn die Punktzahl auf dem Fragebogen betrachtet wird. Auch hier hatten 47 Personen (70,1 %), die im Jahre 1975 verstorben sind, eine »sehr hohe« Punktzahl (siehe Tabellen im Anhang). Von den 45 Personen, die 1977 starben, hatten auf dem Beobachtungskatalog 10 Personen (22,5 %) eine »hohe« Punktzahl. Auf dem Fragebogen hatten 4 Personen (8,8 %) eine »hohe« Punktzahl. Die Personen, die in der Zwischenzeit – also im Jahre 1976 – verstorben waren, liegen auch in der Mitte beim Vergleich ihrer Punktzahlen mit den Patienten, die 1975 beziehungsweise 1977 gestorben sind. Dabei ist das Ergebnis, das anhand des Fragebogens erzielt wurde, deutlicher als das Ergebnis, des Beobachtungskataloges. Im Jahre 1976 sind insgesamt 33 Krebspatienten verstorben; 8 Personen (24,2 %) hatten eine »hohe« Punktzahl. Auf dem Beobachtungskatalog hatten 31 Personen (93,9 %) eine »hohe« Punktzahl. Allerdings hatten von ihnen weniger Personen eine »extrem hohe« Punktzahl als die Personen, die 1976 gestorben sind.

Derselben Population wurde noch ein dritter Fragebogen zur Überprüfung des therapeutischen Erfolges vorgelegt. Auch das anhand dieses Fragebogens erzielte Ergebnis zeigt, daß es einen eindeutigen Zusammenhang zwischen der Punktzahl auf dem Fragebogen und der Überlebensdauer gibt. Während 67,1 % der im ersten Jahr verstorbenen Personen eine »extrem hohe« Punktzahl aufwiesen, zeigte kein Patient aus der im Jahre 1977 verstorbenen Population eine »extrem hohe« Punktzahl (siehe beigefügte Tabelle). Dieser Fragebogen wurde auch zur Überprüfung des therapeutischen Erfolges bei Krebspatienten, die bei uns mit der kognitiven Verhaltenstherapie behandelt wurden, eingesetzt. Dabei zeigte sich, daß mit der kognitiven Verhaltenstherapie die Punktzahl verringert werden kann.

Der Fragebogen zur Überprüfung des therapeutischen Erfolges ist auch in anderer Hinsicht interessant. Er beinhaltet fast ausschließlich Variablen, die sich auf eine Verbesserung des Lebensgefühls und des subjektiven Wohlbefindens beziehen, so z. B. auf Selbstakzeptierung, zielorientiertes Verhalten oder Selbstvertrauen. Das Ergebnis zeigt, daß es eine Beziehung zwischen Überlebensdauer und Verbesserung der »Lebensqualität« gibt.

Selbstvertrauen, Erfolgserlebnisse und die Fähigkeit zur positiven Selbstbeeinflussung können den Krankheitsverlauf günstig verändern. Im Anhang wird der Fragebogen zur Überprüfung des therapeutischen Erfolges angeführt. Er besteht aus 33 Fragen, von denen jede Frage mit einem Punkt bewertet wird. Für folgende Nein-Antworten wird ein Punkt verteilt: Fragen 2, 3, 4 und 5. Sechs Fragen stellen Kontrollfragen dar, und zwar die Fragen 9, 10, 11, 31, 32 und 33. Die restlichen Fragen werden ebenfalls bei Ja-Antworten mit einem Punkt bewertet. Eine Person kann also insgesamt maximal *27* Punkte erreichen.

Fragebogen zur Überprüfung des therapeutischen Erfolges

1. Sind Sie von mindestens zwei Lebensereignissen (oder anderen Lebensumständen) derart betroffen worden, daß Sie im letzten Jahr immer wieder hoffnungslos und niedergeschlagen waren?
2. Sind Sie von mindestens zwei Lebensereignissen (oder anderen Lebensumständen) derart betroffen worden, daß sie im letzten Jahr immer wieder derart verärgert und aufgeregt waren, daß Sie Ihre Aufregung meistens nicht mehr unter Kontrolle bekamen?
3. Haben Sie ein Lebensziel?
4. Mögen Sie sich selbst?
5. Haben Sie ein positives Gefühl zum eigenen Körper?
6. Haben Sie Selbstvertrauen?
7. Glauben Sie, daß für Sie andere Menschen wichtig sein können?
8. Können Sie Ihr Gefühlsleben ausreichend zum Angenehmen hin beeinflussen?
9. Sind Sie in den letzten drei Monaten krank gewesen?
10. Hatten Sie in den letzten drei Monaten körperliche Beschwerden?
11. Hatten Sie in den letzten drei Monaten seelische Beschwerden (z. B. Trauer)?
12. Hatten Sie in den letzten drei Monaten stark ausgeprägte Angstgefühle?
13. Genießen Sie Dinge, die um Sie herum sind?
14. Haben Sie in der letzten Zeit Freude an Menschen, mit denen Sie in Berührung kommen?
15. Machen Sie sich in der letzten Zeit viele Selbstvorwürfe?

16. Sind Ihre Gedanken mehr auf die Vergangenheit als auf die Zukunft gerichtet?
17. Äußern Sie in der letzten Zeit Ihre seelischen Bedürfnisse und Gefühle Mitmenschen gegenüber?
18. Haben Sie in der letzten Zeit Erfolg im Umgang mit Mitmenschen?
19. Haben Sie in der letzten Zeit Ihre Gefühle unter Kontrolle, so daß Sie Ihre Gemütsbewegungen selbst beeinflussen können?
20. Haben Sie zu nahestehenden Personen Vertrauen?
21. Haben Sie in der letzten Zeit erotisches oder sexuelles Interesse an einem Mitmenschen?
22. Fühlen Sie sich von Ihren Mitmenschen anerkannt?
23. Glauben Sie, daß Ihre Person für andere Menschen wichtig ist?
24. Haben Sie vor sich selbst Achtung?
25. Glauben Sie, daß Sie ungünstige seelische Zustände bei sich selbst beeinflussen können?
26. Glauben Sie, daß Sie körperliche Symptome bei sich selbst beeinflussen können?
27. Hat für Sie Ihr Dasein und Ihr Leben einen Sinn?
28. Haben Sie das Gefühl, von anderen Menschen seelisch isoliert zu sein?
29. Haben Sie sich von Dingen, die Sie gern tun, völlig zurückgezogen?
30. Haben Sie zur Zeit finanzielle Probleme?
31. Haben Sie zur Zeit größere soziale Probleme (am Arbeitsplatz etc.)?
32. Haben Sie großes Vertrauen zu Ihrem behandelnden Arzt?
33. Glauben Sie, daß Ihre bisherige medizinische Behandlung richtig war?

Variablenkatalog

Variable	*Frage Nr.*
1. Chronische, reaktive Hoffnungslosigkeit	1
2. Chronische, reaktive Aufregung	2
3. Zielorientiertes Leben	3
4. Selbstakzeptierung	4, 5, 24

5. Selbstvertrauen	6, 7
6. Fähigkeit zur Selbstbeeinflussung	8, 19, 25, 26
7. Psychische und physische Symptomatik in den letzten drei Monaten	9, 10, 11, 12
8. Genußfähigkeit in Berührung mit Dingen und Menschen	13, 14
9. Selbstvorwürfe	15
10. Fehlende Zukunftsorientierung	16
11. Verhinderte Gefühls- und Bedürfnisäußerung im sozialen Rahmen	17
12. Erfolgserlebnis im Umgang mit Mitmenschen	18
13. Vertrauen zu nahestehenden Personen	20
14. Äußerung emotional-erotischer Bedürfnisse einem Mitmenschen gegenüber	21
15. Gefühl der sozialen Anerkennung	22, 23
16. Sinn des Lebens	27
17. Gefühl der sozialen Isolation	28, 29
18. Finanzielle und soziale Probleme	30, 31
19. Vertrauen zu Arzt und medizinischer Behandlung	32, 33

Befragung: Anfang 1975
Operation,
Diagnosestellung: Zweite Hälfte 1974

Diagnose	*Jahr des Todes*			*Insgesamt*
	1975	1976	1977	
Bronchialkarzinom	29	13	10	52
Magenkarzinom	20	12	11	43
Colon- und Rectum-Karzinom	18	8	24	50
				145

Verhältnis von Punktzahl auf dem Fragebogen und Überlebensdauer

Punktzahl auf dem Fragebogen	Bronchial-karzinom	Magen-karzinom	Colon- u. Rectum-karzinom	Bronchial-karzinom	Magen-karzinom	Colon- u. Rectum-karzinom	Bronchial-karzinom	Magen-karzinom	Colon- u. Rectum-karzinom
über 160	12	8	4	0	0	0	0	0	0
von 130 – 160	13	5	7	1	0	3	0	0	0
von 100 – 130	1	1	3	1	0	3	1	1	2
von 70 – 100	1	4	1	6	2	1	3	2	3
von 40 – 70	0	1	1	4	10	0	5	7	15
von 20 – 40	0	0	1	1	0	1	2	1	4
von 0 – 20	2	1	1	0	0	0	0	1	0
	verstorben 1975			verstorben 1976			verstorben 1977		

Für einen statistischen Test wurden die Karzinome zusammengefaßt, das Todesjahr 1975 den zusammengefaßten Todesjahren 1976 und 1977 gegenübergestellt (66 gegen 80 Fälle) und bei 100 Punkten getrennt (65 gegen 81 Fälle). Der chi^2-Test auf Abhängigkeit für die resultierende 4-Felder-Tafel ist auf dem 0,1 %-Niveau signifikant.

Verhältnis von Punktzahl auf dem Beobachtungskatalog und Überlebensdauer

Punktzahl auf dem Beobachtungskatalog	Bronchial-karzinom	Magen-karzinom	Colon- u. Rectum-karzinom	Bronchial-karzinom	Magen-karzinom	Colon- u. Rectum-karzinom	Bronchial-karzinom	Magen-karzinom	Colon- u. Rectum-karzinom
über 67	15	9	6	1	2	0	0	0	2
von 49 – 67	12	5	0	6	4	3	0	0	2
von 35 – 49	2	6	11	6	5	4	1	1	4
von 25 – bis 35	0	0	1	0	1	1	8	8	7
von 13 – 25	0	0	0	0	0	0	1	2	10
von 0 – 13	0	0	0	0	0	0	0	0	3
	verstorben 1975			verstorben 1976			verstorben 1977		

Für einen statistischen Test wurden die Karzinome zusammengefaßt, das Todesjahr 1975 den zusammengefaßten Todesjahren 1976 und 1977 gegenübergestellt (67 gegen 82 Fälle) und bei 49 Punkten getrennt (87 gegen 82 Fälle). Der chi^2-Test auf Abhängigkeit für die resultierende 4-Felder-Tafel ist auf dem 0,1 %-Niveau signifikant.

Verhältnis von Punktzahl auf dem Fragebogen zur Überprüfung des therapeutischen Erfolges und der Überlebensdauer

Punktzahl auf dem Fragebogen	Bronchial-karzinom	Magen-karzinom	Colon- u. Rectum-karzinom	Bronchial-karzinom	Magen-karzinom	Colon- u. Rectum-karzinom	Bronchial-karzinom	Magen-karzinom	Colon- u. Rectum-karzinom
über 25	10	9	6	1	0	0	0	0	0
von 20 – 25	12	3	5	1	0	3	0	0	0
von 15 – 20	4	2	3	1	5	4	0	1	0
von 10 – 15	1	3	1	5	1	1	2	1	3
von 5 – 10	0	1	1	3	6	0	2	8	11
von 1 – 5	1	1	1	2	0	0	5	1	7
0	1	1	1	0	0	0	1	0	3
	verstorben 1975			verstorben 1976			verstorben 1977		

Für einen statistischen Test wurden die Karzinome zusammengefaßt, das Todesjahr 1975 den zusammengefaßten Todesjahren 1976 und 1977 gegenübergestellt (67 gegen 78 Fälle) und bei 15 Punkten getrennt (70 gegen 75 Fälle). Der chi^2-Test auf Abhängigkeit für die resultierende 4-Felder-Tafel ist auf dem 0,1 %-Niveau signifikant.

2. Allgemeine theoretische Grundlagen der kognitiven Verhaltenstherapie

Mein Forschungsprogramm hat drei große Stoßrichtungen:

a) aufgrund prospektiver Studien sollen ursächliche psychosoziale Faktoren für die Krebserkrankung gefunden werden

b) in sogenannten Prognose-, also Krankheitsverlaufsstudien, sollen psychosoziale Faktoren identifiziert werden, die mit einem günstigen beziehungsweise ungünstigen Krankheitsverlauf zusammenhängen

c) es soll ein therapeutisches Vorgehen entwickelt werden, das die psychosozialen Faktoren, die entweder ursächlich mit der Krankheitsentstehung oder mit einer schlechten Prognose der Krankheit zusammenhängen, günstig beeinflussen beziehungsweise beseitigen kann.

Weder die Psychoanalyse noch die Gesprächstherapie oder die klassische Verhaltenstherapie haben hierzu bisher erfolgversprechende Konzepte geliefert.

Der Hauptmangel der Psychoanalyse liegt meines Erachtens im folgenden:

a) Der therapeutische Effekt wird nicht systematisch und standardisiert erfaßt. Die Psychoanalyse kann nicht dokumentieren, in welchen Verhaltensbereichen sie durch therapeutische Eingriffe Erfolge erzielt.

b) Die Psychoanalyse konnte die wirksamen Prinzipien ihrer Therapie nicht explizit darstellen und experimentell nachweisen.

c) Die Psychoanalyse konnte keine allgemein verbindliche Theorie entwickeln, durch die ein standardisiertes, von allen Therapeuten gleiches Vorgehen möglich ist.

d) In der Psychoanalyse hängt die Richtung der Therapie jeweils von der individuellen Überzeugung und der impliziten Theorie des Therapeuten ab. Wenn der Therapeut beispielsweise glaubt, daß das intrauterine Leben und die Erinnerung an den Vorgang der Geburt von entscheidender Bedeutung sind, dann wird er seinen Patienten so lange in diese Richtung manipulieren, bis er mit diesem eine gemeinsame theoretische Basis erzielt.

Bis heute fehlt jegliche empirische Kontrolle über die negativen Effekte der Psychoanalyse. In meinen Befragungen von Krebspatienten fand ich eine geringe Anzahl von Personen, die vor dem Krebsausbruch in einer psychoanalytischen Behandlung waren. Diese Personen haben nach dem Ausbruch des Krebses im Vergleich mit Personen, die in der Tumorart, Tumorausbreitung und Alter vergleichbar waren, bedeutend kürzer gelebt. Es ist dringend notwendig, daß die Psychoanalyse negative Effekte, die eventuell durch die Therapie entstehen, systematisch erfaßten. Das gilt für alle Richtungen der Psychoanalyse.

Die Psychoanalyse berücksichtigt nicht explizit die Lerngesetze. Sie ist eine Methode, in der letztlich nur die Einsicht in die vorhandene Verhaltensschwäche gesteigert wird – ohne effektive Verhaltensänderung.

Die Verhaltenstherapie geht mit Recht davon aus, daß sich das Individuum an den negativen und positiven Konsequenzen seines Verhaltens orientiert. Wenn ein Verhalten negative Folgen hat, dann vermeidet man nach Möglichkeit dieses Verhalten. Wenn ein Verhalten positive Konsequenzen hat, wird es wiederholt. Häufig weiß jedoch ein Mensch, daß ein bestimmtes Verhalten negative Konsequenzen mit sich bringt, und trotzdem hält er an ihm fest. Der Verhaltenstherapeut wird hier sagen, daß dieser Mensch kein Alternativverhalten erlernt hat.

Der kognitive Verhaltenstherapeut geht davon aus, daß nicht das Verhalten selbst erlernt ist, sondern die Denkvorgänge, Bewertungen, Einschätzungen, Überzeugungen, also die kognitiven Prozesse. Diese steuern erst das Verhalten. Ein Alkoholiker weiß, daß ihm Alkohol schadet, aber er bewertet trotzdem bestimmte Situationen so, daß er sich vom Alkohol positive Konsequenzen verspricht.

Die Gesprächstherapie geht im wesentlichen davon aus, daß geäußerte Gefühle auch die Denkweisen eines Menschen, z. B. seine Selbstinterpretation, verändern können und daß der Klient, also die therapierte Person, selbst am besten weiß, was sie will. Obwohl die Gesprächstherapie sehr wichtige Aspekte erfaßt, kommt sie mit der kognitiven Verhaltenstherapie in bestimmten Bereichen zumindestens zu gegensätzlichen Einschätzungen. In der von mir weiterentwickelten Form der kognitiven Verhaltenstherapie gehe ich davon aus, daß die Denk- und Bewertungsstrukturen, Annahmen, Überzeugungen usw. eher die Emotionen bestimmen und daß der Patient zwar zum Teil weiß, in welche Richtung er gehen will, aber meistens die Bewertung, die ein Symptom hervorruft, nicht kennt. Er kennt auch nicht die Methoden der Verhaltenstherapie, mit denen er sein Symptom überwinden kann. In der kognitiven Verhaltenstherapie wird durch aktive Zusammenarbeit zwischen der Versuchsperson und dem Therapeuten eine Änderung des Verhaltens gezielt angestrebt.

Hier soll zunächst die theoretische Grundlage meiner Form der kognitiven Verhaltenstherapie dargestellt werden:

Die Programmtherapie ist eine von mir weiterentwickelte Methode der kognitiven Verhaltenstherapie. Die kognitive Verhaltenstherapie hat sich besonders während der letzten Jahre in den USA in der Auseinandersetzung mit dem Behaviorismus entwickelt (Michael Mahoney, 1974). Sie geht davon aus, daß nicht nur das beobachtbare Verhalten, die objektiv feststellbaren Reize und Konsequenzen des Verhaltens ein legitimes Gebiet der Psychologie und Therapieforschung sind, sondern auch die sogenannten »verdeckten Ereignisse«, die z. B. in Gedanken, Vorstellungen, Bewertungen und Überzeugungen vorkommen. Die kognitive Verhaltenstherapie hat diese Ereignisse als Reize, Reaktionen und Konsequenzen erforscht, Begriffe wie »verdeckte Konditionierung« geprägt und therapeutische Vorgehensweisen wie die »verdeckte Sensibilisierung, Verstärkung und Löschung« oder das »verdeckte Modellernen« entwickelt. Begriffe wie Überzeugung, Selbstinstruktion, kognitive Umstrukturierung usw. sind in dieser Therapie von zentraler Bedeutung. Die Forschung in Amerika hat sich überwiegend auf die wissenschaftstheoretischen Arbeiten konzentriert sowie auf die Entwicklung und Beschreibung einzelner Verfahrensweisen. Eindeutig zu kurz gekommen ist dabei die empirische, an größeren Populationen durchgeführte Therapieforschung. Die kognitive Verhaltenstherapie stellte bisher keine theoretischen Modelle zur Verfügung, aus denen Hypothesen für die Verhaltensänderung und praktikable Methoden abzuleiten wären, die beim Individuum eine Stabilisierung des erwünschten Verhaltens ermöglichen und bei größeren Populationen statistisch nachweislich zum therapeutischen Erfolg führen. Dieser Versuch wurde in meinen Arbeiten unternommen.

Von 1963 bis 1974 habe ich eine Therapieform vertreten, die ich »Soziopsychotherapie« nannte. Dabei ist der Versuch gemacht worden, durch Sozialbetreuung, Einzelanalysen und Gespräche, suggestive Beeinflussung und emotionale Äußerung (z. B. in einer Art von Rollenspiel) bestimmte erwünschte Verhaltensweisen zu erreichen und unerwünschte Verhaltensweisen zu beseitigen. In dieser Periode wurden verschiedene therapeutische Arbeiten durchgeführt, in denen explizit und implizit die wichtigsten Lerngesetze (Belohnung, Bestrafung, verdeckte Sensibilisierung), in einer allerdings noch sehr unsystematischen Art und Weise angewandt wurden. Dem Therapieprozeß gingen Analysen kognitiver Strukturen voraus. Auch hier war das Vorgehen zunächst unsystematisch und intuitiv. Die therapeutische Erfahrung wurde mit mehreren hundert Personen gesammelt, z. B. in der Therapie der Rauchgewohnheit, der Beeinflussung eines chronischen Schmerzzustandes usw. Die Vorarbeiten haben es mir im Jahre 1974 ermöglicht, ein theoretisches Modell und Methoden zu entwickeln, die sich weitgehend mit dem Interessengebiet und der Methodik der kognitiven Verhaltenstherapie decken. Dabei habe ich versucht, Vorgehensweisen zu wählen und kreativ in mein Modell zu integrieren, die sich

a) auf internationaler Ebene als die wirksamsten herausschälten und
b) sich mit meiner theoretischen Affinität und meinen therapeutischen Vorarbeiten vertragen.

Somit kam ich in die Lage, von 1975 bis 1978 systematisch experimentelle Arbeiten durchzuführen, in denen überprüfbares Vorgehen und systematische Erfolgskontrollen deren Eingliederung in die internationale Literatur möglich machten.

Für das Verständnis der Hypnose und ihrer Anwendungsmöglichkeiten im Rahmen meiner kognitiven Verhaltenstherapie sollen an dieser Stelle einige Begriffe aus meinem theoretischen System definiert werden:

Programme sind spezifisch strukturierte, internalisierte Bewertungsregeln und Regeln über angenommene Wirkungszusammenhänge. Ich nehme an, daß diese Denkstrukturen motivieren, Verhaltensweisen steuern und auch unbewußte Verhaltenstendenzen beeinflussen. Die Programme sind zum größten Teil erlernt und können verhaltenstherapeutisch verändert werden.

Kognitive Strukturen sind bewußte Denkvorgänge, Interpretationsweisen usw., durch die Reize, Motive, das Verhalten und die Konsequenzen des Verhaltens subjektiv bewertet werden. Kognitive Strukturen werden von den Programmen gesteuert beziehungsweise die Programme manifestieren sich in den kognitiven Strukturen. Die kognitiven Strukturen betrachte ich als eine Art Vorstufe und gleichzeitig als ein Motiv für das manifeste Verhalten. Nun werden verschiedene Verhaltensweisen, Reize, Konsequenzen des Verhaltens usw. häufig unterschiedlich, ja widersprüchlich bewertet. Zum Beispiel kann eine kognitive Struktur einen Reiz, etwa das Rauchen, positiv bewerten, während eine andere kognitive Struktur zu dieser Bewertung im Widerspruch steht. Trotzdem verhält sich das Individuum in einer Richtung: Es raucht oder es raucht nicht. In diesem Zusammenhang spreche ich von der *resultierenden kognitiven Struktur*. Sie setzt sich in manifestes Verhalten um und ist das dialektische Resultat von These und Antithese, also die Synthese.

Ich gehe davon aus, daß stabilisierte, also chronisch sich wiederholende Verhaltensweisen, komplex kognitiv gesteuert werden, letztlich aber von einem sogenannten *konstituierenden kognitiven Faktor* bestimmt sind. Der konstituierende kognitive Faktor ist meistens eine resultierende kognitive Struktur, die chronisch eine Verhaltensweise aufrechterhält. Häufig wird eine Verhaltensweise auch von mehreren konstituierenden kognitiven Faktoren aufrechterhalten. Hier soll ein konkretes Beispiel angeführt werden, das sich auf übermäßige Nahrungsaufnahme bezieht: »Viel Essen stärkt die Nerven und hilft bei seelischer Aufregung.« Wenn eine solche kognitive Struktur immer wieder übermäßiges Essen in Streßsituationen auslöst, dann ist sie ein konstituierender kognitiver Faktor.

Auch konstituierende kognitive Faktoren, die verschiedene Bereiche des Verhaltens aufrechterhalten, werden häufig in Form von These und Antithese konfrontiert, so daß sich resultierende Strukturen ergeben. Dazu ein Beispiel: Ein konstituierender kognitiver Faktor bestimmt die Rauchgewohnheit. (»Rauchen ermöglicht soziale Kommunikation.«) Ein anderer Faktor bestimmt sportliches Verhalten (»Sportliche Betätigung erhöht die physische und psychische Kondition«). Die beiden erwähnten konstituierenden kognitiven Faktoren können aus verschiedenen Gründen im Bewußtsein in Widerspruch geraten (z. B. weil sich ihre Konsequenzen ausschließen oder weil der Therapeut auf den Widerspruch aufmerksam macht). In diesem Fall werden widersprüchliche kognitive Strukturen in einen kognitiven Zusammenhang gebracht. Daraus kann sich ein neuer resultierender verhaltenskonstituierender kognitiver Faktor bilden. (»Eine gute physische Kondition ist wichtiger als das gesundheitsschädliche Rauchen.«) Ich setze bei jedem Menschen eine bestimmte *Hierarchie* von konstituierenden kognitiven Faktoren voraus, wobei die oberen kognitiven Instanzen mehrere Verhaltensbereiche kontrollieren und bestimmen, z. B. kann ein religiöser kognitiver Faktor gleichzeitig den Bereich des Sexualverhaltens, des Verhaltens am Arbeitsplatz und die alltägliche soziale Kommunikation weitgehend kontrollieren. Ein solches Verhalten setzt voraus, daß sich der religiöse kognitive Faktor gegen andere kognitive Faktoren, die als Antithesen fungieren, resultierend durchgesetzt hat und somit verhaltenswirksam wurde. Häufig kann aber eine kognitive Struktur, die sich nicht ins manifeste Verhalten durchgesetzt hat, latent eine für das Individuum sehr wichtige Verhaltenstendenz bestimmen. In diesem Fall spreche ich von der *unbewußten kognitiven Struktur.*

Die höchste hierarchische Organisation der kognitiven Strukturen, die sich im individuellen Bewußtsein durchsetzen und das Gefühl der Individualität vermitteln, nenne ich *kognitives Selbstkonzept.* Das kognitive Selbstkonzept ermöglicht ein integriertes Verhalten verschiedenen Reizsituationen gegenüber; es steuert komplexe Verhaltensweisen und orientiert sich an den Konsequenzen verschiedener Verhaltensweisen.

Ein weiterer Begriff meiner kognitiven Verhaltenstherapie ist das *Motiv.* Unter Motiv verstehe ich die kognitive Verbindung zwischen Reiz, Verhaltensweisen und deren positiven oder negativen Konsequenzen.

In der therapeutischen Situation wird ein erwünschtes und ein unerwünschtes Verhalten definiert und zwischen Verhaltensweisen, die zu stabilisieren sind, und solchen, die zu instabilisieren sind, unterschieden. Das erwünschte Verhalten hängt offensichtlich mit der Definition des Inhalts zusammen. Ich kann nur solche Inhalte erwünschten Verhaltens vertreten, die mit einem objektiv nachweisbaren Vorteil für das Individuum verbunden sind (z. B. Beeinflussung der Rauchgewohnheit und des Übergewichtes) und die subjektiv keine unerwünschten unbewußten Verhaltensweisen hervorrufen. Um das zu kontrollieren, werden Fragebogen zur Überprüfung der subjektiven Empfindung und objektiver Verhaltensweisen eingesetzt. Das unerwünschte Verhalten muß zudem in vorausgegangenen wissenschaftlichen Arbeiten als gesundheitsschädlich identifiziert worden sein.

Gekoppelte kognitive Strukturen stellen einen kognitiven Zusammenhang zwischen dem unerwünschten Verhalten und einem anderen Verhalten, das als Motiv für das unerwünschte Verhalten dient, her (so ist z. B. im Satz »Rauchen verstärkt meine Fähigkeit zur Geselligkeit« das unerwünschte Verhalten Rauchen mit der positiven Bewertung der Geselligkeit als Motiv für das Rauchen implizit verbunden). Jedes objektiv schädliche, unerwünschte Verhalten ist das Produkt von gekoppelten kognitiven Strukturen, die sich letztlich nur auf diesem Wege gegen ihre kognitive Antithese durchsetzen und so zu konstituierenden kognitiven Faktoren werden. Das vorrangige therapeutische Ziel ist also, die *Entkoppelung* der gekoppelten kognitiven Strukturen und die *Neukopplung* von kognitiven Strukturen. Die Entkoppelung impliziert die Aufhebung der Beziehung zwischen dem unerwünschten Verhalten und dem Motiv, aufgrund der Bewertung einer anderen Verhaltensweise. Die Neukoppelung von kognitven Strukturen erstrebt:

a) eine Verbindung zwischen der Bewertung des unerwünschten Verhaltens und einem Motiv mit negativen Konsequenzen,
b) eine Verbindung der Bewertung des erwünschten Verhaltens mit den positiven Konsequenzen, die aufgrund der Bewertung einer anderen Verhaltensweise entstehen.

Im ersten Fall wird beispielsweise die Vorstellung des Rauchens mit den negativen Konsequenzen des Lungenkrebses in Verbindung gebracht, während im zweiten Fall die Vorstellung des Nichtrauchens mit den positiven Konsequenzen der Gesundheit in Beziehung gebracht wird.

Das Individuum ist vielen Reizen ausgesetzt; es kann verschiedene Verhaltensweisen zeigen und hat jeweils mit verschiedenen positiven oder negativen Konsequenzen zu rechnen. Es hat verschiedene Informationen so zu verarbeiten, daß eine koordinierte Verhaltensweise möglich wird.

Warum werden bestimmte Reize zum Anlaß für das manifeste Verhalten, während andere Reize ignoriert werden? Über welche Mechanismen verläuft das erlernte Verhalten? In diesem Zusammenhang ist für mich der *Glaube* beziehungsweise die Überzeugung als ein wesentlicher Faktor der Informationsverarbeitung von zentraler Bedeutung. Wenn das Individuum bestimmte Reize, Verhaltensweisen, soziale Einflüsse usw. als schädlich beziehungsweise mit negativen Konsequenzen wahrnimmt, dann weicht es solchen schon subjektiv interpretierten Verhaltensweisen aus. Verhaltenswirksam wird die Interpretation jedoch erst dann, wenn an die negativen Konsequenzen geglaubt wird. Wenn das Individuum umgekehrt glaubt, daß bestimmte Reizbewertungen und Verhaltensweisen mit angenehmer, positiver Konsequenz zusammenhängen, dann wird eine bestimmte kognitive Struktur oder Verhaltensweise stabilisiert. Ich nehme an, der Vorgang des Glaubens hängt damit zusammen, daß sich eine resultierende kognitive Struktur im Konflikt mit ihrer Antithese durchsetzt. Dabei wird die positive oder negative Konsequenz dieser kognitiven Struktur den subjektiv empfundenen Realitäts- beziehungsweise Wahrheitscharakter von Wirkungsfaktoren bestimmen. Im Vorgang des Glaubens an bestimmte Wirkungszusammenhänge sind kognitive Antithesen ausgeschaltet. Dieser Zustand ermöglicht spontanes zielorientiertes Verhalten und bildet gleichzeitig die Grundlage für neue Lernprozesse (weil die neu aufgetretenen positiven und negativen Konsequenzen des vollzogenen Verhaltens im Licht einer existentiellen Wichtigkeit erlebt werden).

Das wichtigste therapeutische Ziel der Programmtherapie ist es, das erwünschte Verhalten chronisch zu stabilisieren und das unerwünschte Verhalten chronisch zu instabilisieren. Dabei wird über verschiedene Zwischenziele (z. B. die Entkoppelung und Neukoppelung von kognitiven Strukturen, der Reizumbewertung, die ein unerwünschtes Verhalten auflösen soll usw.) letztlich ein Hauptziel verfolgt: Der oder die wichtigsten konstituierenden kognitiven Faktoren, die das unerwünschte Verhalten letztlich stabilisieren, werden mit den konstituierenden kognitiven Faktoren, die das erwünschte Verhalten stabilisieren sollen, in einen kognitiven Zusammenhang gebracht. Dabei sollen die positiven Konsequenzen des erwünschten Verhaltens und die negativen Konsequenzen des unerwünschten Verhaltens im therapeutischen Prozeß erlebt werden. Es sollen neue Motive wirksam werden, die die konstituierende kognitive Struktur für das erwünschte Verhalten in die Hierarchie des kognitiven Selbstkonzeptes so einbauen, daß der konstituierende kognitive Faktor, der das unerwünschte Verhalten bestimmt, instabilisiert wird. Dabei darf dieser instabilisierte Faktor auch nicht zur unbewußten Wirkung kommen, z. B. in Form einer Symptomverschiebung. Wenn im Bewußtsein keine wirksame kognitive Antithese zum unerwünschten Verhalten vorhanden ist, dann muß ein konstituierender kognitiver Faktor *neu konstruiert werden* (z. B. indem eine vorher neutrale Vorstellung mit negativen Konsequenzen in Verbindung gebracht wird). Zu diesem Komplex möchte ich ein Beispiel anführen:

In der Therapie eines Fettsüchtigen wurde zuerst festgestellt, welche Annahmen und Bewertungen sein übermäßiges Essen aufrechterhalten. Eine solche Annahme ist z. B. die Vorstellung, daß das Essen in Situationen der Langeweile als Ersatzbefriedigung fungiert. Nun muß der Therapeut eine Gegeninterpretation finden, beispielsweise daß übermäßiges Essen die Trägheit und damit die Langeweile verstärken. Erst danach können diese beiden Faktoren in einen kognitiven Zusammenhang gebracht werden. Häufig aber findet der Therapeut eine Situation vor, in der beim Individuum keine Antithese für das erwünschte Verhalten vorhanden ist. So konnte ich bei einer fettsüchtigen Frau, die über 100 kg wog, keine negative Bewertung ihrer Fettsucht identifizieren. Anschließend an das erste Gespräch teilte ich der Dame mit, daß sie unter den Achseln einen unangenehmen Geruch entwickele, der im Zusammenhang mit ihrer Fettsucht stehen könnte. Damit war das erste Motiv für die Konstruktion eines konstituierenden kognitiven Faktors für das erwünschte Verhalten geschaffen. »Als ich jung und schlank war, wäre mir das nicht passiert«, antwortete die Patientin. Sofort wurde die Vorstellung, jung und schlank zu sein, mit der Vorstellung, nicht zu riechen, neu gekoppelt und in Gegensatz zum unerwünschten Verhalten gebracht.

3. Allgemeine methodische Grundlagen und Verfahrensweisen

Im folgenden sollen die wichtigsten Methoden der Programmtherapie dargestellt werden.

1. Verhaltensanalyse

In der Verhaltensanalyse werden unter anderem folgende Fragen verfolgt:

a) welche individuellen, z. B. kognitiven Faktoren unterstützen das Risikoverhalten?
b) welche individuellen Faktoren wirken dagegen?

Aufgrund der Verhaltensanalyse werden folgende therapeutische Maßnahmen eingeleitet:

2. Gegenkonditionierung im Gespräch

a) Die Versuchsperson (der Therapieempfänger) präsentiert im Gespräch das Risikoverhalten und die individuellen Faktoren (z. B. Annahmen, Denkweisen usw.), die dieses unterstützen.
b) Der Therapeut läßt darauf verbal zusammengefaßte negative Konsequenzen folgen (»Wenn Sie denken, daß das Rauchen gut ist, dann berücksichtigen Sie die gesundheitsschädlichen Faktoren des Rauchens nicht.«).
c) Die Versuchsperson präsentiert das Alternativverhalten (erwünschtes Verhalten).
d) Der Therapeut läßt daraufhin zusammengefaßte positive Konsequenzen folgen.

Diese Methode wird von mir Einsichtstraining genannt, weil es zu einer aktiven Auseinandersetzung zwischen der Versuchsperson und dem Therapeuten beziehungsweise zwischen dem Risiko- und dem Alternativverhalten kommt. Wenn der Therapeut die für das Individuum nützlichere Verhaltensweise vertritt, dann ist das therapeutische Ziel die Verbesserung der Einsicht der Versuchsperson in positive oder negative Konsequenzen des Risiko- beziehungsweise des Alternativverhaltens. Dabei berücksichtigt der Therapeut die individuellen Faktoren. Das letzte Ziel in der Therapie ist die Stabilisierung individueller Faktoren in der Selbstinterpretation, die das erwünschte Verhalten unterstützen.

3. Gegenkonditionierung in der Vorstellung (aversives Vorstellungstraining kombiniert mit alternativ wirkenden positiven Gedanken unter Suggestion und Hypnose)

a) Die Versuchsperson (Therapieempfänger) stellt sich unter Suggestion das Risikoverhalten vor.
b) Darauf folgt die Suggestion von negativen Konsequenzen (die regelmäßig intensiv erlebt werden).
c) Die Versuchsperson stellt sich unter Suggestion das Alternativverhalten vor.
d) Darauf folgt die Suggestion von positiven Konsequenzen.

Diese Methode wird von mir »kooperatives Suggestionstraining« genannt. Damit will ich zum Ausdruck bringen, daß die kreative Kooperation zwischen Versuchsperson und dem Therapeuten eine wesentliche Rolle spielt. In dieser Kooperation werden die individuellen bedeutsamen Faktoren identifiziert und im gemeinsam durchgeführten Training für eine in der Kooperation besprochene Zielsetzung eingesetzt.

4. *Selbsttherapie* (Anwendung der Verfahrensweise 3 in Hausaufgaben)

a) Die Versuchsperson stellt sich das Risikoverhalten vor.
b) Daraufhin stellt sie sich negative Konsequenzen vor.
c) Die Versuchsperson stellt sich das Alternativverhalten vor.
d) Daraufhin stellt sie sich positive Konsequenzen vor.

Diese Methode habe ich »kognitive Selbstkontrolle« genannt, weil es das letzte Ziel der Therapie ist, die Fähigkeit, eine adäquate Selbstanalyse durchzuführen, die bedeutsamen individuellen Faktoren aufzufinden und durch die Anwendung der beschriebenen Technologie das erwünschte Verhalten in der Selbstinterpretation zu stabilisieren (z. B. Schlanksein ist für mein Wohlergehen von größter Bedeutung).

5. *Verstärkung positiver Gedanken durch Belohnungstraining* (soziale Zuwendung)

Die Versuchsperson hat in der Therapie gelernt, positive Gedanken zu äußern (z. B. positive Bewertung des Alternativverhaltens). Nun wird sie nach der Äußerung solcher Gedanken sozial belohnt (z. B. wird ein individueller Wunsch erfüllt, wie der Kauf eines Buches oder ein Kinobesuch).

Diese Technik habe ich »Sozialtraining« genannt, weil die Verstärker ausschließlich soziale Faktoren sind, wobei so weit wie möglich die individuellen Bedürfnisse berücksichtigt werden.

Jeder Therapeut muß sich über die wirksamen Prinzipien seiner Theorie im klaren sein. Im folgenden werden die wichtigsten Prinzipien der Programmtherapie angeführt:

a) Kontingente Anwendung (Kontingenz in der Behandlung). Auf das Risikoverhalten folgt *sofort* negative Konsequenz (auf die Vorstellung »Rauchen« folgt z. B. sofort die Vorstellung »Lungenkrebs«), auf das Alternativverhalten folgt positive Konsequenz.

b) Hohe Intensität
Die vorgeschlagene Therapie hat die Möglichkeit, die Intensität ihrer Maßnahmen je nach Bedarf und Problem zu steigern. Wenn z. B. ein Raucher das Rauchen durch Anwendung der Suggestion, in der negative Konsequenzen präsentiert werden, nicht aufgibt, kann in der Therapie die Intensität der negativen Konsequenzen gesteigert werden (indem z. B. immer größerer Übelkeitsreiz suggeriert wird).

c) Starke Individualisierung
Es wird auf individuelle Probleme, Denkweisen, Bewertungen usw. konsequent eingegangen. Die individuell bedeutsame Situation und Problematik werden berücksichtigt.

d) Betonung der Attribution (Überzeugung)
Betonung der Vorstellung, durch die man *glaubt,* eine bestimmte Verhaltensweise aufrechterhalten zu müssen.

e) Berücksichtigung der Wirkungshierarchie von individuellen Faktoren, die die Risikoverhaltensfaktoren und das Alternativverhalten unterstützen.
Für die Aufrechterhaltung der Risikoverhaltensfaktoren sind bestimmte individuelle, z. B. kognitive Faktoren von größerer, andere von kleinerer Bedeutung. Die Therapie muß die wichtigsten individuellen Faktoren angehen, die unerwünschtes Verhalten aufrechterhalten. Auch die individuellen Faktoren, die das Alternativverhalten unterstützen, stehen in einem hierarchischen Verhältnis zu den individuellen Faktoren, die das unerwünschte Verhalten unterstützen.
In der Therapie müssen individuelle unterstützende Faktoren für das Alternativverhalten modelliert werden, die individuell wirksamer sind als die individuellen Faktoren, die das unerwünschte Verhalten stützen.

f) Berücksichtigung der Kontrolle des Verhaltens auf der Ebene der Selbstinterpretation.
Es ist nicht nur wichtig, die isolierten Verhaltensweisen zu konditionieren, sondern das Individuum muß eine kognitive Kontrolle und eine subjektiv positive Bewertung des erwünschten Verhaltens erreichen. Dies muß ein wichtiger Bestandteil der Selbstinterpretation werden. Nur so kann eine dauerhafte Selbstkontrolle und Stabilisierung des erwünschten Verhaltens erzielt werden.

Folgende Annahmen beziehungsweise Prinzipien liegen meiner therapeutischen Auffassung zugrunde:

Je sorgfältiger die Kontingenz in der Behandlung, je stärker die Intensität, je größer die Individualisierung und die Attribution, je konsequenter die Berücksichtigung der Wirkungshierarchie von individuellen Faktoren, die das erwünschte und unerwünschte Verhalten unterstützen, je größer die Berücksichtigung der Kontrolle des Verhaltens auf der Ebene der Selbstinterpretation, desto größer ist der therapeutische Erfolg.

Da die Anwendung der Hypnose beziehungsweise Suggestion in der kognitiven Verhaltenstherapie eine wichtige Rolle zukommt, soll sie hier ausführlicher behandelt werden.

Die Hypnose wurde bis heute meistens symptomorientiert, zu allgemein, ohne genügend theoretisch fundierten Hintergrund, ohne standardisierte Methodik und ohne systematische Überprüfung ihrer Ergebnisse angewandt. Sie wurde von einzelnen Psychoanalytikern (Freud, Wobler usw.) mal befürwortet, mal fallengelassen. Die Verhaltenstherapeuten (Rachman, Wolpe, Eysenck, Brengelmann usw.) schlugen Hypnose zur Herbeiführung des Entspannungszustandes vor und betrachten sie als einen Bestandteil der Verhaltenstherapie.

Eine wesentliche theoretische Begründung, die überprüfte experimentelle Effizienz, erfährt die Hypnose im Rahmen meiner Variation der kognitiven Verhaltenstherapie. In dieser kommt es zur vollen Übereinstimmung zwischen den theoretischen Konstruktionen, methodischen Vorgehensweisen, therapeutischen Zielsetzungen und dem Phänomen der Hypnose. Zu dieser Deckung kam es weder in der psychoanalytischen Anwendung noch beim Einsatz der Hypnose in der symptomatisch orientierten Medizin.

In der Psychotherapie wurde die Hypnose meistens symptomorientiert eingesetzt. Man hat versucht, die einzelnen Manifestationen der Hypnose zu beschreiben und zu erforschen, nicht aber das Wesen der Hypnose selbst. So schreibt Langen (*Psychologie heute* 1977, Heft 10) stellvertretend für die Mehrzahl der Ärzte, die die Hypnose symptomatisch anwenden und definieren: »Hypnose ist immer eine rein symptomorientierte Psychotherapie. . . . Schon der hypnotische Zustand selbst ist der therapeutische Faktor erster Ordnung, der dann durch gezielte Suggestionen lediglich verstärkt wird.«

Er definiert auch die Hypnose symptomatisch, erfaßt aber in der

Definition lediglich die Manifestation, nicht aber die Ursache der Hypnose. »Hypnose ist ein durch Suggestion herbeigeführter, eingeengter und verschiedenartig gesenkter Bewußtseinszustand mit trophotopen vegetativen Umschaltungen.« So rezipiert gehört Hypnose heute zum festen Bestandteil der symptomatisch orientierten Medizin, z. B. bei ihrem Einsatz gegen den Schmerz, in der Geburtshilfe usw. Die Hypnose wurde mit einer psychologischen Theorie nicht ausreichend erklärt und konnte so für eine inhaltlich orientierte Therapie nicht angewandt werden. Sie wurde immer mit ihren Manifestationen, z. B. der hypnotischen Trance, gleichgesetzt und deshalb fehlinterpretiert. Ich bin mit vielen Experten der Meinung, daß jedes Verhalten in der Hypnose auch außerhalb der Hypnose tagtäglich geschehen kann. Was ist also Hypnose? Bevor ich zu meiner theoretischen Darstellung komme, sollen hier Auffassungen dargestellt werden, die für meine Konzeption relevant sind.

I. H. Schultz hat wie kein anderer Psychiater in seinen vielschichtigen Darstellungen und Beobachtungen die Grundlagen für eine analytisch relevante, kognitiv verhaltenstherapeutisch orientierte Anwendung der Hypnose gelegt. Die amerikanischen Arbeiten haben sehr eingehend die theoretischen Probleme des Hypnotismus erörtert. Von den verschiedensten Seiten wird die Bedeutung des Entspannungs-Problems in der Hypnose gewürdigt (J. H. Conn, 1949, Salter, 1941). Schultz betont, daß das autogene Training als Selbsthypnose eine Tochterdisziplin des Hypnotismus ist. Die psychologischen Theorien sind sich darin einig, daß der Zustand der Hypnose durch Außenabwendung und Herabsetzung aller nach außen gerichteten Denk- und Willensfunktionen charakterisiert ist. Komplizierte Denkvollzüge sind häufig gehemmt oder ausgeschaltet, so daß sich das Bild einer »traumähnlichen Kritiklosigkeit« ergibt (Schultz, 1932). Mayer-Groß spricht von einem »Einschlafdenken«. In diesem Zustand werden Erlebnisformen vordergründig (Schultz, 1932), die sonst hinter oder unter dem Wachbewußtsein liegen. Schultz beschreibt als das wichtigste psychologische Moment den fortschreitenden Übergang der Denkverläufe aus den schematischen Formeln sprachlicher und gedanklicher Abstraktion ins Anschauliche und Bildhafte. In diesem Zusammenhang spricht Schultz von dem Phänomen der »konzentrativen Umschaltung«. Im Zustand der Hypnose kann sich der konzentrativ Umgeschaltete auf ein Problem oder Erlebnis beschränken.

Eine solche »monoideistische Einengung« im Wachzustand wird immer krampfhafte Bemühungen voraussetzen. Das Eingreifen jedes wie auch immer gearteten gedanklichen oder vorstellungshaften Inhalts führt im Wachzustand zu gedanklichen Auseinandersetzungen, Antithesen, zu kritischen Distanzierungen usw. Im Gegensatz hierzu erlaubt der echte konzentrative Zustand, gleichgültig, ob er ein Produkt selbstgesetzter Versenkung oder suggestiver Beeinflussung von anderer Seite ist, ein rein rezeptives Sich-Hineingeben in die anschauliche Repräsentanz gedanklicher, gefühlsbetonter und anderer Erlebnisse (Schultz, 1932). Schultz betonte schon 1932 in Übereinstimmung mit vielen älteren hypnotherapeutisch arbeitenden Ärzten, daß der in der Hypnose erzeugte »Ausnahmezustand« die erhöhte Lernbereitschaft geradezu determiniert. Dabei denkt Schultz nicht an so formale Faktoren wie Gedächtnis- oder Merkfähigkeit. Er denkt vielmehr an den seelischen Anbau von Materialien, die keinen rein mechanischen Charakter haben, sondern mehr in das Gebiet des Affektiven, der Willensentscheidungen, der Vorsatzbildungen usw. gehören. Hier stellt sich das von Schultz beschriebene Problem der Anschaulichkeit in seiner ganzen Bedeutung dar. Gerade für solche Lernvollzüge ist die passiv-annehmende Verweildauer mit innerem Hingabewillen von oft entscheidender Bedeutung. Schultz betont die Beziehung (wie auch einige andere ältere ärztliche Erforscher des Hypnotismus) zwischen hypnotischer Heilweise und möglichen Erziehungseinflüssen. Allerdings haben einige Autoren die inhaltliche Anwendung der Hypnose übersehen, weil sie von ihrer rein symptomatischen Anwendung fasziniert waren. Das gilt vor allem für die ältere historische Periode wie auch für die Anwendung der Hypnose in der letzten Zeit (Langen, 1977).

Schultz betont nachdrücklich, wie auch viele Vertreter der kritischen Hypnotherapie der letzten Jahrzehnte, daß in hypnotischen Heilarbeiten die allgemein pädagogische Beeinflussung, und damit meint er die inhaltlich spezifische und problemorientierte Anwendung der Hypnose, entscheidender ist als das einzelne suggestive Virtuosenstück.

Natürlich machte sich Schultz Gedanken, warum der hypnotische Zustand für die pädagogische, also inhaltlich therapeutische Anwendung so günstig ist. In dieser Analyse traf er das Problem meiner Ansicht nach haarscharf: ». . . und es erscheint mir nicht zweifelhaft, daß der hier hervorgehobene Zustand, die Möglichkeit passiv-konzentrativen Verweilens, gegeben durch die Umschaltung ins Anschauliche, hier besonders wesentlich ist.« Schultz spricht offen von einer möglichen positiven Persönlichkeitsveränderung durch die Anwendung der Hypnose und verwahrt sich entschieden gegen Kritiker, die in der Hypnose genau das fordern, was die Hypnose bietet. Die französischen Autoren (Coué, Baudouin, Dubois) betonen bei der Suggestion und Hypnose besonders die magische Wortwirkung und die »rauschhafte Hingabe an das Wort«. Durch die rationale Übungsart, die im vom Schultz entwickelten sogenannten »autogenen Training« Ausdruck gefunden hat, hat auch die Hypnose jeden Rest von einer ihr zugeschriebenen magischen Wirkung verloren.

Der amerikanische Meister der Hypnose, Milton Erickson, betont, daß ein wesentlicher Teil der Hypnotherapie darin besteht, die Person zur Annahme der Suggestion zu bringen. Der Therapeut muß also eine Atmosphäre der Zusammenarbeit und des Vertrauens schaffen und die Denkgewohnheiten des Patienten kennen. Jeder Hypnotiseur muß zunächst die Aufmerksamkeit eines Menschen wecken. Einige Psychoanalytiker haben versucht, die Hypnose für die Verbesserung der freien Assoziation zu benutzen. Sie wollten den Zugang zum Unbewußten damit verbessern (Wolber, 1971).

In die theoretische und methodische Konzeption der kognitiven Verhaltenstherapie läßt sich die Hypnose nahtlos integrieren. Aus der Sicht meiner Konzeption ist Hypnose ein selbst- oder fremdvermitteltes Programm, also Bewertungsregeln, die akut oder zu einem späteren Zeitpunkt das manifeste Verhalten bestimmen werden. Ja nach dem Inhalt des vermittelten Programms, der vermittelten Information, sind die Folgen der Hypnose unterschiedlich. Wesentlich ist aber, daß der Zustand der Hypnose kognitiv gesteuert wird, d. h. daß die verbale Wirkung des Hypnotiseurs oder die Vorstellung, die der Hypnotisierte vom Hypnotiseur hat, über Reizbewertungen und Annahmen über Wirkungszusammenhänge die entscheidende Kompetenz in der Hypnose darstellt. Dabei wird der von Schultz beschriebene Zustand der »konzentrativen Umschaltung« und der der »traumähnlichen Kritiklosigkeit«, in dem widersprüchliche Gedanken ausgeschaltet werden und ein rezeptives Sich-Hineingeben in die anschauliche Repräsentanz gedanklicher und gefühlshafter Erlebnisse erfolgt, durch kognitive Prozesse, also Programme, vermittelt. Im hypnotischen Ausnahmezustand wird die spontane Erlebnisfähigkeit und die dadurch bedingte Lernfähigkeit durch eine spezifische kognitive Steuerung ermöglicht. Paradoxerweise ist die kognitive Vermittlung für die Ausschaltung gegensätzlicher kognitiver Strukturen sowie für die Herbeiführung einer erlebnisnahen Lernfähigkeit eine Grundbedingung. Zusammenfassend lassen sich meiner Auffassung nach unter dem Phänomen Hypnose folgende Erscheinungen subsumieren:

a) fremde oder selbstvermittelte kognitive Einwirkungen, die das Individuum in einen »konzentrativen Ausnahmezustand« versetzen, in dem sich die spontane Erlebnisfähigkeit ausschließlich auf den in der Hypnose vermittelten Sachverhalt bezieht,
b) die Herbeiführung eines Zustandes, in dem der Hypnotisierte an den vermittelten kognitiven Sachverhalt ohne Antithese glaubt,
c) das akute oder latente Wirksamwerden des vermittelten kognitiven Sachverhaltes im Verhalten und Empfinden des Individuums.

Diese Beschreibung bezieht sich mehr auf die verbal vermittelte Hypnose. Eine Person, die aus einigen Informationen wußte, daß ich mich theoretisch mit der Hypnose befasse, fühlte sich plötzlich in meinem Beisein hypnotisiert, obwohl ich daran nicht im entferntesten dachte. Als Folge war ihr der linke Arm eingeschlafen. Diese Person hatte offensichtlich an ihre eigene Bewertung meines Handelns geglaubt und sich damit selbst hypnotisiert. Ich möchte bewußt bei der Beschreibung der verbal vermittelten Hypnose bleiben, die die ausschließliche Maßnahme der kognitiven Verhaltenstherapie ist.

Meiner Auffassung nach ist die Hypnose im engsten Sinne bereits durch die Punkte b) und c) definiert, also Glauben ohne Antithese mit entsprechender Wirkung auf das Verhalten oder Empfinden. Verhaltenswirksam werden nur solche Informationen, an deren Wirkung das Individuum ohne Antithese glaubt, diese also für »wahr« hält. Diese Annahme stützt sich auf meine Erfahrung, daß es für meine erfolgreichste Hypnotherapie nicht nötig war, die hypnotische Trance herbeizuführen. Wenn ich einer Person, die stark raucht, im völligen Wachzustand sage: »Ich zähle bis drei, und Sie werden in Zukunft keinen Rauch mehr ertragen können«, und dieser Satz die nötige Wirkung erreicht, dann habe ich es mit einer wirksamen Hypnose zu tun, als wenn ich die hypnotische Trance erst für die Herbeiführung des Glaubenskönnens an den vermittelten Zusammenhang ohne Antithese benötige.

Im allgemeinen aber ist der hypnotische Zustand für die konzentrative Entspannung günstig und nötig. Ich möchte hier begründen, warum dieser Ausnahmezustand für die kognitive Verhaltenstherapie eine so außerordentliche Bedeutung hat. In der Kindheit verlaufen Lernprozesse, die für das spätere Leben eines Menschen sehr wichtig sind. Das Kleinkind lebt in dem Zustand eines rein rezeptiven Sich-Hineingebens in Situationen, in denen es meist zu spontaner Faszination und unmittelbaren Erlebnissen fähig ist. Häufig werden fehlerlernte Verhaltensweisen in der Kindheit durch spätere, rationale Strukturen verdeckt. Internalisierte Bewertungsregeln können die akute Symptomatik mitbestimmen. Auch im Laufe des späteren Lebens können immer wieder fehlerlernte kognitive Strukturen für das Individuum schädliche Verhaltensweisen hervorrufen (z. B. Alkoholabusus, Drogenabhängigkeit, Zigarettenkonsum, übermäßiges Essen). Diese fehlerlernten Verhaltensweisen sind meistens rein rationalen Argumenten nicht zugänglich, ihre Veränderung impliziert eine spontane Erlebnisfähigkeit. Genau dieser Zustand aber wird in der Hypnose erreicht. Die rationalen Antithesen, die gegen eine spontane Erlebnisfähigkeit agieren, werden dabei ausgeschaltet.

Hier könnte man die Frage stellen, warum andere Therapieformen, in denen ja auch spontane Erlebnisse vorkommen, z. B. in der Psychoanalyse, Gesprächstherapie, Urschrei- und ähnlichen Therapien, nicht ausreichen, ein unerwünschtes Verhalten zu instabilisieren und ein erwünschtes Verhalten zu stabilisieren. Meine Hypothese ist, daß diese Methoden den spezifischen Inhalt der determinierten Programme und kognitiven Strukturen ungenügend angehen. Dies ist im hypnotischen Zustand eher möglich als in jeder anderen vergleichbaren Therapie, in der ja der Patient gerade den pathogenetischen kognitiven Strukturen ausweichen kann. Wenn davon ausgegangen wird, daß die kognitiven Strukturen, die Programme und die von ihnen gesteuerten Verhaltensweisen erlernt sind, dann ist im Zustand der Hypnose die erlebte positive und negative Konsequenz von erwünschtem beziehungsweise unerwünschtem Verhalten ebenso erlernt. Im Zustand der Hypnose können deshalb erwünschte Verhaltensweisen neu erlernt und unerwünschte verlernt werden.

Es gibt so viele Methoden, durch die Hypnose herbeigeführt werden kann, wie Hypnotiseure selbst. Die zahlreichen Spezialvorschriften dienen wohl mehr dazu, dem Hypnotiseur ein sicheres und ruhiges

Auftreten zu ermöglichen, wodurch auch die Erfolge der speziellen »Schulen« zu erklären sind (Schultz, 1952).

Es kommt weniger auf die einzelnen beschriebenen Rituale an als auf die Herbeiführung eines speziellen Zustandes in der sozialen Kommunikation, in der der Hypnotisierte an die Botschaft des Hypnotiseurs ohne Antithese glaubt. Es gibt mehrere Formen der hypnotischen Beeinflussung, z. B. die »sensorielle Hypnose« (Beeinflussung über Sinne, z. B. Streicheln, Blickkontakt usw.). Für die kognitive Verhaltenstherapie ist nur die sogenannte Verbalsuggestionshypnose von Bedeutung, weil nur über verbale Kommunikation der Inhalt der Suggestionsmaßnahmen kontrollierbar ist. Die einzelnen, sehr individuell ausgerichteten Techniken sind von J. H. Schultz mehrfach dargestellt worden. Meine eigene Technik ist die der ungezwungenen verbalen Beeinflussung, bei der der Therapieempfänger entspannt in einem bequemen Sessel sitzt. Dabei bekommt er am Anfang genaue Informationen über das Ziel und den Inhalt der verbalen Vermittlung. Obwohl die sprachliche Reihenfolge relativ standardisiert ist, orientiert sie sich an permanenter Beobachtung der individuellen Reaktionen. Das Ziel ist es, eine lustvolle Entspannung zu erreichen, in der eine spontane Erlebnisfähigkeit in bezug auf den vermittelten Inhalt möglich wird.

Der Therapeut muß

a) den emotionalen Zustand des Therapieempfängers durch seine verbalen Äußerungen kontrollieren und
b) die Lerngesetze bei seiner Vermittlung beachten.

Zum Schluß möchte ich zwei relevante Aspekte betonen: Die Anwendung der Hypnose geschieht in Kooperation, d. h. der zu verändernde kognitive Inhalt wird genauestens mit dem Therapieempfänger besprochen. Die Hypnose darf nicht manipulativ eingesetzt werden, und ich glaube auch nicht, daß das möglich wäre. Sie ist eine Methode zur Beseitigung fehlerlernter und für das Individuum unangenehmer Verhaltensweisen. Für meine gesamte Programmtherapie gilt als oberster Grundsatz: Die Therapie darf das Individuum nicht an Zustände anpassen, die durch äußere Mißstände (z. B. ungünstige soziale Bedingungen) hervorgerufen werden. Meine Therapie wird nur dann angewandt, wenn in der Sozialisation Verhaltensweisen fehlerlernt wurden, die dem Individuum objektiv schaden.

4. Bisherige Ergebnisse der experimentellen Therapieforschung

Ich möchte hier die kognitive Verhaltenstherapie bei Krebspatienten darstellen. Um dem Leser einen umfassenderen Überblick zu geben, sollen vorher einige Ergebnisse anhand der kognitiven Verhaltenstherapie aus anderen Bereichen angeführt werden. Da sie sich mit der Therapie der Rauchgewohnheit und der chronischen Hoffnungslosigkeit beschäftigen, hängen sie als Risikofaktoren indirekt mit der Krebserkrankung zusammen. Die hier skizzierten Ergebnisse sind ausführlich in meinem Buch *Kognitive Verhaltenstherapie* mit dem Untertitel »Rauchen – Übergewicht – Streß« dargestellt worden (siehe Literaturverzeichnis).

Die Hypnose wurde von mir in verschiedenen experimentell-therapeutischen Arbeiten teils ausschließlich, teils in Verbindung mit anderen Methoden der Programmtherapie eingesetzt. Exklusiv wurde sie in Studien zur Abgewöhnung des Rauchens und zur Beeinflussung des chronischen Schmerzes bei Fehlen eines klinischen Befundes genutzt. Bei der Beeinflussung des Übergewichtes wandte ich sie in Kombination mit der kognitiven Selbstkontrolle an. Um chronische Hoffnungslosigkeit zu beeinflussen, wurden beide Verfahrensweisen mit Sozialbetreuung und Einsichtstraining verbunden. Aus räumlichen Gründen werde ich mich auf die Darstellung der therapeutischen Beeinflussung der Zigarettenabhängigkeit, des Übergewichtes und der chronischen Hoffnungslosigkeit beschränken. Alle therapierten Personen wurden aus einer Population von 4270 Personen ausgesucht, die aus der Kartei des Einwohnermeldeamtes nach dem Zufallsprinzip ermittelt worden waren. Auf diese Weise wurden 140 Raucher, die mehr als 50 Zigaretten pro Tag rauchten, gefunden. Die Gruppe wurde therapiert und einer vergleichbaren Kontrollgruppe gegenübergestellt. Aus der gleichen Population wurden 136 übergewichtige Personen, die zwischen 25 und 35 % Übergewicht aufwiesen, therapiert und mit einer vergleichbaren, nicht therapierten Gruppe verglichen. Schließlich wurden aus derselben Population 126 Personen, die an chronischer Hoffnungslosigkeit und Niedergeschlagenheit litten, therapiert und mit einer vergleichbaren Kontrollgruppe verglichen. Die Therapie betrug insgesamt 10 Stunden pro Person, durchschnittlich eine Stunde pro Woche. Das Hauptziel war es, das unerwünschte Verhalten zu instabilisieren und das erwünschte Verhalten zu stabilisieren.

Um den Erfolg zu überprüfen, wurden Nachuntersuchungen nach 3 Monaten, 6 Monaten, einem Jahr und anderthalb Jahren nach Beendigung der Therapie vorgenommen. Vor der Therapie und anderthalb Jahre nach der Therapie wurde zusätzlich ein Fragebogen zur Überprüfung des therapeutischen Erfolges vorgelegt, der verschiedene allgemeine Variablen beinhaltete wie z. B. zielorientiertes Leben, Selbstakzeptierung, Selbstvertrauen, Fähigkeit zur Selbstbeeinflussung usw. Dabei wurden die therapierten Personen und ihnen nahestehende Personen befragt. Neben den spezifischen sollten auch die allgemeinen therapeutischen Erfolge überprüft werden. Das Kernstück des therapeutischen Vorgehens war die inhaltlich dem jeweiligen Fall angepaßte Anwendung der Methoden der »verdeckten Sensibilisierung« (die Person stellt sich in Verbindung mit dem unerwünschten Verhalten negative Konsequenzen vor) und der »verdeckten Belohnung« (die Person stellt sich positive Konsequenzen in Verbindung mit dem erwünschten Verhalten vor). Beide Methoden wurden von J. R. Cautela (1966) entwickelt. Dabei wurden nicht nur jeweils individuell spezifische Empfindungen und Wahrnehmungen berücksichtigt, sondern auch die das erwünschte Verhalten konstituierenden kognitiven Faktoren neu konditioniert und definiert, also erlernt. Erst wenn solche übergeordneten kognitiven Faktoren stabilisiert worden waren, hat sich das erwünschte Verhalten auf Dauer eingestellt, das Individuum auf lange Sicht die Kontrolle über die auslösenden Faktoren für das unerwünschte Verhalten erlangt.

An dieser Stelle sollen die wichtigsten Ergebnisse zusammenfassend dargestellt werden. Die Resultate der letzten Nachuntersuchung, anderthalb Jahre nach Abschluß der Therapie, sind dabei berücksichtigt.

Von den 140 Personen, die wegen Zigarettenabhängigkeit therapiert wurden, erreichten 119, also 85 %, völlige Abstinenz. In der Intensität und Zeitdauer des Rauchens sowie nach Geschlecht, Alter und Schicht vergleichbaren Kontrollgruppe gaben 8 Personen, also 5,7 %, das Rauchen spontan auf. Das Ergebnis ist hoch signifikant ($p < 0{,}05$). Fünf Personen in der therapierten Gruppe haben das Rauchen trotz Therapie verstärkt, das sind 3,5 %. In der Kontrollgruppe zeigten 27 Personen einen gesteigerten Zigarettenkonsum, das sind 19,2 %. 9 Personen der therapierten Gruppe zeigten eine unveränderte Rauchgewohnheit, also 6,4 %. In der Kontrollgruppe waren es 80 Personen, also 57,1 %.

Die internationale, besonders die verhaltenstherapeutische Literatur, macht deutlich, daß die totalen Abstinenzraten bei Rauchern am Ende der Therapie bei durchschnittlich 25 % und bei Nachuntersuchungen bei 30 % liegen. Ein Jahr nach der Therapie ist mit einer Ausgangsrate von 75 % zu rechnen. In der internationalen Literatur wird deswegen auch gefordert, daß sich die Diskussion der Ergebnisse der Rauchertherapie an diesen Zahlen zu orientieren hat (Mc Fall & Hammen, 1971; Stäcker, Bartmann, 1974). Die um vieles besseren Ergebnisse meiner Studien sind auf zwei Faktoren zurückzuführen:

a) Die Anwendung der Hypnose zeigt offensichtlich eine stärkere Wirkung als die bloße Vorstellung der negativen Konsequenzen (verdeckte Sensibilisierung) oder auch die Anwendung anderer verhaltenstherapeutischer Maßnahmen wie etwa die aversive Technik oder die Selbstkontrolle.
b) Es wurde nicht bloß das Symptom Rauchen therapiert (z. B. durch verdeckte Sensibilisierung), sondern auch ein übergeordneter konstituierender kognitiver Faktor in der Therapie erlernt und in das kognitive Selbstkonzept eingebaut, der die gesamten auslösenden Reize für das unerwünschte Verhalten kontrolliert.

Es konnte in einem Experiment, das dieser Studie vorausging, nachgewiesen werden, daß nur 13,3 % der Personen, die nach der Methode der »verdeckten Sensibilisierung und Belohnung« nach Cautela behandelt worden waren, das Rauchen im selben Zeitraum aufgegeben haben. Die hier angeführten Gründe für die guten Ergebnisse im Vergleich zur internationalen Literatur spielten offensichtlich auch in der Therapie der Übergewichtigen und chronisch Hoffnungslosen eine Rolle.

Von den 136 übergewichtigen Personen erreichten anderthalb Jahre nach Beendigung der Therapie 48 Personen Idealgewicht, das sind 35,3 %. In der Kontrollgruppe hat dieses Gewicht eine Person erreicht, also 0,7 %. 41 der therapierten Personen haben ihr Gewicht auf Normalgewicht reduziert, also 30,1 %; in der Kontrollgruppe hat dies nur eine Person erzielt, also 0,7 %. Wenn das Ideal- und Normalgewicht der therapierten Gruppe addiert werden, ergibt das einen Erfolg 89 Personen, also 82 %. In der Kontrollgruppe waren es 1,4 %, die Normal- oder Idealgewicht spontan erzielten. Der Vergleich zwischen den beiden Gruppen ergibt einen hoch signifikanten Unterschied ($p < 0{,}05$ %). Trotz Therapie verzeichnete eine Person aus der therapierten Gruppe Gewichtszunahme (0,7 %); in der Kontrollgruppe haben 21

Personen, also 15,4 %, weiter zugenommen. Alle Personen der therapierten Gruppen und der Kontrollgruppen waren in einem Alter zwischen 40 und 50 Jahren.

Von den 126 chronisch Hoffnungslosen (länger als ein Jahr hoffnungslos und niedergeschlagen aufgrund von mindestens zwei Lebensereignissen) zeigten anderthalb Jahre nach der Therapiebeendigung aufgrund der Beurteilung durch nahestehende Personen 90 Personen eine völlige Besserung (71,4 %). In der Kontrollgruppe hat diesen Zustand eine Person erreicht, also 0,8 %. Eine Verschlechterung des Zustandes der Hoffnungslosigkeit zeigte in der therapierten Gruppe eine Person, in der nicht therapierten Gruppe waren dies 38 Personen, also 30,1 %. Das Ergebnis zeigt, daß die kognitive Verhaltenstherapie geeignet ist, den Zustand der chronischen Hoffnungslosigkeit aufzuheben, in der nicht therapierten Kontrollgruppe hat sich dieser Zustand nicht verbessert.

5. Komplexe Analyse und Therapie

Ich unterscheide in der kognitiven Verhaltenstherapie zwischen einfachen und komplexen Analysen und therapeutischen Maßnahmen. Die einfache Analyse ist dann erforderlich, wenn das erwünschte und unerwünschte Verhalten eindeutig zu definieren ist, z. B. Aufgabe der Rauchgewohnheit, Beeinflussung des Übergewichts. Komplexe Analyse ist dann angebracht, wenn sich das erwünschte beziehungsweise unerwünschte Verhalten nicht eindeutig definieren läßt und sich auf eine Summe von mehr oder weniger gegenseitig abhängigen Faktoren bezieht. Hier sollen die wichtigsten theoretischen und methodischen Voraussetzungen der komplexen Analyse und Therapie dargestellt werden. Dabei sind zwei Begriffe von zentraler Bedeutung: Die *kognitive Problemlösung* und die *kognitive Steuerung des Verhaltens.*

Die kognitive Problemlösung

Das Individuum steht in permanenter Interaktion mit seiner physischen und sozialen Umwelt, in der es Bedürfnisse äußert und befriedigt. Im Prozeß der Bedürfnisäußerung und -befriedigung tauchen immer neue Probleme auf. Probleme sind Konflikte zwischen Barrieren von außen und innen und den eigenen Bedürfnissen. Das Individuum versucht, durch seine kognitiv gesteuerten Verhaltensweisen Probleme zu lösen und somit Bedürfnisse zu befriedigen. Bedürfnisse sind Spannungen zwischen einem Mangel- und einem erstrebten Zustand, die in der Interaktion zwischen Individuum und sozialer Umwelt entstanden sind.

Bei einem Problem erlebt das Individuum die Anforderung, ein bestimmtes Bedürfnis – eingebettet in eine Reizkonstellation – zu befriedigen. Das Individuum bewertet die Reize, seine Bedürfnisse, das Verhalten und die Konsequenzen des Verhaltens. Darüber hinaus ergeben sich aufgrund der kognitiven Bewertung verschiedener Elemente bestimmte komplexe dynamische Vorstellungen, die ich *kognitiver Problementwurf* nenne. Im Problementwurf kommt die subjektive Sichtweise, die Struktur von Annahmen und Bewertungen zum Vorschein, durch die das Individuum ein Problem zu lösen versucht. Der kognitive Problementwurf ist ein spezifisch-programmgesteuerter Versuch des Verhaltens, aufgrund bestimmter Bewertungen ein Problem zu lösen beziehungsweise ein Bedürfnis zu reduzieren. Auch die Definition und Beschreibung eines Problems ist das Produkt von kognitiven Prozessen. Wenn z. B. durch das Zigarettenrauchen ein Bronchialkarzinom befürchtet und deshalb das Ziel angestrebt wird, das Rauchen aufzugeben, dann haben kognitive Strukturen einen solchen Problementwurf schon mitbestimmt. Aus einem Problementwurf resultieren die Bewertungen von Reizen, Verhaltensweisen und Konsequenzen des Verhaltens. Auch die Bedürfnisse werden von einem Problementwurf geformt und beeinflußt. Jedem Problementwurf liegen spezifisch organisierte Programme zugrunde, also Bewertungsweisen und Annahmen über Wirkungszusammenhänge in bezug auf ein bestimmtes Thema. Ohne einen solchen Problementwurf könnte sich das Individuum in komplexen Situationen nicht einheitlich und konsequent verhalten. Von dem aktuellen Problementwurf hängt auch die *rückwirkende Probleminterpretation* ab, also die Interpretation von früher vorhandenen Problemen, die wiederum das aktuelle Verhalten bestimmen kann. Wenn ein Individuum z. B. auf bestimmte Weise sein Elternhaus interpretiert, dann kann das Konsequenzen für das zukünftige Verhalten haben. In jedem Problementwurf sind die Annahmen über positive beziehungsweise negative Konsequenzen des aus ihm abzuleitenden Verhaltens impliziert, ebenso wie die Bewertung von

Reizen und Annahmen über bestimmte Beziehungen zwischen den Reizen, dem Verhalten und den Konsequenzen des Verhaltens. Problemelemente, also bestimmte Reize, Erlebnisse, Verhaltensweisen usw., werden im Problementwurf zu einem Thema zusammengefaßt. Sie werden von dem spezifischen Inhalt und der dynamischen Vorstellung des Problementwurfes permanent neu *gefärbt.* In diesem Zusammenhang spreche ich von der *kognitiven Färbung.* So kann in einem Problementwurf die sexuelle Aktivität hoch bewertet werden, in einem anderen wiederum nicht. Die Bewertung von Konsequenzen des Verhaltens innerhalb eines Problementwurfs spielt hier eine entscheidende Rolle.

Jeder Problementwurf ist von einem *Probleminteresse* beeinflußt, z. B. einem materiellen Interesse, einem vorhandenen Bedürfnis usw. Das spezifische Verhalten, das als Konsequenz eines Problementwurfes resultiert, nenne ich *Problemverhalten* (problembezogenes Verhalten). Dabei können in einem Problementwurf Konflikte entstehen. Ich unterscheide Konflikte auf drei Ebenen:

a) Konflikte aufgrund uneinheitlicher Bewertung, verschiedene Färbung von gleichen Problemelementen innerhalb eines Problementwurfes (z. B. die Sexualität wird gleichzeitig positiv und negativ bewertet)
b) Konflikte aufgrund widersprüchlicher Interessen im Problementwurf
c) Konflikte aufgrund der gleichzeitig positiv und negativ eingetretenen Konsequenzen eines Verhaltens oder zwischen den erwarteten und eingetretenen Konsequenzen

Die Analyse von Problementwürfen und die anschließende Therapie hat folgendes Ziel:

a) die Verminderung der negativen Konsequenzen von Verhaltensweisen,
b) die Vermehrung von positiven Konsequenzen im Verhalten
c) die Verbesserung der Problemflexibilität, d. h. der Fähigkeit, Problementwürfe zu modifizieren (und somit die Problemrigidität zu überwinden).

In einem Problementwurf unterscheide ich das *Ziel,* das *Motiv,* die *Konsequenzen,* die Elemente, die Färbung, die Konflikte und die *Problemdynamik* und *Wandlung* (Veränderung von Bewertungen, Wahrnehmung von positiven und negativen Konsequenzen des Verhaltens usw.).

Ein Problementwurf kann auf falschen Voraussetzungen beruhen, verschiedenen Wirkungszusammenhängen keine Rechnung tragen und für das Individuum negative Konsequenzen beinhalten, trotz positiver subjektiver Bewertung. *Ziel der Verhaltensanalyse ist es, Problementwürfe auf positive und negative Konsequenzen hin zu analysieren und neue Problementwürfe und Modifikationen vorzuschlagen.* Diese sollen vom Therapieempfänger gedanklich mit positiven und negativen Konsequenzen in Verbindung gebracht werden. Häufig kommt man aufgrund der Verhaltensanalyse zu dem Schluß, daß ein alter Problementwurf aufgegeben und ein neuer konstruiert werden muß. Nun kann vom Therapieempfänger nicht verlangt werden, daß er sofort den alten Problementwurf aufgibt, indem er ihn mit negativen Konsequenzen in Verbindung bringt und einen neuen Problementwurf aufnimmt, indem er diesen mit positiven Konsequenzen in Verbindung bringt. Um diesen Prozeß zu meistern benötigt das Individuum eine kognitive Einsicht in Prozesse der Selbst- und Fremdsteuerung.

Die kognitive Steuerung des Verhaltens

Aus der Sicht meiner Konzeption der kognitiven Verhaltenstherapie ist das Problem der Selbst- und Fremdsteuerung von Bewertungen und Verhaltensweisen von zentraler Bedeutung. Ich gehe davon aus, daß jede Person ein kognitiv-emotional-intuitives System (KEI-S) ist. Die drei in Wechselwirkung stehenden Instanzen: 1. Bewertungen, Annahmen, Vorstellungen, also die kognitiven Elemente, 2. Affekte, Emotionen, und 3. die Intuition, also die emotional gesteuerte und kognitive Orientierung, haben innerhalb dieses Systems in der aktuellen Situation die Fähigkeit der Selbststeuerung, d. h. einer koordinierten Funktion, in der verschiedene Problemelemente des Systems vom individuellen Problem her koordiniert werden. Das System kann aufgrund selbstregulativer Mechanismen für das Individuum optimal nützliche Problementwürfe definieren. Dabei werden in der Selbststeuerung Reizbewertungen, Verhaltensweisen und Bewertungen der Konsequenzen des Verhaltens aus dem inneren Zustand des kognitiv-emotional-intuitiven Systems bestimmt.

In der Fremdsteuerung kommt ein determinierender Einfluß einer anderen Person, also eines anderen kognitiv-emotional-intuitiven Systems, zum Ausdruck. Eine Fremdsteuerung ist meist für das KEI-System (kognitiv-emotionale intuitive System) mit negativen Konsequenzen verbunden, weil sie so gut wie nie der inneren Dynamik des eigenen Systems entspricht. Fremdsteuerung kann verschiedene Elemente unterschiedlich hemmen, so kann z. B. aufgrund familiärer Interaktionen bei bestimmten Personen eher die emotionale und intuitive Sphäre fremdgesteuert sein, während die kognitive Sphäre, z. B. formale Verhaltensweisen (wie Pflichterfüllung), der Selbststeuerung überlassen ist. Das ist beispielsweise bei Krebspatienten der Fall. Jedes KEI-System läuft nicht nur Gefahr, fremdgesteuert zu sein, es zeigt auch immer Tendenzen, andere Systeme – also Personen – zu beeinflussen und fremdzusteuern.

Jedes System kann formal mit einer Zelle verglichen werden, indem wir den Kern der Zelle, die Membrane und den übrigen Inhalt der Zelle unterscheiden. Der Kern der Zelle entspricht dem kognitiven Selbstkonzept; das sind bestimmte Bewertungen und Annahmen, die mit dem Ich-Bewußtsein zusammenhängen. Der Membrane entsprechen die Grenzen des Ich-Bewußtseins im kognitiven, emotionalen und intuitiven Bereich.

Von Fremdsteuerung beziehungsweise -regulation spreche ich dann, wenn ein Reiz (z. B. eine Bezugsperson) eines fremden KEI-Systems aufgrund internalisierter Bewertungen und Annahmen als Bedingung für das eigene Verhalten, eine eigene bestimmte Reaktion oder Emotion fungiert. Eine Person ist z. B. fremdgesteuert, wenn sie sich an folgenden Annahmen orientiert: Um meine Familie glücklich zu machen, muß ich gemäß der Erwartungen meines Vaters meine eigenen Wünsche völlig in den Hintergrund stellen; nur wenn ich viel arbeite, wie es meine Mutter erwartet, kann ich auf Liebe hoffen; nur die Person X ist die Bedingung für meine tiefen emotionalen Empfindungen, usw.

Die Fremdsteuerung ist ein kognitiver Vorgang, der in der Interaktion zwischen Sender und Empfänger entsteht. Die Fremdregulation wird unter bestimmten Bedingungen besonders pathogen. Hier sollen einige Bedingungen angeführt werden:

a) wenn die Kommunikation mit dem Sender abrupt abgebrochen wird
b) wenn die Kommunikation mit dem Sender zu intensiv ist, so daß jegliche Selbstregulation gehemmt ist.

Unter Sender verstehe ich die Bezugsperson, eine soziale Gruppe oder ein soziales System, die als Reiz fungieren und eine Fremdsteuerung in einem anderen KEI-System auslösen. Empfänger ist eine Person, eine soziale Gruppe, oder ein soziales System, bei denen eine bestimmte Reaktion beziehungsweise ein Verhalten in Verbindung mit einem bestimmten Reiz ausgelöst werden.

Die Selbstregulation ist dann gegeben, wenn das KEI-System aus der inneren Spannungs- und Bedürfnislage heraus reagiert und agiert. Fremdsteuerung ist dann vorhanden, wenn sich das KEI-System ausschließlich, akut oder chronisch an einem Reiz aus der sozialen Umwelt orientiert, wobei diese Orientierung gleichzeitig in Widerspruch mit den Spannungen und Bedürfnissen innerhab des KEI-Systems gerät.

Fremdsteuerung ist ein extremer Fall der Orientierung an sozialen Interaktionspartnern, die mit wesentlichen Behinderungen der selbständigen Reaktion innerhalb des KEI-Systems Hand in Hand geht. In diesem Zusammenhang spreche ich von *Perforation*. Ein KEI-System ist dann perforiert, wenn es wesentliche Impulse für eine Reaktion aus dem KEI-System durch seine Bezugspersonen erhält. Gleichzeitig kann eine solche Person andere KEI-Systeme perforieren beziehungsweise fremdsteuern. (Ich benutze beide Begriffe als Synonyme.)

Innerhalb des KEI-Systems unterscheide ich drei in Wechselwirkung zueinander stehende Subsysteme:

a) das kognitive Subsystem (Einsichten, Prinzipien, Vorstellungen, Einstellungen, Überzeugungen usw.)
b) das emotionale Subsystem (z. B. positive und negative Gefühle, Affekte, Angstreaktionen usw.)
c) das intuitive Subsystem (z. B. die individuelle gefühlsbetonte Orientierung ohne ausreichende kognitive Begründung oder Überlegung).

Die Kombination zwischen Selbst- und Fremdsteuerung kann je nach spezifischer Akzentuierung in den einzelnen Subsystemen verschieden sein. Aufgrund dieser Einsicht konnte ich ein differential-diagnostisches Raster entwerfen, das zwischen Krebspatienten, internistisch Erkrankten, chronisch Depressiven, Schizophrenen und neurotischen und psychopathischen Personen unterscheidet. Die Hypothesen konnten durch die Ergebnisse aufgrund eines Fragebogens und eines Beobachtungskatalogs belegt werden.

Bei den verschiedenen Erkrankungen ist die Fremd- und Selbststeuerung in sozialen Gruppen mit unterschiedlichen Botschaften verbunden. Beispielsweise ist bei schizophrenen Patienten die Fremdsteuerung in allen drei Subsystemen, also im kognitiven, emotionalen und intuitiven Bereich, extrem ausgeprägt. Von daher verliert der schizophrene Patient das Gefühl für seine Ich-Grenzen (die Membrane löst sich auf) und die Integrität seines kognitiven Selbstkonzeptes, so daß die Selbststeuerung ganz aufgegeben wird. Schizophrene Patienten haben meistens einen Elternteil, der sein eigenes KEI-System dem Kind aufdoktriniert. Gewöhnlich entwickelt ein solcher Elternteil Schuldgefühle, weil er jegliche Selbstregulation des Kindes verhindert. Er wird masochistisch empfänglich für die irrationalen Aggressionsäußerungen des Kindes und späteren Erwachsenen, was die Bindung zwischen Kind und Elternteil noch verstärkt. Der spätere schizophrene Patient greift seinen Elternteil nie so an, daß er eine Selbstregulation erstrebt, weil er die Fremdregulation des Elternteiles als eigene Selbstregulation empfindet. Deswegen zeigen Schizophrene in ihrer Symptomatik häufig die Überzeugung, von einer fremden Macht beeinflußt und beherrscht zu werden, gegen die sie sich zwar zur Wehr setzen, mit der sie aber in einem einheitlichen System ohne Grenzbewußtsein verstrickt sind. Der fremdsteuernde und perforierende Elternteil scheint vor jeglicher Selbstregulation des Kindes Angst zu haben. So äußerte z. B. die Mutter eines schizophrenen Patienten, sie hätte immer größte Angst gehabt, daß der Sohn wie der Vater werde. Eine andere Mutter will ihren Sohn ein Leben lang vor der Einwirkung böser Geister beschützen. In dem Streben nach absoluter Fremdsteuerung setzt der Elternteil immer seine Meinung, Emotion und Intuition gegen die des Kindes durch. Sobald das Kind aggressiv reagiert, reagiert der Elternteil emotional erschüttert, macht dem Kind aber bewußt, daß die elterliche Einstellung trotzdem die richtige ist. Der schizophrene Patient wird somit ausschließlich für seine irrationale aggressive Regung gegenüber einem Elternteil belohnt, gleichzeitig aber in der Fremdregulation gefestigt und von jeglicher Selbstregulation ferngehalten. Er kommt zu der Überzeugung, daß er in der Beziehung zu anderen Personen keine Chancen hat und emotionale Reaktionen nur in Interaktion mit seinem infiltrierenden Elternteil ausdrücken kann. Die verkümmerten Reste der Selbstregulation scheinen in der schizophrenen Symptomatik ganz unter Fremdregulation subsumiert zu sein. Bei einem schizophrenen Patienten hat die Mutter auf jeden Versuch des selbständigen Verhaltens Schuldgefühle im Sohn hervorgerufen, während sie unselbständiges Handeln mit positiven religiösen Vorstellungen verbunden hat. In der Symptomatik des Sohnes erscheinen die selbstregulativen Prozesse nur noch als ausgeprägte Schuldgefühle, gefärbt mit religiösen Vorstellungen. Der Patient läuft im Zimmer auf und ab und betet laut: »Ich bin ein schwerer Sünder und protestiere gegen die helle Göttlichkeit in mir, obwohl ich diese verdammte Göttlichkeit am liebsten mit den Zähnen zerreißen und auffressen möchte. Dabei bemerke ich, was für ein schwerer Sünder ich bin, ich verdammter, undankbarer Sohn. Wegen meiner Sünde wird mich der Heilige Geist zerreißen und zerfetzen. Ich kann nur noch täglich um Vergebung all meiner großen Sünden beten, weil ich das Heiligste auf der Erde vernichten möchte. Damit vernichte ich mich selbst. Möge mir Gott Kraft geben, daß ich all die wahnsinnige Aggression, die gegen mich gerichtet ist, nicht mit einer ebenso großen Aggression beantworte. Denn in mir und nur in mir liegt die Kraft, das Herz dieser Welt zu vernichten.« In dieser verworrenen Sprache eines schizophrenen Patienten aus einer psychiatrischen Universitätsklinik werden folgende Elemente sichtbar:

a) ein rudimentärer selbstregulativer Versuch,
b) erlebte Schuld- und Angstgefühle, die mit dem selbstregulativen Versuch zusammenhängen,
c) Einsatz des religiösen Wahns, um sich der »Versuchung« der Selbstregulation zu erwehren,
d) eine implizite Annahme, daß es in dieser Welt eine zentrale Figur gibt, gegenüber der der Patient höchste Ambivalenz empfindet.

Unsere Beobachtungen an schizophrenen Patienten zeigten weiterhin folgende Merkmale:

a) die schizophrenen Personen sind mit dem fremdsteuernden System auf das engste sozial verbunden; sie leben häufig mit der dominierenden Bezugsperson zusammen
b) die schizophrene Symptomatik bricht dann aus, wenn durch besondere soziale Umstände der einzige Kern des kognitiven Selbstkonzeptes, das von der fremdsteuernden Instanz »genehmigt« ist, zusammenbricht.

So bekam ein schizophrener Patient seinen akuten Schub, als ihm sein Musiklehrer mitteilte, daß er trotz intensiver Übung nur ein durchschnittliches Talent besitze und es nie schaffen werde, ein Pianist von Weltruf zu werden. Genau das hat seine überaus beherrschende Mutter von ihm verlangt und damit ihre gesamte Fremdsteuerung begründet.

Die vorgegebenen Ziele, die die Fremdsteuerung rechtfertigen, sind der einzige Bereich, in dem der schizophrene Patient eine begrenzte Selbststeuerung erfährt. Eine gut aussehende, sich nymphomanisch verhaltende Mutter stellte ihrer 18jährigen Tochter gegenüber jede sexuelle Betätigung als unmoralisch und verwerflich dar. Sie projizierte in ihre Tochter ihre zweite, nicht gelebte Person und »verwirklichte« so ihre Emotionen und moralischen Ansprüche, zu denen ihr eigenes Verhalten in Widerspruch stand, im Kind. Die junge Frau entwickelte bis zum 24. Lebensjahr ein nonnenhaftes und jungfräuliches Verhalten. Im 24. Lebensjahr ging die Tochter mit einem jungen Mann ins Kino, worauf die Mutter bei den Eltern des jungen Mannes und bei dem jungen Mann selbst einen Riesenkrach veranstaltete. Daraufhin erklärte die Tochter der Mutter: »Was regst du dich so auf? Du bist doch selbst eine Hure.« Am nächsten Tag wurde sie aufgrund eines akuten schizophrenen Schubs ins Krankenhaus eingeliefert. Ihre Symptomatik war: Sie glaubte, daß sie die Heilige Maria war, die vom Teufel geschwängert wurde und aus diesem Grund von Gott aus dem Paradies vertrieben worden war. Gleichzeitig zeigte sie heftige aggressive Regungen ihrer Mutter gegenüber und nannte sie »Hure«. Sie sagte: »Mein Problem ist es, nicht zwischen Huren und Engeln unterscheiden zu können.« Dabei wurde die Grenze zwischen Selbst- und Fremdsteuerung aufgelöst.

Bei chronisch depressiven Patienten ist die kognitive Sphäre jahrelang intakt und selbstgesteuert. Die Störung beziehungsweise Fremdsteuerung liegt im Bereich der emotionalen und intuitiven Sphäre. Dabei handelt es sich um eine negative Fremdsteuerung, bei der das Bewußtmachen des emotionalen Bereichs außer acht gelassen wird. Der für das Kind wichtige Elternteil setzt sehr eindeutig soziale und normative Forderungen durch, die täglichen Schulaufgaben sollen gut gemacht werden, soziale Normen eingehalten werden usw. Die gegenseitige persönliche emotionale Wirkung bleibt jedoch unberücksichtigt. So sagt z. B. die Mutter, man soll das und das machen, weil die Menschen das und das erwarten. Sie sagt aber nicht, du wirkst auf mich so und so und rufst bei mir bestimmte Emotionen hervor. Das Kind lernt nicht, daß es für andere Menschen emotional wichtig ist und daß es selbst emotionale Ansprüche an andere Menschen stellen kann. Der spätere Erwachsene arbeitet sehr normenkonform, steuert sich selbst im kognitiven System, verliert aber jeglichen Halt, wenn es um emotionale Äußerungen geht. Auf den Versuch, emotionale Ansprüche zu stellen, folgt tiefe Depression. Im Rahmen des »normalen« kognitiven Subsystems gibt es keine Verbindung zum emotionalen Subsystem, das negativ fremdgesteuert ist. Zunehmend beginnt eine solche Person, ein submanisches oder manisches Verhalten zu entwickeln, indem sie versucht, das kognitive System zu umgehen und Emotionen zu äußern. Trotzdem verfallen diese Personen von Zeit zu Zeit in immer tiefere Depressionen, weil sie die negative Fremdsteuerung, das fremdgesteuerte emotionale Vakuum, nicht überwinden.

Der neurotische Patient ist gleichzeitig fremd- und selbstgesteuert und deswegen in einem dauerhaften Ambivalenzkonflikt zwischen Selbst- und Fremdsteuerung. Das Verhalten der Eltern dem Kind gegenüber ist ambivalent, es werden keine eindeutigen, sondern widersprüchliche Erwartungen vermittelt,die je nach Lage, Interesse und Bedürfnis der Eltern wechseln. Der Widerspruch wird im Kind zu einer Komponente seines oppositionellen Verhaltens, ohne daß es sich unabhängig machen könnte. Der Neurotiker versucht auch noch als Erwachsener, sich von seinen Eltern zu befreien und gleichzeitig in eine vertiefte Abhängigkeit zu geraten.

Der Patient, der an internistischen Erkrankungen leidet, z. B. an Herzinfarkt, Bluthochdruck, Diabetes mellitus, Magengeschwür usw. ist im kognitiven Subsystem weitgehend selbständig beziehungsweise selbstgesteuert, während er im emotionalen und intuitiven System positiv fremdgesteuert ist, d. h. verschiedene Personen stellen an seine emotionalen Regungen ganz bestimmte Anforderungen. Dem internistischen Patienten wird von einem Elternteil oder von einer nahestehenden Bezugsperson das Gefühl vermittelt, daß er für sie von außerordentlicher und zentraler Bedeutung ist. Im Unterschied zum Neurotiker zweifelt der internistische Patient an solchen vermittelten Botschaften nicht. Auch er empfindet, daß die Bezugsperson für ihn von außerordentlicher emotionaler Bedeutung ist. Von daher erstrebt er eine enge harmonische Beziehung, in der gegenseitige emotionale Liebe zum Ausdruck kommt. Er gerät jedoch chronisch in Loyalitätskonflikte, wenn auch andere Personen an ihn emotionale Ansprüche stellen. Der Hauptkonflikt der internistisch Erkrankten ist ihre Gewißheit, daß sie für eine Person, eine Gruppe oder eine Aufgabe von zentraler und unentbehrlicher Bedeutung sind und daß umgekehrt andere Personen für sie von unentbehrlicher Bedeutung sind. Internistisch Erkrankte sind der Überzeugung, andere Personen zu steuern und zu perforieren, während sie gleichzeitig von anderen Personen gesteuert und perforiert werden. Aus Angst, die Kontrolle über für sie wichtige Personen, Gruppen oder Institutionen zu verlieren, geraten sie in um so größere Abhängigkeit von ihnen. Die Spannung kann dabei bis zum Krankheitsausbruch anwachsen.

Die Krebspatienten haben nicht das Gefühl, daß sie für andere Personen äußerst wichtig und von zentraler Bedeutung sind. Sie haben zwar die Gewißheit, daß andere Personen für sie selbst äußerst wichtig sind, sie sind also von anderen Personen perforiert und fremdgesteuert, leiden aber an der Angst, an andere Personen nicht heranzukommen. Sie haben immer Angst, isoliert zu werden. Die Eltern haben den Krebspatienten die Einsicht vermittelt, daß sie für ihre Kinder unentbehrlich sind, aber daß die Kinder sehr viel tun müssen, um mit den Eltern emotionalen Kontakt zu haben.

Dabei stellen die Eltern meistens eine ganze Liste von Anforderungen und Erwartungen gegenüber den Kindern auf und bezeichnen sie als Bedingung, ihre Kinder akzeptieren zu können. Krebspatienten leben ihr ganzes Leben lang in der Angst, von für sie äußerst wichtigen Personen nicht akzeptiert zu werden und leiden von daher am Gefühl der eigenen Unzulänglichkeit. Im kognitiven Subsystem sind die Krebspatienten zu größter Selbstständigkeit und Selbststeuerung erzogen worden. Sie versuchen ein Leben lang, ein symbiotisches Verhältnis zu erreichen, in dem sie selbst auch für andere Personen emotional wichtig werden. Wenn solche mühsam konstruierten Beziehungen in die Brüche gehen oder erst gar nicht erreicht werden, bricht chronische Hoffnungslosigkeit, Selbstdestruktivität usw. aus.

Die bisherigen Analysen verschiedener Krankheitsbilder zeigen, daß es inhaltlich verschiedene Verhältnisse zwischen Fremd- und Selbststeuerung gibt. Die Krebspatienten sind im emotionalen Bereich fremdgesteuert und von dem KEI-System einer nahestehenden Person perforiert. Sie selbst können diese Person aber nicht perforieren und fremdsteuern und leiden deswegen an Isolationserlebnissen. Die internistisch Erkrankten sind der Überzeugung, andere Personen zu steuern und zu perforieren, und erkranken dann, wenn sich ihnen das System, das sie perforieren und von dem sie gleichzeitig perforiert und ferngesteuert werden, entzieht. Die schizophrenen Patienten erkranken dann, wenn die letzte Basis einer Selbststeuerung verlorengeht und sie in allen Subsystemen fremdgesteuert sind. Die chronisch depressiven Patienten erkranken dann, wenn sie die chronische Insuffizienz ihres emotionalen Subsystems und ihre Unbeeinflußbarkeit durch das kognitive System erfahren. Neurotische Symptome treten dann auf, wenn das selbststeuernde KEI-System mit fremdsteuernden Elementen in einen Ambivalenzkonflikt gerät.

Die anzuwendende Therapie geht von diesen Analysen aus. Das generelle therapeutische Ziel ist, die Selbststeuerung zu verbessern und die Fremdsteuerung zu instabilisieren. Daraufhin werden die kognitiven Problementwürfe überprüft und beeinflußt. Im idealen Zustand berühren sich die KEI-Systeme, so daß ein permanenter Austauschprozeß (z. B. gegenseitige Belohnung, Durchführung von gemeinsamen Aufgaben, erotische Berührung usw.) möglich ist. Die unerwünschten Zustände stellen entweder die Perforierung, durch die die positive oder negative Fremdsteuerung geschieht (Anforderungen oder Verhinderungen), oder die Isolierung des Individuums vom Bezugspartner dar. Jedes Isolationserlebnis weist als Kompensation die Tendenz auf, das erstrebte System zu perforieren. Letztlich hat das für das Individuum negative Konsequenzen, während der Zustand der kooperativen Berührung positive Konsequenzen nach sich zieht. Subjektiv glaubt ein Individuum, das unter Isolation leidet, jedoch, daß es im Zustand der Perforierung eines anderen Systems positive Konsequenzen zu erwarten hat. Ein perforiertes Individuum kann aus Mangel an Selbstregulation auch tatsächlich glauben, daß es aufgrund der Perforierung durch eine andere Person positive Konsequenzen erlebt. Diese falschen Ideologien, die anstelle der Selbstregulation Fremdregulation setzen und von ihr statt negative positive Konsequenzen erwarten, sind meiner Auffassung nach eine der wichtigsten psychischen Krankheitsursachen überhaupt.

Die Therapie hat zum Ziel, dem Therapieempfänger bewußt zu machen, aus welchen Gründen er eine Fremdsteuerung benötigt, in welchem Bereich er positive Konsequenzen erwartet und wo gleichzeitig negative Konsequenzen der Fremdsteuerung übersehen werden. In der ersten Phase der Therapie werden beim Patienten alle Forderungen nach Fremdsteuerung, die er selbst stellt, aufmerksam beobachtet. So wird beispielsweise der Wunsch des Krebspatienten, mit einer anderen Person ein »absolut harmonisches« Verhältnis zu erreichen, registriert und seine positiven Emotionen werden anerkannt. Wenn der internistische Patient von der großen Bedeutung seiner Person für einen Elternteil und seiner engen Beziehung berichtet, dann wird dies vom Therapeuten vollkommen akzeptiert und nicht in Frage gestellt. Auch der Wahn eines Schizophrenen wird vom Therapeuten ernstgenommen und eventuell mit zusätzlichen Fragen das ernsthafte Interesse des Therapeuten am System gezeigt. Es ist notwendig, daß der Therapeut das Wahnsystem des Schizophrenen so ernst nimmt wie dieser selbst. Beim Neurotiker werden die verschiedenen Symptome, z. B. seine Angstreaktionen, ernstgenommen und als seine subjektive Realität akzeptiert.

In der zweiten Phase der Therapie (in der Regel nach 3 bis 5 Therapiestunden) fühlt sich der Therapieempfänger vom Therapeuten völlig verstanden. Dann wird dem Therapieempfänger eine graphische Darstellung vorgelegt, die die wesentlichen Elemente der Fremd- und Selbststeuerung beinhaltet. Gleichzeitig wird ihm der Sachverhalt einfach und verständlich dargestellt. Danach wird er aufgefordert, sich selbst und nahestehende Personen einzuordnen. Außerdem wird ihm die Möglichkeit gezeigt, seine Ideologien, Wünsche, Interpretationen und Problementwürfe in Kategorien der positiven und negativen Konsequenzen zu beurteilen. Häufig steht die erste Selbstbeurteilung im krassen Widerspruch zur Beobachtung des Therapeuten. So kann sich ein internistischer Patient weigern, den Wunsch nach Perforierung des Selbstregulierungssystems einer Bezugsperson zuzugeben. Die Selbstkritik, Prozesse der Fremd- und Selbstregulation im Lichte ihrer positiven und negativen Konsequenzen zu sehen, wächst allerdings mit zunehmendem Training. Der Therapieempfänger entwickelt im Laufe der Therapie Wünsche nach Selbstregulation. Dabei stellt er an den Therapeuten den Anspruch, Faktoren der Fremdregulation zu beseitigen. In diesem Zustand kann das unerwünschte und erwünschte Verhalten klar definiert werden und mit Methoden des kooperativen Suggestionstraining, der kognitiven Selbstkontrolle, der Sozialbetreuung, des Einsichts- und Emotionstrainings beseitigt beziehungsweise herbeigeführt werden.

Die komplexe Analyse innerhalb der Programmtherapie eignet sich für die Analyse und Behandlung aller psychosomatischen und psychopathologischen Zustände. Die Analyse verläuft bei verschiedenen Problemen relativ ähnlich. Zuerst wird der Problementwurf studiert, also die Struktur von Annahmen und Bewertungsweisen, mit denen das Individuum ein Problem zu lösen versucht. Der Problementwurf wird meistens konkretisiert im Hinblick auf Fragen der Selbst- und Fremdsteuerung und der positiven und negativen Konsequenzen. Danach wird ein Training für die Überwindung von bestimmten Variationen des Problementwurfes und des Zustands der Fremdsteuerung und Isolation eingeleitet. Der Therapieempfänger wird in der ersten Phase der Therapie in seinem Problementwurf so lange akzeptiert, bis er selbst, in Konfrontation mit den positiven und negativen Konsequenzen aus diesem Problementwurf, neue Einstellungen erstreben oder akzeptieren kann. Danach beginnt das eigentliche Training.

Hier soll noch ein Begriff angeführt werden, den kognitiven (programmgesteuerten) *Kardinalkonflikt*. In verschiedenen Verhaltensanalysen konnte ich immer wieder feststellen, daß viele Personen bestimmte, sich stereotyp wiederholende Konfliktstrukturen aufweisen. Diese Konflikte sind letztlich auf widersprüchliche Annahmen, Bewertungen, Vorstellungen usw. zurückzuführen. Dazu ein Beispiel:

Eine Frau bewertet ihren Vater sehr hoch und als wichtige Bedingung für ihre emotional-erotische Erregung. Sie nimmt an, daß sie ihre Bedürfnisse wegen der hohen Bewertung des Vaters im Kontakt mit anderen Versuchspersonen nicht befriedigen kann. Wenn ein Kontakt mit einem anderen Mann zustande kommt, dann bewertet sie ihn negativ und erlebt infolge dieser Bewertung eine depressive Stimmung. Sie nimmt nun an, daß eine solche Stimmung zu überwinden ist, wenn sie viel Alkohol konsumiert, Zigaretten raucht und sich intensiv auf die Suche nach einem neuen Partner begibt. Bei dem neuen Partner wird dieselbe Reaktion auftreten, weil sie sich immer wieder an dem internalisierten Programm orientiert: Nur mein Vater ruft positive Gefühle hervor. Bei dieser Frau hat sich das beschriebene, kognitiv gesteuerte und stereotype Verhalten sieben Jahre von Woche zu Woche wiederholt. Danach isolierte sie sich von jeglichem sozialen Kontakt mit Männern und litt unter starken Depressionen. Nach diesem Jahr bekam sie Gebärmutterhalskrebs und wurde operiert und behandelt.

Solche stereotypen Verhaltensweisen haben alle ein gemeinsames Charakteristikum: Sie beruhen auf Annahmen, die für das Individuum objektiv nur negative Konsequenzen hervorrufen. Die durch solche

Annahmen gesteuerten Verhaltensweisen werden aber aufrechterhalten, weil sich das Individuum von bestimmten Verhaltensweisen immer wieder positive Konsequenzen verspricht.

Immer wenn ich eine symptomatische oder komplexe Analyse durchgeführt habe, war ich bemüht, den kognitiv gesteuerten Kardinalkonflikt herauszufinden und therapeutisch zu beeinflussen. In der Therapie lernt der Therapieempfänger eine Umbewertung seiner Annahmen. Er sieht ein, mit welchen positiven oder negativen Konsequenzen seine Annahmen zusammenhängen. Danach wird ein Therapieprogramm aufgestellt, in dem bestimmte ursächliche Annahmen verändert werden. Der Alkoholiker muß z. B. erlernen, daß der Alkoholgenuß eher die soziale Kommunikation verhindert oder zumindest mit negativen Konsequenzen zusammenhängt. Die oben erwähnte Frau hätte eine Umbewertung ihres Vaters erlernen müssen.

Die von mir angewandten Methoden der kognitiven Verhaltenstherapie, besonders der Einsatz der Hypnose und die kognitive Selbstkontrolle, erscheinen als sehr geeignete Mittel, den kognitiv gesteuerten Kardinalkonflikt schon in wenigen therapeutischen Stunden optimal zu beeinflussen. Voraussetzung für den therapeutischen Erfolg ist die Analyse, die die bewußten und unbewußten Bewertungen, die das problematische Verhalten steuern, erfaßt. In vielen Fällen reicht dafür ein einfaches Gespräch, oft muß die Analyse aber auch im Zustand der hypnotischen Entspannung durchgeführt werden.

Ich führe einen großen Teil der Erfolge unserer experimentellen Therapieforschung auf die Erfassung und Beeinflussung des kognitiv gesteuerten Kardinalkonfliktes zurück.

In einigen Fällen kann die kognitive Selbstkontrolle, also die systematische Selbstreflexion, therapeutisch eingesetzt werden. Meistens aber gibt die Versuchsperson zwar freimütig Auskünfte für die Verhaltensanalyse, ist aber nicht bereit oder in der Lage, mit ihrer eigenen oder vom Therapeuten angeleiteten Reflexion einen therapeutischen Effekt zu erzielen. Solche Personen erwarten vom Therapeuten eine ähnliche Dienstleistung, wie vom Zahnarzt. Die Motivation zur Therapie könnte in dem Satz ausgedrückt werden: »Ich kann nicht, aber ich möchte.« Der Alkoholiker möchte zum Beispiel das Trinken aufgeben; er schafft es aber aus eigener Kraft nicht, auch nicht durch den systematischen Einsatz der kognitiven Selbstkontrolle. Um trotzdem einen therapeutischen Erfolg zu erzielen, muß die Hypnose eingesetzt werden. In der Hypnose können auch Analysen durchgeführt werden; so kann in der Hypnose ein leitendes, aber unbewußtes Motiv für ein bestimmtes Verhalten aufgedeckt werden. Ein chronischer Alkoholiker wußte z. B. nichts über die Gründe seines Alkoholismus. In der Hypnose trat ein Trennungstrauma in Begleitung mit starken emotionalen Reaktionen auf. Es stellte sich heraus, daß der Patient seit sieben Jahren die Trennung von seiner Frau nicht überwinden konnte, dies aber vor sich selbst und anderen nicht zugeben wollte. Dabei hatte er die Hoffnung, von der Ehefrau wieder geliebt zu werden, wenn er unter dem Alkoholeinfluß physisch und psychisch zusammenbricht. In der Hypnose konnte mit dem Alkoholiker ein Dialog geführt werden, der unter normalen Umständen undenkbar gewesen wäre. Jetzt erwartete er von mir, ihn in der Hypnose so zu beeinflussen, daß er nicht mehr trinkt und seinen emotionalen Streß überwinden lernt. Die Hypno-Analyse des Verhaltens ergab, daß der Alkoholiker unter Minderwertigkeitsgefühlen litt und seine Frau als eine Art Prothese für sein psychisches Wohlergehen bewertete. Die therapeutische Anwendung der Hypnose erwies sich als sehr erfolgreich. Unter Berücksichtigung der Lerngesetze konnte mit Hilfe der Hypnose das Selbstwertgefühl gestärkt werden, indem es mit positiven Konsequenzen in Beziehung gebracht wurde. Das Gefühl der Abhängigkeit von der früheren Frau und dem Alkohol wurde gleichzeitig mit negativen Konsequenzen in Beziehung gebracht. Nach einigen Hypnose-Sitzungen begann die Programmvermittlung verhaltenswirksam zu werden.

Ich möchte mit einem wichtigen methodischen Hinweis dieses Kapitel beschließen. Er betrifft die Art und Weise, also den Stil, wie ein Programm in der Hypnose vermittelt wird. Ich konnte die Beobachtung machen, daß verschiedene Personen unter bestimmten Kommunikationsbedingungen eine erhöhte Lern- und Aufnahmebereitschaft zeigen. Eine Person entwickelte z. B. eine ideale Lernfähigkeit, wenn sie einen autoritären Befehl empfängt, während eine andere Person optimal in einer Situation lernt, in der sie sich geborgen fühlt, wieder eine andere braucht für eine ideale Lernbereitschaft die Garantie, daß sie nicht autoritär beherrscht oder manipuliert wird usw. Genau diese Bedingungen werden in der hypnotischen Vermittlung von mir berücksichtigt. Der oben beschriebene Alkoholiker gehörte zum Typ der »autoritären Befehlsempfänger«. So wurde ihm mit dem folgenden Satz der Lerninhalt suggeriert: »Sie können keinen Alkohol mehr trinken und beim ersten Schluck wird Ihnen unheimlich übel. Dieser Satz geht als Befehl in Ihren Kopf.«

Einem anderen Alkoholiker, der sich nach Geborgenheit sehnte, wurde bereits in der hypnotischen Entspannung das Gefühl einer Geborgenheit suggeriert. Dieses Gefühl wurde zum Alkoholkonsum in Gegensatz gebracht.

Ohne die adäquate Berücksichtigung der Lerngesetze können in der Therapie sehr negative Nebenwirkungen erzielt werden. Man muß schon in der Analyse die besondere Methodik für den Einzelfall erkennen. Häufig sind z. B. bewußte Programme mit unbewußten Programmen verknüpft. Wenn dann ein bewußtes Programm beeinflußt wird, »reagiert« das unbewußte. Dazu soll ein Beispiel gegeben werden:

Herr R., 23 Jahre, bewertete seine Mutter sehr hoch und damit zusammenhängend andere Frauen sehr schlecht. Zu diesen war er sehr aggressiv und litt an sexuellen Schwierigkeiten. Die Verhaltensanalyse zeigte, daß sein internalisiertes Programm von seiner Mutter vermittelt wurde. In der hypnotischen Entspannung wurde eine Lösung der internalisierten negativen Bewertung von Frauen angestrebt. Das Training hatte Erfolg. Das sexuelle Lustempfinden und die Kommunikation mit Frauen verbesserte sich. Nach einigen Wochen fiel Herr R. aber in starke Depressionen. Eine Analyse in der hypnotischen Entspannung zeigte, daß ein zweites mütterliches Programm noch wirksam war. Dieses Programm lautete: Wenn du mich verläßt und andere Personen vorziehst, dann kannst du nicht mehr froh und glücklich sein. Als in den nächsten hypnotischen Sitzungen dieses Programm inaktiviert wurde, hörten die Depressionen auf und Herr R. zeigte zunehmend Erfolg in der Selbststeuerung und verbesserte sein Selbstempfinden.

6. Erste Erfahrungen in der Präventivtherapie

Eine der wichtigsten Aufgaben der sozialwissenschaftlichen Krebsforschung ist die Umsetzung der Ergebnisse aus der Feldstudie in die experimentelle präventivmedizinische Forschung. Wenn davon ausgegangen werden kann, daß psychosoziale Faktoren, die aufgrund von Meßinstrumenten erfaßt werden können, mit der Krebserkrankung mitursächlich zusammenhängen, dann stellt sich die Frage:

a) sind solche Faktoren durch Anwendung der kognitiven Verhaltenstherapie beeinflußbar und
b) kann eine therapeutisch erzielte Veränderung der psychosozialen Verhaltensweisen den Ausbruch der Krebserkrankung verhindern?

Um solche Fragen beantworten zu können, wurden zwei Gruppen von unterschiedlicher Größe mit der kognitiven Verhaltenstherapie behandelt. Die erste Gruppe bestand aus 16 Personen, die aufgrund wiederholter Befragungen und Beobachtungen aus einer Gruppe von 273 Personen als der Personenkreis mit der höchsten Punktzahl identifiziert wurden. Eine Gruppe von 8 Personen (drei Männer und fünf Frauen) wurde 19 Monate lang alle 10 Tage je eine Stunde therapiert. Die weiteren 8 Personen stellten eine vergleichbare Kontrollgruppe dar. Die therapierte und die Kontrollgruppe wurden mit mehreren Fragebogen zu Beginn und Ende der Therapie erfaßt. Einige Forschungsergebnisse sind in meinem Buch *Soziales Verhalten und die Krebserkrankung*, Weinheim, 1979 dargestellt.

Die beigefügten Tabellen (S. 245) lassen die Veränderung der Punktzahlen nach der Therapie auf dem Fragenkatalog, dem Beobachtungskatalog und dem Fragebogen zur Überprüfung des therapeutischen Erfolges erkennen. Sie zeigen, daß sich die therapierte Gruppe und die Kontrollgruppe vor Therapiebeginn auf allen drei Meßinstrumenten vergleichen ließ. Am Ende der durchgeführten Therapie zeigt die therapierte Gruppe bemerkenswert weniger extreme Positionen auf der Skala der angewandten Meßinstrumente. So hatten zum Beispiel vor der Therapie auf dem Fragebogen 8 Personen (100 %) mehr als 130 Punkte, also eine sehr hohe Punktzahl, während es bei der Kontrollgruppe 7 Personen (87,5 %) waren. Nach Beendigung der Therapie wiesen in der therapierten Gruppe 2 Personen (25 %) eine sehr hohe Punktzahl auf, während es in der Kontrollgruppe 8 Personen (100 %) waren. Ein ähnliches Verhältnis ergibt sich auf allen drei Meßinstrumenten.

Ebenso ist ein Vergleich der Ergebnisse mit denen der prospektiven Studie (1965) möglich: Die Krebskandidaten und die Personen, die später an Krebs erkrankt sind, hatten eine vergleichbar hohe Punktzahl auf dem Fragen- und Beobachtungskatalog. 10 Jahre nach Beendigung der Therapie wurde das Schicksal der therapierten und nicht therapierten Gruppe von einem Arzt verfolgt. Eine Person in der therapierten

Gruppe und 6 Personen in der nicht therapierten Gruppe erkrankten. Die Gruppe bestand aus Personen, die zum Zeitpunkt der Therapie über 55 Jahre alt waren.

Die zweite experimentelle Therapiestudie mit dem Ziel einer Prävention der Krebserkrankung wurde in Heidelberg im Jahre 1976 durchgeführt. Es wurden 252 Personen, die an chronisch-emotionalem Streß litten und eine extrem hohe Position auf dem Fragebogen zur Überprüfung des therapeutischen Erfolges aufwiesen, erfaßt und mit einer ebenso großen und vergleichbaren Kontrollgruppe verglichen. Die Probanten wurden aus 4270 Personen (aus der Kartei des Einwohnermeldeamtes) nach dem Zufallsprinzip ausgewählt. Nachträglich wurden die beiden Gruppen aus jeweils 252 Personen von Interviewern und Beobachtern zusätzlich überprüft. Die beigefügte Tabelle (S. 247) zeigt, daß die Personen auch mit diesen Meßinstrumenten eine extrem hohe Punktzahl erreichten. Die 252 Personen der Therapiegruppe wurden darauf mit einer inzwischen weiterentwickelten kognitiven Verhaltenstherapie drei Monate lang eine bis anderthalb Stunden in der Woche behandelt. Das Alter der behandelten Gruppe und der Kontrollgruppe lag zwischen 40 und 45 Jahren; beide Gruppen bestanden aus Männer und Frauen.

Die Tabellen zeigen, daß anderthalb Jahre nach Beendigung der Therapie (zu diesem Zeitpunkt wurde die letzte Nachuntersuchung durchgeführt) ein wesentlicher Unterschied zwischen der therapierten Gruppe und der Kontrollgruppe bestand. Die therapierte Gruppe zeigte auf allen drei Meßinstrumenten einen bemerkenswerten Abstieg von den extrem hohen Positionen. Während zum Beispiel vor der Therapie 187 Personen auf dem Fragebogen mehr als 130 Punkte aufwiesen (das sind 74,2 %), zeigten nur 5 Personen (1,98 %) eine so hohe Punktzahl anderthalb Jahre nach der Therapie. In der Kontrollgruppe hatten zu Therapiebeginn 106 Personen (69,8 %) eine vergleichbar hohe Punktzahl, also über 130 Punkte. In der Nachuntersuchung stieg diese Anzahl auf 192 Personen (76,1 %). Ähnliche Ergebnisse bringen auch die anderen Meßinstrumente.

Anderthalb Jahre nach der Therapie sind in der Kontrollgruppe vier Personen, in der therapierten Gruppe zwei Personen an Krebs erkrankt. Diese Zahl ist allerdings zu gering, um signifikant zu sein. Jedoch ist bemerkenswert, daß in der nicht therapierten Gruppe doppelt so viel Krebsfälle aufgetreten sind wie in der therapierten Gruppe. Um eine Vorhersage der Krebserkrankung und den Nachweis der Effektivität von präventiv-therapeutischen Methoden zu ermöglichen, bedarf es jedoch größerer Untersuchungsgruppen. Solche Studien sind Gegenstand meiner geplanten zukünftigen Forschungsprojekte.

Das generelle Ziel der Therapie war es, Risikoverhaltensweisen, die mit der Krebsentstehung zusammenhängen, mit Methoden der kognitiven Verhaltenstherapie zu beeinflussen. Dabei sind von Person zu Person – je nach individuellem Problem – verschiedene Aspekte behandelt worden (z. B. die Ursache für die Blockierung der Bedürfnisäußerung, die selbstdestruktive Tendenz, der Zustand der chronischen Hoffnungslosigkeit usw.). Grundsätzlich unterscheidet sich die präventiv-therapeutische Behandlung nicht von der Behandlung der Krebspatienten.

Die präventive Therapie (sowie auch der Einsatz der kognitiven Verhaltenstherapie bei Krebspatienten) gehört in der Regel zu der sogenannten komplexen Analyse. In der Analyse werden drei Ziele verfolgt:

1. Es werden die einzelnen Risikoverhaltensweisen identifiziert, z. B. chronische Hoffnungslosigkeit, Rauchgewohnheit, exponierendes Verhalten usw.
2. Es wird der kognitive Kardinalkonflikt identifiziert, z. B. eine sich stereotyp wiederholende Verhaltensweise, die zu negativen Konsequenzen führt und auf einer kognitiven Fehleinschätzung beruht.
3. Es wird nach einer neuen, die Selbstinterpretation stützenden Einstellung gesucht, die imstande ist, erwünschte Verhaltensweisen aufrechtzuerhalten.

Aufgrund der Verhaltensanalyse wird eine Liste von unerwünschten und erwünschten Verhaltensweisen aufgestellt. Es werden drei Hypothesen impliziert:

a) die synergetische,
b) die motivationale,
c) die kognitiv integrative Hypothese.

Die synergetische Hypothese geht davon aus, daß die Summe von mehreren ungünstigen Faktoren eher eine Erkrankung hervorrufen wird als einzelne Faktoren. Deshalb ist es wichtig, jeden einzelnen Faktor zu erfassen und zu beeinflussen.

Die motivationale Hypothese setzt voraus, daß nicht nur jede einzelne Risikoverhaltensweise kognitiv motiviert und gesteuert ist, sondern daß es auch übergeordnete Motivationen für mehrere Risikofaktoren gleichzeitig gibt. Diese Motivation entsteht durch den kognitiv gesteuerten Kardinalkonflikt. Die motivationale Hypothese rechtfertigt die Analyse und Beseitigung des Kardinalkonfliktes.

Die kognitiv integrative Hypothese geht davon aus, daß eine Beseitigung von unerwünschten Verhaltensweisen und eine Stabilisierung von erwünschten Verhaltensweisen langfristig nur dann möglich ist, wenn sich das Individuum in seinem Verhalten an übergeordneten, das erwünschte Verhalten stützenden kognitiven Faktoren orientiert. Diese Faktoren müssen in der Verhaltensanalyse gefunden werden und im therapeutischen Prozeß in die Selbstinterpretation eingebaut werden.

Wenn die Verhaltensanalyse durchgeführt worden ist, werden die adäquaten methodisch-therapeutischen Maßnahmen, aufgrund derer das erwünschte Verhalten herbeigeführt und das unerwünschte Verhalten instabilisiert werden soll, angewandt. Vor der durchgeführten Verhaltensanalyse und nach der Verhaltenstherapie werden Fragebogen und Beobachtungskataloge eingesetzt, um die Effektivität der therapeutischen Maßnahmen zu überprüfen.

Während in der Analyse und Beeinflussung einzelner gesundheitsschädlicher Verhaltensweisen, wie z. B. Zigarettenrauchen, relativ einfache Techniken angewandt werden können, ist die Analyse und Beeinflussung des Kardinalkonfliktes in der übergeordneten Selbstinterpretation ein komplexer und differenzierter Vorgang. Die motivationalen Denkweisen, Annahmen, Bewertungen usw. müssen dabei exakt identifiziert und unter Berücksichtigung der Lerngesetze verändert werden.

Gleichzeitig werden Verhaltensprogramme vermittelt, die ein Verhaltensmuster steuern oder ein Selbstkonzept beeinflussen. Eine Person, die an Minderwertigkeitsgefühlen leidet, wird zum Beispiel in der kognitiven Verhaltenstherapie dazu trainiert, ein hochbewertetes Selbstgefühl zu entwickeln. Es wird dabei nicht abstrakt ein »positives Selbstwertgefühl« in der Therapie angestrebt, sondern die besondere Situation und die individuelle Bewertung in der Analyse werden für die Veränderung berücksichtigt. Dasselbe gilt auch für die Analyse des Kardinalkonflikts und für die Vermittlungen neuer Bewertungen im Selbstkonzept. Das neue Selbstkonzept wird immer exakt im Hinblick auf die Mängel, die sich in der Verhaltensanalyse ergeben, entworfen.

Jede Therapieforschung hat bestimmte kritische Punkte, auf die sie ihre Kontrolle verstärkt richten muß. Im Prozeß der Psychoanalyse gibt es offensichtlich ein solches Problem in der sogenannten Übertragung und Gegenübertragung. In der kognitiven Verhaltenstherapie ist das schwierigste Problem, verschiedene kognitive Verbindungen und Motivationen so lange analysieren und beeinflussen zu können, bis die Motivation für das unerwünschte Verhalten inaktiviert ist.

Zunächst muß in der Verhaltensanalyse die Ursache des unerwünschten Verhaltens erforscht werden, um danach das erwünschte und unerwünschte Verhalten zu definieren. Dies geschieht von Person zu Person auf verschiedene Weise. Bei einer Person ist das erwünschte Verhalten beispielsweise die Überwindung von Hemmungen, bestimmte subjektiv wichtige Bedürfnisse zu äußern. Bei einer anderen Person muß ein ganzes kognitives Selbstkonzept – also eine geeignete Selbstinterpretation – erst entworfen werden. Dabei müssen Faktoren, die das erwünschte Verhalten unterstützen, aufgebaut werden.

Wenn die Ursache der Blockierung gefunden und das erwünschte und unerwünschte Verhalten definiert ist, ist die Verhaltensanalyse beendet. Im konkreten Fall bezieht sich die Verhaltensanalyse immer auf mehrere unerwünschte Faktoren, die miteinander zusammenhängen. Auch das erwünschte Verhalten ist mehr als ein Katalog von Einzelfaktoren, vielmehr muß eine einheitliche und harmonische Integration verschiedener erwünschter Verhaltensweisen in das Selbstkonzept und den kognitiven Problementwurf, angestrebt werden. Zunächst aber wird bei jeder einzelnen Person ein Katalog der erwünschten und unerwünschten Verhaltensweisen aufgestellt. Hier wären zu nennen: Die Überwindung innerer Hemmungen zur Äußerung sexueller Wünsche; die Überwindung des Todes einer nahestehenden Person; die Verstärkung der Fähigkeit, ambivalente Gefühle ertragen zu können; die Verringerung des exponierenden Verhaltens; die Fähigkeit, Phantasien zu verstärken und selbstdestruktive Verhaltensweisen zu überwinden; die positive Beeinflussung der chronischen Hoffnungslosigkeit usw. Wenn der Katalog des unerwünschten und erwünschten Verhaltens aufgestellt ist, werden die Integration in das Selbstkonzept und der kognitive Entwurf besprochen. In diesem Zusammenhang spreche ich von der *kognitiven Verhaltensarchitektur.* Die einzelnen erwünschten Faktoren sollen Teil eines Charakters und einer individuellen Reaktionsweise werden. Auch in der Verhaltensarchitektur und -modifikation werden die vorhandene subjektive Einstellung und Bewertung berücksichtigt. Wenn zum Beispiel eine subjektive Disposition zur spontanen Religiösität oder zu sozial aggressivem Verhalten vorhanden ist, solche Faktoren aber extrem gehemmt sind, dann können sie als kognitive Faktoren für die Verhaltensmodifikation nützlich sein. Im Einzelfall wird jedoch zunächst immer ein konkretes erwünschtes Verhalten angestrebt, während das Selbstkonzept mehr oder weniger im Laufe der therapeutischen Kommunikation geformt wird.

Wenn die Verhaltensanalyse beendet ist, wird der Einsatz von adäquaten Methoden für die Verhaltensmodifikation überlegt. In der Regel wird zunächst mit der kognitiven Selbstkontrolle oder dem Einsichtstraining begonnen. Erst wenn sich das erwünschte und unerwünschte Verhalten dabei nicht ändert, wird der Einsatz der Hypnose in Erwägung gezogen. Eine optimale Wirkung stellt sich in der Regel durch den gleichzeitigen Einsatz mehrerer Methoden ein. Inhaltlich verläuft die Therapie zunächst unter dem Primat des Hauptproblems beziehungsweise des Symptoms, das die Versuchsperson beseitigen will. In jedem Fall werden die therapeutischen Methoden die Attribution, also die programmgesteuerten subjektiven Bewertungen, berücksichtigen. Eine Person ist zum Beispiel aus einem ganz anderen programmgesteuerten Grund selbstdestruktiv als eine andere Person. Entsprechend wird die Methode, die spezifisch motivierte Annahmen und Bewertungen beeinflußt, gewählt.

Wenn das zentrale Problem beseitigt ist, der Katalog der erwünschten Verhaltensweisen erreicht, der Katalog der unerwünschten Verhaltensweisen inaktiviert ist und die erwünschten Verhaltensweisen im kognitiven Selbstkonzept eingebaut sind, dann verringert sich die Punktzahl auf dem psychosozialen Beobachtungskatalog und auf den Fragebögen. Aus der präventiv-therapeutischen Praxis ist zu sagen, daß vier bis fünf erwünschte Verhaltensweisen bei einer Person im Durchschnitt vorhanden sind (z. B. Überwindung einer Ursache für die Blockierung der Bedürfnisäußerung, Beeinflussung und Beseitigung der Selbstdestruktivität, Verringerung des exponierenden Verhaltens, Steigerung des Selbstwertgefühles und der Selbstakzeptierung). Das erwünschte Selbstkonzept und der erwünschte kognitive Problementwurf können ziemlich schnell stabilisiert werden. Eine erfolgreiche Präventivtherapie kann in zehn Stunden durchgeführt werden. Während die bewußten Verhaltensweisen mit der kognitiven

Selbstkontrolle trainiert werden und die intellektuelle Orientierung im Einsichtstraining gefestigt wird, ist die Hypnose am besten für die Beeinflussung des Unbewußten geeignet. Sie vermag schon in kurzer Zeit eine sozial angepaßte Selbstdestruktivität in ein weniger sozial angepaßtes, aber lebensbejahenderes Verhalten umzuprogrammieren.

Die konkrete Darstellung verschiedener Verlaufsstudien, die methodische Durchführung und die statistische Effizienzberechnung würden den Rahmen dieses Buches sprengen. Sie wird in zwei anderen Arbeiten gegeben: in *Kognitive Verhaltenstherapie – Rauchen – Übergewicht – Streß*, erschienen 1979 und in dem Buch *Kognitive Verhaltenstherapie. Komplexe Analysen und Verhaltensmodifikation*, das 1980 im Beltz-Verlag herauskommt.

7. Anwendung der kognitiven Verhaltenstherapie bei Krebspatienten im Rahmen einer experimentellen Therapieforschung

Die Psychotherapie ist in der Behandlung von Krebspatienten sehr unsystematisch und selten angewandt worden. Wenn therapeutische Versuche unternommen wurden (siehe Kapitel *Literaturdarstellung und Kritik*), dann war die inhaltliche und methodische Zielsetzung der Therapie von der subjektiven Bewertung und Einstellung des Therapeuten abhängig. Die kognitive Verhaltenstherapie wird im Rahmen der experimentellen Therapieforschung angewandt. Sie geht davon aus, daß der Therapeut nicht das Recht hat, bei einem Krebspatienten jeden Zustand, den er subjektiv als therapiewürdig betrachtet, therapeutisch zu behandeln. Vielmehr sollen nur solche Faktoren beeinflußt werden, die in verschiedenen vorhergegangenen experimentellen Studien mit einem schlechten Krankheitsverlauf zusammenhängen.

Bevor ich auf einige methodische und theoretische Probleme der therapeutischen Behandlung Krebskranker eingehe, möchte ich allgemein begründen, warum die kognitive Verhaltenstherapie bei Krebspatienten angebracht ist. Die meisten von uns und von anderen Wissenschaftlern untersuchten Krebspatienten zeigen eine Lebensgeschichte mit fehlerlernten Verhaltensweisen auf. Der Krankheitsausbruch steigert bei vielen Patienten das Bedürfnis, über ihre psychosoziale Situation und ihre gesamte Lebensgeschichte zu reflektieren. Solche Personen wollen nicht nur als Patienten in verschiedene Rehabilitationsprogramme »wieder eingegliedert« werden, wobei sie eine Menge »Übungen, Behandlungen und Betreuungen« über sich ergehen lassen müssen. Sie haben vielmehr das Bedürfnis, über ihre fehlerlernten Bewertungen und lebensgeschichtlichen Schwierigkeiten zu reflektieren und sie zu überwinden. Sie erwarten dabei vom Therapeuten eine aktive Hilfe und stellen ihre Auskünfte für die Verhaltensanalyse zur Verfügung. Im Unterschied zum neurotischen Patienten zeigen sie keine Tendenz zur Regression und wollen ihre Reflexion in kognitiven Übungen zur Überwindung ihrer Schwierigkeiten einsetzen. Gerade dafür bietet sich die kognitive Verhaltenstherapie als geeignete Methode an. Ich gehe davon aus, daß sich die mit der kognitiven Verhaltenstherapie behandelten Patienten auch in der medizinischen Behandlung aktiver, kooperativer und optimistischer verhalten werden.

Die psychosozialen Faktoren, die in diesem Buch bereits dargestellt wurden (z. B. Familienproblematik, das spezifische soziale Verhalten, ungünstige lebensgeschichtliche Ereignisse und ihre emotionale Streßwirkung, das exponierende Verhalten, fehlende Zukunftsperspektiven im Verhalten, selbstdestruktives Verhalten usw.), werden bei Krebspatienten zuerst mit Fragebögen und dem Beobachtungskatalog erfaßt. Danach folgt aufgrund eines freien Gespräches und der Beobachtung eine Verhaltensanalyse. Anschließend werden therapeutische Ziele definiert und Methoden der Verfahrensweisen besprochen. Als unerwünschte Verhaltensweisen können nur solche Faktoren gelten, die statistisch gesichert mit dem Krankheitsausbruch oder einem schlechten Krankheitsverlauf zusammenhängen. Die Therapie geht aus von der komplexen Analyse und unterscheidet sich nicht von der Behandlung von Personen, die noch nicht an Krebs erkrankt sind. Am Ende der Therapie werden dieselben Meßinstrumente eingesetzt, die vor der Therapie angewandt wurden. Somit können Veränderungen in der Einstellung festgehalten werden, die dann mit anderen Faktoren, wie z. B. der Überlebensdauer nach der Diagnosestellung, in Beziehung gebracht werden.

Die Verhaltensanalyse und -therapie berücksichtigt folgende drei Hauptbereiche:

a) Analyse und Beeinflussung des sogenannten kognitiv gesteuerten Kardinalkonflikts,
b) Analyse und Beeinflussung einzelner gesundheitsschädlicher Verhaltensweisen z. B. Zigarettenrauchen, Hyperaktivität,

c) Analyse und Aufbau eines neuen kognitiven Selbstkonzeptes, das in der Lage ist, die erwünschten und unerwünschten Verhaltensweisen zu kontrollieren.

Dazu ein Beispiel:

Herr H., 35 Jahre, Hodenkrebs. Die Analyse des Kardinalkonflikts ergibt eine ausgeprägte programmgesteuerte Selbstdestruktion trotz formal angepaßten Verhaltens. Die Analyse dieses steuernden Programms zeigt folgenden Inhalt: »Ich bin an die Mutter sehr gebunden, halte es aber als wichtiger, zu meiner Freundin ein gutes Verhältnis zu haben. Ich werde mich dementsprechend verhalten, auch wenn ich mich selbst zerstören muß. Sobald ich Schuldgefühle bekomme, bin ich nach außen hin angepaßt und schreibe meine eigene Existenz ab.« Die weitere Programmanalyse zeigt, daß Herr H. seine Mutter als die wichtigste Bedingung für sein Wohlergehen bewertet und annimmt, daß jede Abwendung von ihr Selbstdestruktivität nach sich zieht. Herr H. ist sich dieser Tendenz bewußt und kann sie im Gespräch beschreiben. In dem Zustand, in dem er sich selbstdestruktiv verhält, empfand er sich seiner eigenen Aussage nach jahrelang vor der klinischen Manifestation seiner Erkrankung als krebskrank. »Ich wußte mit einer hundertprozentiger Sicherheit, daß ich an Krebs erkranken werde und zeigte davor weder Angst noch Beunruhigung.« Trotz des beschriebenen internalisierten Programms wendet sich Herr H. von seiner Mutter ab und verhält sich – seiner Aussage nach – völlig normal. Dies ist ihm derart gelungen, daß seine Freundin, mit der er seit 3 Jahren befreundet ist, keine Mutterbindung beobachten konnte. Auch sie äußerte die Überzeugung, Herr H. habe sich völlig normal und unauffällig verhalten. Er wäre so gut angepaßt, daß jeder Gedanke auf eine psychische Ursache seiner Krankheit reinste Spekulation sei. Aber auch die »Abwendung« von der Mutter ist durch internalisierte Programme gesteuert. Die Analyse zeigte nämlich, daß die Mutter folgendes Programm vermittelt hat: »Du sollst deine Mutter über alles lieben. Nur im Zusammensein mit deiner Mutter wird es dir wohlergehen. Wenn du dich von mir abwendest, dann mußt du selbstverantwortlich sein und wenn du etwas gegen meine Erwartungen unternimmst, dann wirst du dich selbst zerstören.« Die selbstdestruktive Tendenz ist also die logische Konsequenz der Abwendung von der Mutter in einem fehlerlernten und pathologenen Programm. Diese Analyse soll verdeutlichen, wie spezifisch die Verhaltensprogrammanalyse sein muß, bevor therapeutische Maßnahmen unternommen werden.

Herr H. zeigte unter anderem zusätzlich folgende gesundheitsschädlichen Verhaltensweisen:
- überangepaßtes harmonisierendes Verhalten
- eine chronisch blockierte Bedürfnisäußerung
- regelmäßigen Konsum von Schlaf- und Beruhigungsmitteln.

Die Analyse des kognitiven Selbstkonzeptes zeigt, daß Herr H. ein völlig fremdgesteuertes Verhalten aufweist und seine eigene Bewertung von der mütterlichen Erwartung abhängt.

Die therapeutische Zielsetzung ergab sich aus der Verhaltensanalyse: die Beeinflussung und die Überwindung der internalisierten Programme, so daß eine Selbstregulation und eine Selbststeuerung einsetzen konnte. Die Beeinflussung des Kardinalkonflikts soll die Selbstdestruktivität verringern. Die gesundheitsschädlichen Verhaltensweisen sollen inaktiviert werden. Herr H. zeigte keine Bereitschaft, durch kognitive Selbstkontrolle oder im Einsichtstraining zu üben. Er sagte, wenn er sich selbst an der Überwindung seiner Bindung an seine Mutter beteilige, fürchte er, noch selbstdestruktiver zu werden. Er sah die Anwendung der Hypnose als die einzig geeignete Methode. Im Zustand der hypnotischen Entspannung war es möglich, die internalisierten Programme zu inaktivieren und einzelne gesundheitsschädliche Verhaltensweisen abzubauen. Herr H. zeigt auf zwei Fragebögen und auf dem Beobachtungskatalog eine bemerkenswerte Verringerung seiner Punktzahl. Kurzfristig traten erhebliche psychopathologische Probleme auf, besonders Angstzustände und Verfolgungsideen. Er selbst führte das auf die noch existente Angst vor der Mutter zurück. Nach einem Monat der Übung verschwanden die Symptome.

Obwohl jeder Krebspatient eine andere erlernte Lebensgeschichte und andere Bewertungen hat, gibt es im Therapieablauf bestimmte Gemeinsamkeiten. Alle Krebspatienten zeigen eine ausgesprochene Tendenz zum harmonisierenden Verhalten. Sie leiden subjektiv am Gefühl der eigenen Unzulänglichkeit. Sie sind an inneren Hemmungen oder überfordernden Lebensereignissen zusammengebrochen, so daß sie latent oder manifest an chronischer Hoffnungslosigkeit oder Verzweiflung litten. Die Krebserkrankung selbst ist zwar ein großer Schock, hat aber bei vielen Personen gerade deshalb die Bereitschaft zur therapeutischen Reflexion verstärkt.

Im Laufe meiner 15jährigen Forschungsarbeit wurden 42 Krebspatienten behandelt, die von sich aus eine kognitiv verhaltenstherapeutische Betreuung gewünscht haben.

Einer Gruppe von 24 Personen wurde einer Kontrollgruppe gegenübergestellt, dabei konnte die Überlebensdauer nach der Diagnosenstellung bei beiden Gruppen verglichen werden. Bei den übrigen 18 therapierten Personen wurde die subjektive Einstellung und deren Veränderung erfaßt. Alle therapierten Personen wurden vor und nach der Therapie mit mehreren Fragebögen befragt und mit einem Beobachtungskatalog eingeschätzt (vgl. Tabelle, S. 245). Das Ergebnis zeigt, daß die mit der kognitiven Verhaltenstherapie behandelten Krebspatienten nach dreimonatiger Therapie ihre Punktzahl auf dem Fragen- und Beobachtungskatalog erheblich verringern. Dasselbe konnte auch mit dem Fragebogen zur Überprüfung des therapeutischen Erfolges erfaßt werden. Die behandelten Krebspatienten fühlen sich subjektiv wohler, schätzten die eigene Person höher ein und hatten mehr Selbstvertrauen als vor der Therapie. Diese Unterschiede treten auch deutlich beim Vergleich mit einer nicht behandelten Kontrollgruppe auf. Die Patienten der therapierten Gruppe lebten durchschnittlich 5,07 Jahre, während die nicht therapierte Gruppe durchschnittlich 3,09 Jahre nach der Diagnosestellung beziehungsweise ersten Operation lebte. Das bisher gesicherte Ergebnis meiner Therapieforschung lautet:

Wenn Krebspatienten mit der kognitiven Verhaltenstherapie behandelt werden, dann verringert sich die Punktzahl auf denselben Meßinstrumenten, aufgrund derer eine Krebserkrankung und ein schlechter Krankheitsverlauf vorhergesagt werden kann. Ein erstes Experiment zeigt, daß behandelte Patienten länger leben als eine Vergleichsgruppe. Dieses Ergebnis müßte aber mehrmals wiederholt werden, um einen reinen Zufall auszuschließen, denn die Länge der Lebensdauer könnte ja auch von der besseren medizinischen Behandlung der therapierten Gruppe abhängig gewesen sein.

Im Unterschied zum neurotischen Patienten wirken die Krebspatienten weniger bereit, die Verbalisierung ihrer Konflikte zu genießen. Sie sind aber intensiv bestrebt, über ihre Vorstellungen und Wünsche zu sprechen. Sie haben meistens eine sehr festgefügte und auf den ersten Blick kaum zu beeinflussende Ideologie und Interpretation. Sie sind sehr auf bestimmte soziale Beziehungen konzentriert, die sie idealisieren und von denen sie sich eine absolute Harmonie versprechen.

Solche Beziehungen gehören entweder der Vergangenheit an (z. B. nach dem Tod eines Ehegatten) oder sie sind in der Gegenwart aktuell. Bei allen therapierten Krebspatienten ergab sich schon in der ersten Stunde das Gesprächsthema, das dem Patienten am wichtigsten war: Wie verbessere ich bestimmte soziale Beziehungen, wie erreiche ich eine »absolut« harmonische Beziehung? Damit hat der Krebspatient die Erwartungen an den Therapeuten signalisiert. Der Therapeut muß das ausnutzen, um zweierlei zu erreichen:

a) dem Patienten in seinen Bemühungen zunächst zu helfen,
b) die therapeutische Kommunikation für die Analyse der kognitiven Strukturen einzusetzen. Wenn die Analyse dann zur Mitarbeit führt, kann sie gleichzeitig der Überwindung von fehlerlernten Verhaltensweisen dienen.

Wenn sich beispielsweise ein Krebspatient in seinem harmonisierenden Verhalten gegenüber dem Ehegatten ständig zurückgewiesen und erschüttert fühlt, dann ist es unmöglich, ihm mitzuteilen: »Ihre Erschütterung basiert auf fehlerlernten Bewertungen und Sie müssen nun in der Therapie eine richtige Bewertung lernen, so daß Sie sich danach richtig verhalten werden. Danach wird auch Ihr emotionaler Streß verschwinden.« Eine solche Einstellung zum Krebspatienten würde ihn in seinem Selbstwertgefühl erschüttern. Er wäre außerdem nicht bereit, seine als edel empfundenen sozialen Wünsche analytisch pathologisieren zu lassen.

Noch schlimmer ist es bei Patienten, die über eine idealisierende Beziehung sprechen wollen, die der Vergangenheit angehört. Wenn ein Sohn zum Beispiel den Tod seiner Mutter nicht verarbeitet hat oder ein Elternteil mit dem Tod seines Kindes nicht fertig wird, kann man ihm nicht mitteilen, daß seine Verhaltensweise auf fehlerlernten Bewertungen beruht. Das erste Ziel der therapeutischen Kommunikation ist es, zusammen mit dem Krebspatienten ein Gesprächsthema zu finden, das für ihn sehr wichtig ist. Jeder von mir therapierte Krebspatient hat sofort ein solches Gesprächsthema vorgeschlagen. Über 80 % betonten sogar, daß sie nur dann mitmachen, wenn ich sie nicht geistig analysieren, sondern ihnen eine echte Lebenshilfe anbiete. Sie hätten kein Bedürfnis, von mir wie bei einem Psychoanalytiker oder Psychiater behandelt zu werden. Sie erwarten Ratschläge in bezug auf richtiges Verhalten und fragen nach den Gründen, die ein falsches Verhalten auslösen. Unter solchen Bedingungen möchten sie auch ein Verhaltenstraining mitmachen. Gerade für diese Erwartung der Krebspatienten bietet sich die kognitive Verhaltenstherapie an. Sobald das vorgeschlagene Thema gründlich besprochen wurde, zeigte jeder Krebspatient ein zunehmendes Interesse am Gespräch und der Analyse. Er begann sehr schnell, spontan in Kategorien der kognitiven Verhaltenstherapie zu denken und gezielte Fragen an den Therapeuten zu stellen. Schon in der zweiten oder dritten Therapiestunde werden dem Krebspatienten die Prinzipien der kognitiven Verhaltenstherapie mit einfachen und verständlichen Worten dargestellt. Danach steigt gewöhnlich die Bereitschaft zur Mitarbeit derart, daß die Techniken der kognitiven Verhaltenstherapie angewandt werden können.

Der formale Verlauf der Therapie hat meistens zwei Phasen. In der ersten Phase wird das vom Krebspatienten definierte Ziel intensiv besprochen. Der Krebspatient spricht über eine existente oder erstrebte harmonische Beziehung oder über eine idealisierte Beziehung, die der Vergangenheit angehört. Dabei äußert er seine Bewertungen und die angenommen positiven und negativen Konsequenzen, die mit diesen zusammenhängen. In der Regel ergibt sich ein sehr gutes und vertrauensvolles Klima, in dem der Therapeut durch das sogenannte Einsichtstraining den Patienten zunehmend mit den positiven und negativen Konsequenzen seiner Bewertungen konfrontiert. Der Patient spürt, daß der Therapeut ihm zunächst ehrlich helfen möchte, seine harmonisierenden Vorstellungen zu verwirklichen. Daraus ergibt sich eine gute Ausgangsbasis, über die negativen und positiven Konsequenzen der Bewertungen des Patienten neu zu reflektieren. Im gemeinsamen »Kampf« gegen das unerwünschte Verhalten wird beim Patienten zunehmend die Einsicht hervorgerufen, daß es das von ihm erstrebte harmonisierende Verhalten nicht gibt, nicht geben kann, und daß er selbst ein solches Verhalten gar nicht nötig hat. Der Krebspatient lernt, sich mit der Frage zu beschäftigen, warum er glaubt, das harmonisierende Verhalten zu benötigen und warum er Angst hat, seine Bedürfnisse und Konflikte zu äußern. Er fängt an, die erlernte Lebensgeschichte zu verstehen. In diesem Moment entwickelt der Krebspatient eine Bereitschaft, Bewertungen neu zu erlernen. Danach bieten sich die kognitive Selbstkontrolle, das Einsichtstraining, das suggestive Kooperationstraining usw. an.

Der Therapeut ist während des ganzen Prozesses bemüht, sich an den Gefühlen und Bedürfnissen und dem optimalen Wohlergehen des

Patienten zu orientieren. Das merkt der Patient und entwickelt von daher zu dem Therapeuten zunehmendes Vertrauen. Im Unterschied zur Neurosentherapie kommt es in der Kommunikation mit Krebspatienten selten dazu, daß der Patient den Therapeuten als Ersatz für einen Elternteil oder eine Konfliktperson benutzt. Der Krebspatient äußert dem Therapeuten gegenüber auch keine regressiven Bedürfnisse; er bleibt immer vernunftorientiert. In späteren Phasen der Therapie äußert er zwar mehr Gefühle, mehr Selbstvertrauen und ein kreativeres Verhalten, aber auch dann neigt er nicht zur Regression.

Eine therapeutische Kommunikation wird dann als erfolgreich angesehen, wenn neu erlernte Bewertungen eine positive und vorher nicht vorhandene emotionale Regung in Gang setzen, das Selbstwertgefühl und die Bedürfnisäußerung im sozialen Rahmen verbessern, die Aufhebung von einseitigen, fremdgesteuerten Bindungen sowie eine bessere Zukunftsorientierung ermöglichen.

Zur Veranschaulichung der Verhaltensanalyse und des therapeutischen Prozesses soll noch ein Beispiel angeführt werden:

Herr M., 40 Jahre alt, Hodenkrebs. Die Beobachtung und Befragung vor der Therapie zeigt, daß Herr M. ein ausgesprochen exponierendes Verhalten aufweist. Er ist besonders hyperaktiv, beachtet keine Krankheitsanzeichen und hat keine Fähigkeit, sich systematisch auszuruhen und zu entspannen. Er glaubt, nur dann Anerkennung zu bekommen, wenn er pausenlos arbeitet und für andere da ist. Er kann stundenlang andere Menschen beraten. Seit Jahren leidet er an einem mangelnden Selbstwertgefühl. Er erstrebt ein harmonisches Verhalten zu nahestehenden Bezugspersonen, glaubt es aber in seiner Ehe nicht erreicht zu haben. Als Kind wurde Herr M. von seiner Mutter überfordert. Er fühlte sich von ihr kalt und lieblos behandelt; im Grunde ist er aber mit ihren Erwartungen, die Rolle des Vaters zu ersetzen, nie fertig geworden. Immer wenn er eigene Gefühle äußerte, bekam er »fürchterliche« Angst. Er schreibt das Recht der Gefühlsäußerung nur seinem Vater zu. Seine Mutter hat ihn deswegen verachtet und von ihm verlangt, daß er ein pflicht- und leistungsbewußter Junge wird. Das wurde er auch. Die Liebe zu seiner Mutter konnte er nie äußern, interpretierte das aber als Kälte seiner Mutter. Die Mutter war jedoch nur dann kalt, wenn der Junge nicht in der Lage war, ihr gegenüber die erwarteten Emotionen zu äußern. Aus Furcht vor dem Vater war das dem Sohn unmöglich. In der Ehe hatte Herr M. nun Angst, seine Gefühle zu äußern. Wenn er sie äußerte und nicht sofort auf Entsprechung stieß, interpretierte er auch seine Frau als abweisend. An dieser Abweisung litt er zunehmend und begann, nach einer harmonischen Beziehung zu suchen. Nach dem Ausbruch seiner Erkrankung fand Herr M. eine Freundin, von der er glaubte, daß er mit ihr seine harmonische Vorstellung einer Beziehung verwirklichen könnte. Den Beweis, daß er nun das erste Mal von einer Person geliebt wurde, fand Herr M. in mehreren Verhaltensweisen seiner Freundin. In der Analyse erwies sich, daß diese Verhaltensweisen nicht mit negativen Konsequenzen assoziiert wurden. Von daher konnte Herr M. tatsächlich das erste Mal in seinem Leben Gefühle äußern. Dieser Zustand war für ihn von großer Bedeutung. Sein Selbstwertgefühl verbesserte sich, seine Depression, Resignation und Verzweiflung verringerten sich. Bald begann die Freundin jedoch Forderungen zu stellen, die Herrn M. objektiv überforderten. Dabei ergaben sich Bedingungen, das Bedürfnis nach harmonischem Verhalten neu zu bewerten. Herr M. schätzte sich nun selbst höher ein und begann, durch Anwendung der Methoden der kognitiven Verhaltenstherapie seine Tendenz zu harmonisierendem Verhalten zu beeinflussen. Indem er sich selbst höher bewertete, fing er an zu begreifen, daß auch andere Personen, z. B. seine Freundin, ihn benötigten und daß er es nicht nötig hatte, sich selbst zurückzustellen. Dies ermöglichte ihm wiederum die Erfahrung, daß auch ein nicht-harmonisierendes Verhalten mit positiven Konsequenzen zusammenhängt. Herr M. zeigte zunehmend die Bereitschaft, das Verhältnis zu seiner Frau und seiner Mutter neu zu interpretieren. Früher verhinderte Emotionen wurden geäußert. Eine Befragung anderthalb Jahre nach der Therapie zeigte, daß sich Herr M. in so gut wie allen erfaßten Verhaltensbereichen subjektiv und objektiv positiv verändert hat. Besonders verringerte sich das exponierende Verhalten. Das Selbstwertgefühl hat sich verstärkt. Herr M. bekam die Gewißheit, daß er sein Verhalten selbst unter kognitiver Kontrolle bekommen kann. Es bleibt abzuwarten, wie weit sich die Therapie auch in einem günstigen Krankheitsverlauf ausdrücken wird.

Abschließend soll der Therapieerfolg bei 42 behandelten Krebspatienten anhand wiederholter Befragungen und Beobachtungen dargestellt werden (vgl. Tabellen I und II). Tabelle III zeigt die Veränderung der Einstellung von 18 therapierten Krebspatienten im Vergleich zu einer Kontrollgruppe, die nicht mit der kognitiven Verhaltenstherapie behandelt wurde, aufgrund der Befragung mit dem Fragebogen zur Überprüfung des therapeutischen Erfolges. In Klammern sind die Angaben der nächsten Angehörigen angeführt. Das Ergebnis zeigt, daß die kognitive Verhaltenstherapie wesentliche Einstellungsveränderungen hervorgerufen hat.

Statistische Tests

Es wurde jeweils ein 4-Felder chi^2-Test (vorher – nachher, Trennung bei 100 Punkten auf dem Fragebogen beziehungsweise bei 49 Punkten auf dem Beobachtungskatalog) für die folgenden Tabellen unternommen.

Signifikanz

Tabelle	therapierte Gruppe	Kontroll-gruppe
Fragebogen Präventivtherapie an 8 Personen	1 %	–
Beobachtungskatalog Präventivtherapie an 8 Personen	1 %	–
Fragebogen Präventivtherapie an 252 Personen	0,1 %	–
Beobachtungskatalog Präventivtherapie an 252 Personen	0,1 %	–
Fragenbogen kognitive Verhaltenstherapie 42 Personen (Krebspatienten)	1, %	–
Beobachtungskatalog kognitive Verhaltenstherapie 42 Personen (Krebspatienten)	0,1 %	–

Präventivtherapie an 8 Personen

Punktzahl auf dem Fragebogen	vor Therapiebeginn		anderthalb Jahre nach Beendigung der Therapie	
	therapierte Gruppe	Kontrollgruppe	therapierte Gruppe	Kontrollgruppe
über 160	6	6	1	7
130 – 160	2	1	1	1
100 – 130	0	1	0	0
70 – 100	0	0	1	0
40 – 70	0	0	2	0
20 – 40	0	0	2	0
0 – 20	0	0	1	0

Punktzahl auf dem Beobachtungskatalog	vor Therapiebeginn		anderthalb Jahre nach Beendigung der Therapie	
	therapierte Gruppe	Kontrollgruppe	therapierte Gruppe	Kontrollgruppe
über 67	3	4	0	5
49 – 67	4	3	1	3
35 – 49	1	0	0	0
25 – 35	0	0	3	0
13 – 25	0	1	3	0
0 – 13	0	0	1	0

Präventivtherapie an 252 Personen

Punktzahl auf dem Fragebogen	vor Therapiebeginn		anderthalb Jahre nach Beendigung der Therapie	
	therapierte Gruppe	Kontrollgruppe	therapierte Gruppe	Kontrollgruppe
über 160	59	61	4	74
130 – 160	128	115	1	118
100 – 130	55	61	60	55
70 – 100	2	5	116	2
40 – 70	4	5	42	1
20 – 40	3	5	21	1
0 – 20	1	3	8	1

Punktzahl auf dem Beobachtungskatalog	vor Therapiebeginn		anderthalb Jahre nach Beendigung der Therapie	
	therapierte Gruppe	Kontrollgruppe	therapierte Gruppe	Kontrollgruppe
über 67	64	66	10	69
49 – 67	104	107	25	113
38 – 49	70	61	72	60
25 – 35	6	8	106	5
13 – 25	6	6	26	2
0 – 13	2	4	13	3

I. Therapieerfolg gemessen an den Ergebnissen des Beobachtungskatalogs (42 Krebspatienten)

Punktanzahl auf dem Beobachtungskatalog	vor Therapiebeginn		Nach Beendigung einer dreimonatigen Therapie	
	therapierte Gruppe	Kontrollgruppe	therapierte Gruppe	Kontrollgruppe
über 67	14	11	2	12
49 – 67	10	11	4	12
35 – 49	11	12	18	10
25 – 35	4	4	13	3
13 – 25	1	2	5	2
0 – 13	2	2	0	3

II. Therapieerfolg gemessen an den Ergebnissen des Fragebogens (42 Krebspatienten)

Punktanzahl auf dem Fragebogen	vor Therapiebeginn		Nach Beendigung einer dreimonatigen Therapie	
	therapierte Gruppe	Kontrollgruppe	therapierte Gruppe	Kontrollgruppe
über 160	16	15	3	14
130 – 160	8	9	4	10
100 – 130	10	10	13	9
70 – 100	5	3	18	4
40 – 70	1	1	3	2
0 – 40	2	4	1	3

Ergebnisse aufgrund der Präventivtherapie an 252 Personen

Punktzahl auf dem Fragebogen zur Überprüfung des therapeutischen Erfolges	vor Therapiebeginn		anderthalb Jahre nach Beendigung der Therapie	
	therapierte Gruppe	Kontrollgruppe	therapierte Gruppe	Kontrollgruppe
über 25	180	171	12	194
20 – 25	56	67	17	42
15 – 20	16	14	25	10
10 – 15	0	0	150	2
5 – 10	0	0	43	3
0 – 5	0	0	5	1

N = 252 Personen in der therapierten Gruppe
N = 252 Personen in der Kontrollgruppe

Für die therapierte Gruppe ist der chi^2-Test für die 4-Felder-Tafel (vorher – nachher, Trennung bei 15 Punkten) auf dem 0,1 ‰-Niveau signifikant. Bei der Kontrollgruppe kommt keine Veränderung vor.

Ergebnisse aufgrund der Präventivtherapie an 8 Personen

Punktzahl auf dem Fragebogen zur Überprüfung des therapeutischen Erfolges	vor Therapiebeginn		anderthalb Jahre nach Beendigung der Therapie	
	therapierte Gruppe	Kontrollgruppe	therapierte Gruppe	Kontrollgruppe
über 25	7	7	1	8
20 – 25	1	1	0	0
15 – 20	0	0	0	0
10 – 15	0	0	2	0
5 – 10	0	0	5	0
0 – 5	0	0	0	0

N = 8 Personen in der therapierten Gruppe
N = 8 Personen in der Kontrollgruppe

Für die therapierte Gruppe ist der chi^2-Test für die 4-Felder-Tafel (vorher – nachher, Trennung bei 15 Punkten) auf dem 1 %-Niveau signifikant. Bei der Kontrollgruppe kommt keine Veränderung vor.

III. Auszählung der Antworthäufigkeit (Ja-Nein-Antworten) anhand des Fragebogens zur Überprüfung des therapeutischen Erfolges (vgl. Seite 229)

	I. Therapierte Gruppe		II. Kontrollgruppe	
Frage Nr.	Vor der Therapie	6 Monate nach der Therapie	vor der Therapie von Gruppe I	6 Monate nach der Therapie von Gruppe I
1	16/(18)	1/(1)	15/(17)	15/(16)
2	1/(1)	0/(0)	2/(2)	3/(4)
3	4/(1)	18/(17)	5/(4)	6/(5)
4	3/(1)	9/(10)	4/(5)	3/(1)
5	3/(2)	12/(13)	5/(7)	2/(3)
6	4/(4)	14/(17)	4/(3)	3/(1)
7	8/(9)	10/(10)	9/(12)	10/(8)
8	1/(2)	15/(18)	2/(1)	1/(1)
9	18/(18)	14/(10)	18/(18)	18/(18)
10	18/(18)	10/(15)	18/(18)	18/(18)
11	17/(18)	2/(3)	17/(16)	15/(18)
12	2/(4)	1/(2)	3/(2)	4/(1)
13	5/(8)	18/(17)	8/(9)	6/(5)
14	3/(5)	13/(13)	10/(8)	5/(2)
15	18/(18)	4/(2)	16/(17)	17/(18)
16	18/(18)	1/(1)	18/(18)	16/(18)
17	8/(8)	12/(18)	6/(9)	4/(2)
18	1/(6)	8/(9)	5/(3)	2/(8)
19	4/(1)	16/(17)	5/(2)	1/(1)
20	15/(18)	16/(17)	18/(17)	4/(7)
21	2/(1)	9/(10)	4/(1)	1/(1)
22	10/(11)	12/(14)	8/(6)	2/(3)
23	2/(1)	18/(16)	5/(2)	1/(1)
24	2/(3)	6/(5)	4/(5)	2/(2)
25	1/(2)	13/(14)	2/(5)	1/(1)
26	1/(1)	15/(17)	3/(4)	0/(1)
27	2/(4)	17/(18)	5/(9)	2/(1)
28	15/(18)	4/(1)	10/(11)	15/(18)
29	15/(18)	2/(1)	11/(13)	12/(10)
30	5/(7)	6/(8)	7/(7)	4/(7)
31	3/(3)	3/(3)	3/(4)	3/(3)
32	12/(10)	14/(13)	15/(14)	16/(15)
33	17/(18)	18/(18)	16/(18)	18/(17)

VI. Allgemeine Schlußfolgerungen

1. Versuch einer zusammenfassenden Theorie

In diesem Buch wurden viele Wirkungsfaktoren dargestellt. Es stellt sich die Frage, in welchem theoretischen Kontext die Krebserkrankung letztlich gesehen wird. Hier soll deshalb abschließend meine theoretische Konzeption folgen. Um sie in einigen wesentlichen Punkten zu belegen, werden weitere Forschungsergebnisse angeführt.

Im ersten Abschnitt dieses Kapitels werde ich mein allgemeines Konzept einer synergetischen Krebsforschung entwickeln.

Im zweiten Teil soll über spezifische psychosoziale Faktoren in ihrer Bedeutung für die Krebserkrankung theoretisch reflektiert werden. Es wird der Versuch unternommen, ein Modell zu entwerfen, das den psychosozialen Faktor im Prozeß der Krebsentstehung erfaßt.

Das allgemeine synergetische Modell der Krebsforschung berücksichtigt naturwissenschaftliche und sozialwissenschaftliche Faktoren, während im zweiten Teil die spezifische Wirkung der sozialwissenschaftlichen Faktoren erläutert wird.

a) Allgemeines Konzept einer synergetischen Krebsforschung

Ich gehe nicht davon aus, daß es eine einzige Krebsursache gibt – zum Beispiel ein bestimmter Virus, eine chemische Substanz oder ein psychischer Zustand (beispielsweise Verdrängung und Verneinung von Gefühlen). Jeder Wirkungsfaktor, der mit der Krebsentstehung in Zusammenhang gebracht werden kann, agiert in einem bestimmten synergetischen Wirkungszusammenhang mit anderen Faktoren. So konnte ich beispielsweise in einer Voruntersuchung zeigen, daß Personen, die gleichzeitig rauchen und chronisch Alkohol konsumieren, eher Krebs im Bereich von Zahn – Mund – Kiefer bekommen als bloße Raucher oder bloße Alkoholkonsumenten (vgl. beigefügte Tabelle I, S. 258). Das Risiko wird meiner Hypothese nach weiter erhöht, wenn sich dazu chronischer psychosozialer Streß gesellt.

Die Theorie der synergetischen Wirkung geht nicht von der Gleichheit der Wirkungsintensität aller Faktoren aus. Sie nimmt im Gegenteil verschiedene qualitative und quantitative Wirkungen an. Der Konsum von 80 Zigaretten pro Tag ist beispielsweise gefährlicher als der von 10 Zigaretten pro Tag. Dies wäre ein quantitativer Unterschied. Eine chronische Selbstaufgabe und eine programmgesteuerte Selbstdestruktivität ist ein höheres Risiko als eine Tendenz zu harmonisierendem Verhalten. Dies wäre ein qualitativer Unterschied. Wenn beide Faktoren auftreten, erhöht sich das Risiko stärker, als wenn die Faktoren einzeln wirken würden. Es kann davon ausgegangen werden, daß in einem synergetischen Wirkungssystem sehr viele erforschte und unerforschte Wirkungsfaktoren vorhanden sind. Letztes Ziel der Forschung kann es nicht sein, alle Wirkungsfaktoren zu identifizieren. Mein Ziel der synergetischen Forschung ist es, solche Wirkungsfaktoren zu identifizieren, aufgrund derer

a) die Krebserkrankung vorhergesagt werden kann,
b) der Krankheitsverlauf vorhergesagt werden kann,
c) der Ausbruch der Krebserkrankung durch die therapeutische Beseitigung der erforschten Wirkungsfaktoren verhindert werden kann,
d) der Krankheitsverlauf durch die Beeinflussung der erforschten Faktoren positiv beeinflußt werden kann.

Das Modell der synergetischen Krebsforschung ist nicht nur eine sozialwissenschaftliche Theorie, sondern auch ein Modell für die Organisation der interdisziplinären Krebsforschung überhaupt. Heute forscht jedes Forschungsinstitut aus seiner Sicht nach der alleinigen Ursache der Krebsentstehung. Die Virusforscher suchen immer noch *den* krebserzeugenden Virus, die Toxikologen suchen *die* krebserzeugende Substanz, obwohl sie schon tausend solcher Substanzen identifizieren konnten. Mein Modell würde die interdisziplinäre Möglichkeit eröffnen, daß verschiedene Fachrichtungen ihre erforschten Faktoren in den Kontext der synergetischen Wirkungsfaktoren stellen. So würde zum Beispiel nicht bloß die Wirkung des Teers beim Zigarettenrauchen auf das Gewebe erforscht werden, sondern das Zigarettenrauchen könnte auch im synergetischen Wirkungsfeld anderer Faktoren gesehen werden. Damit könnte die Frage beantwortet werden, warum ein Raucher Krebs bekommt und ein anderer nicht. Die Ergebnisse der epidemiologisch-synergetischen Krebsforschung könnten wieder anregend und wegweisend für eine zielorientierte naturwissenschaftliche

Grundlagenforschung sein. Wenn es stimmt, daß bei gleichzeitigem Auftreten von Zigarettenrauchen, Alkoholkonsum sowie psychosozialem Streß das Risiko beispielsweise für den Mundkrebs erhöht wird, welche Wirkungen hat das Gewebe dann zu ertragen und was geschieht im Organismus? Mein Modell der synergetischen Krebsforschung bietet eine Methode, die diffus zersplitterte und theoretisch desorientierte Krebsforschung interdisziplinär zu integrieren.

Natürlich hat jeder Mensch eine bestimmte Widerstandskraft, so daß die gleiche synergetische Wirkung nicht bei jedem Menschen Krebs erzeugen muß. Außerdem muß davon ausgegangen werden, daß es erforschte und unerforschte Organisationsprinzipien gibt, die die zelluläre Kooperation und Integration im Gewebe, also eine normale Zellfunktion, ermöglichen.

Ich nehme bei der Krebserkrankung an, daß bestimmte synergetische Wirkungsfaktoren eine grenzüberschreitende Funktion erlangen können. Sie überschreiten eine Schwelle, indem sie bestimmte integrierende Faktoren, die eine normale zelluläre Funktion ermöglichen, derart beeinflussen, daß sie einen zellulären Wildwuchs in Gang setzen. Welche Faktoren dabei im einzelnen beeinflußt werden, muß die naturwissenschaftliche Krebsforschung erkunden. In epidemiologischen Feldstudien, wie ich sie durchgeführt habe, konnten offensichtlich grenzüberschreitende Wirkungszusammenhänge identifiziert werden. An solchen erforschten Faktoren muß sich die naturwissenschaftliche Medizin orientieren. Dann erhöht sich auch die Chance, dem Geheimnis der zellulären Integration und Funktion näherzurücken.

Ich habe in meinen Studien psychosoziale Faktoren sehr stark berücksichtigt, weil ich in der Tat glaube, daß ihnen ein äußerst großes Gewicht in der Krebsentstehung zukommt. Darüber hinaus glaube ich, daß viele, bis heute als rein pathophysiologisch geltende Prozesse von psychosozialen Faktoren beeinflußt und gesteuert werden. Das Bindeglied zwischen der sozialen und biologischen Natur des Menschen ist das nervliche und hormonelle System. Wenn ein Mensch chronisch blockiert ist, seine Bedürfnisse zu äußern und sich in seiner Bedürfnisäußerung in einer ausweglosen Situation befindet, dann kann es tatsächlich dazu kommen, daß ein nervlicher Impuls ausgelöst wird, der über noch unbekannte pathophysiologische Prozesse zur Krebsentstehung beiträgt.

Ich möchte im folgenden den synergetischen Ansatz mit einigen

Forschungsergebnissen illustrieren und belegen. Die Ergebnisse sind in den beigefügten Tabellen dargestellt. Sie belegen, daß bei mehreren erfaßten Wirkungsfaktoren die Krebserkrankung häufiger auftritt, als wenn nur ein Wirkungsfaktor erfaßt wird.

Tabelle I zeigt, daß regelmäßiger Alkoholgenuß und regelmäßiges Rauchen (durchschnittlicher Zigarettenkonsum der erfaßten Gruppe beträgt 30 Zigaretten pro Tag) häufiger mit Tumoren im Bereich Zahn – Mund – Kiefer zusammenhängen, als wenn nur ein oder kein Risikofaktor auftritt. Dieses Ergebnis konnte erzielt werden, weil Kieferchirurgen mir Auskünfte über ihre behandelten Patienten im Hinblick auf die erfaßten Faktoren gaben.

Die anderen beigefügten Tabellen werten die Ergebnisse des Beobachtungs- und Fragenkatalogs aus. Der Beobachtungskatalog hat 8 zusammengesetzte Variablen, also 8 thematisch gegliederte Bereiche, die mit bestimmten Beobachtungskriterien erfaßt wurden. Der Fragenkatalog besteht aus 11 zusammengefaßten Variablen, die mit verschiedenen Fragen erfaßt wurden. Hier sollen zunächst die 8 Bereiche, die aufgrund des Beobachtungskatalogs erfaßt sind, angeführt werden (S. 136 ff.).

Bereich 1 = harmonisierendes Verhalten
Bereich 2 = exponierendes Verhalten
Bereich 3 = blockierte Bedürfnisäußerung und -befriedigung
Bereich 4 = ungünstiges emotionales Verhalten (Niedergeschlagenheit, Hoffnungslosigkeit)
Bereich 5 = geringes Selbstwertgefühl
Bereich 6 = fehlendes in die Zukunft gerichtetes bedürfnisäußerndes Verhalten
Bereich 7 = Selbstaufgabe und Resignation
Bereich 8 = Kommunikationsstörungen mit der wichtigsten Bezugsperson

Die 11 Bereiche, die aufgrund des Fragebogens zur Erfassung psychosozialer Faktoren erhoben wurden, entsprechen den zusammengefaßten Variablen des dargestellten Fragebogens auf Seite 160 ff.

Bereich 1 = Familiendynamik
Bereich 2 = Sexualität
Bereich 3 = vernunftorientiertes Verhalten
Bereich 4 = harmonisierendes Verhalten, Selbstzurückstellung und Idealisierungstendenz

Bereich 5 = Ungünstige lebensgeschichtliche Ereignisse und emotionaler Streß
Bereich 6 = exponierendes Verhalten
Bereich 7 = Psychopathologie (fehlendes Symptombewußtsein)
Bereich 8 = zukunftsorientiertes Verhalten
Bereich 9 = angepaßtes, sozial nicht aggressives und selbstdestruktives Verhalten
Bereich 10 = Religiösität
Bereich 11 = Fremdsteuerung – Selbststeuerung

Aufgrund der subjektiven Punktverteilung für den Beobachtungs- und Fragenkatalog wurde für jede zusammengefaßte Variable eine Grenze zwischen Hoch und Niedrig gezogen. Die Auswertung zeigt, daß bei Krebspatienten und -kandidaten häufiger eine größere Anzahl der zusammengefaßten Variablen gleichzeitig auftritt als bei nicht erkrankten Kontrollgruppen. Dieses Ergebnis ist ein überzeugender Beleg für die synergetische Konzeption. Wenn die Grenze zwischen Hoch und Niedrig gezogen wird, ist das Ergebnis hoch signifikant.

Tabellen II und III zeigen das synergetische Auftreten mehrerer zusammengefaßter Variablen von 120 Krebspatienten und einer ebenso großen Kontrollgruppe. In Tabelle II ist das Ergebnis aufgrund des Beobachtungskatalogs, in Tabelle III aufgrund des Fragebogens dargestellt.

Tabellen IV und V vergleichen 16 Lungenkrebspatienten, die starke Raucher waren, mit einer ebenso großen Kontrollgruppe von starken Rauchern, die nicht an Lungenkrebs leiden. Diese retrospektive Studie anhand des Beobachtungskatalogs konnte zeigen, daß bei Lungenkrebspatienten häufiger mehrere zusammengfaßte Variablen vorkommen als bei nicht an Lungenkrebs erkrankten Personen. Tabelle V zeigt, daß ein ähnliches Ergebnis mit dem Fragebogen bei derselben Population erzielt wurde.

Tabellen VI und VII bringen Ergebnisse aufgrund einer prospektiven Auswertung. Dabei wurden 14 starke Raucher dargestellt, die später Lungenkrebs bekamen. Zu dieser Gruppe wurde eine vergleichbare Kontrollgruppe aufgestellt, die nicht an Krebs erkrankt ist. Es zeigt sich, daß bei den späteren Lungenkrebspatienten auf dem Fragen- und Beobachtungskatalog mehrere zusammengefaßte Variablen gleichzeitig vorkommen.

Die dargestellten Ergebnisse sind ein Beweis für die Berechtigung meines synergetischen Ansatzes. In anderen Arbeiten von mir wurden und werden komplexere statistische Auswertungen unternommen. Mit multivariaten statistischen Verfahren wird die Auswirkung von Faktoren bei gleichzeitiger Berücksichtigung anderer untersucht, und mit nichtlinearen Ansätzen läßt sich ermitteln, ob das Zusammenwirken mehrerer Faktoren einen größeren Effekt hat als die Summe der Einzelwirkungen.

I. Tumoren im Bereich von Zahn, Mund und Kiefer

	I	II	III	IV	V	VI
Krebspatienten	10	7	14	13	2	1
Kontrollgruppe	8	8	3	22	2	4
	Regelmäßiges Rauchen länger als 10 Jahre	Regelmäßiger Genuß von hochprozentigem Alkohol u. länger als 5 Jahre	Rauchverhalten wie in I; Alkoholgenuß wie in II.	weder Rauchen noch Alkoholgenuß	Unregelmäßiges Rauchen	Unregelmäßiger Alkoholgenuß

N = 2 × 47

Der chi²-Test auf Abhängigkeit für die aus den Spalten I–IV gebildeten 2 × 4-Felder-Tafel ist auf dem 5 %-Niveau signifikant.

Anzahl der zusammengesetzten Variablen, die bei einer Person gleichzeitig auftreten	Krebserkrankungen	Kontrollgruppe Matching Pairs
0	2	19
1	3	24
2	10	26
3	9	20
4	10	12
5	21	10
6	17	4
7	20	3
8	28	2
	120	120

	weniger als 3 Faktoren	mehr als 3 Faktoren
Krebserkrankungen	24	96
Kontrollgruppe	89	31

Bei der Anzahl der zusammengesetzten Variablen wird ab 3 Faktoren eine Grenze gezogen.

N = 240

Der chi²-Test auf Abhängigkeit für die 4-Felder-Tafel ist auf dem 0,1 %-Niveau signifikant.

Anzahl der zusammengesetzten Variablen, die bei einer Person gleichzeitig auftreten	Krebserkrankungen	Kontrollgruppe Matching Pairs
0	2	2
1	2	3
2	3	15
3	5	22
4	6	34
5	8	21
6	11	9
7	23	6
8	25	4
9	12	2
10	13	1
11	10	1
	120	120

	weniger als 5 Faktoren	mehr als 5 Faktoren
Krebserkrankungen	26	94
Kontrollgruppe	97	23

Bei der Anzahl der zusammengesetzten Variablen wird ab 5 Faktoren eine Grenze gezogen.

N = 240

Der chi^2-Test auf Abhängigkeit für die 4-Felder-Tafel ist auf dem 0,1 %-Niveau signifikant.

IV. Rauchen im synergetischen Kontext mit Lungenkrebs

Rauchverhalten von 14 Lungenkrebspatienten:
a) Der Rauchkonsum aller lag bei über 50 Zigaretten pro Tag
b) Dieser Rauchkonsum vollzog sich über mehr als 10 Jahre
Ergebnisse des Beobachtungskataloges in der retrospektiven Studie:

Anzahl der zusammengesetzten Variablen, die bei einer Person gleichzeitig auftreten	Lungenkrebspatienten	Kontrollgruppe
0	0	1
1	0	4
2	1	3
3	0	3
4	4	0
5	5	1
6	1	0
7	2	1
8	1	1
	14	14

Der chi^2-Test auf Abhängigkeit für die 4-Felder-Tafel bei Trennung zwischen 3 und 4 Punkten ist auf dem 0,1 %-Niveau signifikant.

V. Rauchen im synergetischen Kontext mit Lungenkrebs

Rauchverhalten von 14 Lungenkrebspatienten:

a) Der Rauchkonsum aller lag bei über 50 Zigaretten pro Tag

b) Dieser Rauchkonsum vollzog sich über mehr als 10 Jahre

Ergebnisse des Fragebogens in der retrospektiven Studie:

Anzahl der zusammengesetzten Variablen, die bei einer Person gleichzeitig auftreten	Lungenkrebspatienten	Kontrollgruppe
0	0	1
1	1	2
2	0	5
3	1	2
4	0	1
5	1	1
6	1	0
7	1	1
8	3	0
9	4	1
10	1	0
11	1	0
	14	14

Der chi^2-Test auf Abhängigkeit für die 4-Felder-Tafel bei Trennung zwischen 5 und 6 Punkten ist auf dem 1 %-Niveau signifikant.

VI. Rauchen im synergetischen Kontext mit Lungenkrebs.

Ergebnisse im Beobachtungskatalog in der prospektiven Studie

Anzahl der zusammengesetzten Variablen, die bei einer Person gleichzeitig auftreten	Lungenkrebspatienten	Kontrollgruppe
0	1	1
1	0	4
2	1	6
3	1	2
4	1	0
5	1	0
6	2	0
7	3	1
8	4	0
	14	14

N = 28

Der chi²-Test auf Abhängigkeit für die 4-Felder-Tafel bei Trennung zwischen 3 und 4 Punkten ist auf dem 1 %-Niveau signifikant.

Ergebnisse des Fragebogens in der prospektiven Studie

Anzahl der zusammengesetzten Variablen, die bei einer Person gleichzeitig auftreten	Lungenkrebs-patienten	Kontrollgruppe
0	0	1
1	0	2
2	1	4
3	0	3
4	0	3
5	0	1
6	1	0
7	1	1
8	2	1
9	4	0
10	2	0
11	3	0
	14	14

N = 28

Der chi²-Test auf Abhängigkeit für die 4-Felder-Tafel bei Trennung zwischen 5 und 6 Punkten ist auf dem 0,1 %-Niveau signifikant.

b) *Spezifische psychosoziale Faktoren im Rahmen einer synergetischen Krebsforschung*

In meinen empirischen Studien wurden verschiedene Bereiche beziehungsweise zusammengefaßte Variablen erforscht: so zum Beispiel die familiären Beziehungen, emotionaler Streß, typisches Verhalten in sozialen Situationen, das sogenannte exponierende Verhalten. Nun stellt sich die Frage, welche Beziehung zwischen den erfaßten Bereichen und welche Beziehung zwischen den psychosozialen Faktoren und der Krebserkrankung besteht. Um diese Frage zu beantworten, bedarf es einer einheitlichen Theorie und des Entwurfs eines Modells, der psychosozialen und anderen Mechanismen Rechnung trägt. Ich glaube, auf dem heutigen Stand der Datenauswertung beides nur zum Teil leisten zu können. Am Anfang der Forschungsarbeit habe ich aufgrund von Voruntersuchungen an Patienten und der Auseinandersetzung mit der Literatur eine große Anzahl von Hypothesen aufgestellt, diese Hypothesen operationalisiert und ein längjähriges Forschungsprogramm entworfen. Danach erfolgte die Datenerhebung. Aufgrund der ersten Datenauswertung konnte ich sehen, welche Hypothesen sich empirisch bestätigt haben. Dies ermöglichte eine Spezifizierung der theoretischen Konstruktion aufgrund signifikanter Ergebnisse. Verschiedene statistische Auswertungen und Ergebnisse erlauben den Entwurf eines Modells, das die Dynamik der Wechselwirkung sozialer Faktoren und ihre Beziehung zum Krebsproblem darstellt.

Das Hauptproblem meines Modellentwurfs bestand darin, einerseits die nachgewiesene spezifische Wirkung einiger erfaßter Bereiche im Gesamtgeschehen nicht zu überschätzen, andererseits aber das Modell trotz großer Offenheit für die Wechselwirkung verschiedener erfaßter Faktoren nicht zu allgemein zu halten. Es mußten hinsichtlich der Wirkungsintensität Prioritäten gesetzt werden, und die Reihenfolge im zeitlichen Ablauf der Wirkungsfaktoren mußte berücksichtigt werden. Ebenso mußte die spezifische Wechselwirkung der einzelnen erforschten Bereiche dargestellt werden.

Die Ausgangsposition meiner theoretischen Überlegung ist die, daß das Individuum in der Kommunikation mit seiner physischen und sozialen Umwelt permanent Bedürfnisse aufweist, äußert und reduziert. Die Bedürfnisse sind als Spannung zwischen einer Mangelposition (Mangelzustand) und einer erstrebten Position (erstrebter Zustand) definiert. Ich unterscheide verschiedene subjektive, kognitiv geformte Bedürfnisse, beispielsweise soziale oder sexuelle Bedürfnisse oder Bedürfnisse im Organismus (physiologisch bedingte Bedürfnisse). Die kognitiv geformten Bedürfnisse wie die physiologischen Bedürfnisse können bewußt oder unbewußt sein. Das Verhalten des Individuums hat die Funktion, auftretende Bedürfnisspannungen zu reduzieren. Die Reduktion eines Bedürfnisses erfolgt dann, wenn die erstrebte Position erreicht ist. Das bedürfnisreduzierende Verhalten kann kognitiv erlernt oder ein unbedingter Reflex sein. Im Leben tauchen immer wieder physische, soziale oder kognitiv erlernte Hindernisse auf, die einer Bedürfnisreduktion im Wege stehen. Das Verhalten hat auch die Funktion, die Hindernisse zu beseitigen beziehungsweise ihnen auszuweichen. Wenn dies nicht gelingt, kann das Verhalten durch sogenannte Ventilreaktionen bestimmte Ersatzbedürfnisse äußern und reduzieren, zum Beispiel durch psychopathologische oder aggressive Reaktionen usw. Wenn ein subjektiv oder physiologisch wichtiges Bedürfnis chronisch nicht reduziert wird, dann entstehen durch die Mangelposition verschiedene negative Folgen; Unlustgefühle, Aversion, körperliche Symptomatik, Angstzustände, selbstdestruktive Tendenz usw. Dieser Zustand verschlimmert sich, wenn auch Ventilreaktionen und Ersatzbedürfnisse blockiert sind und sich das Verhalten an die Bedingungen und Ursachen der chronischen Blockierung der Bedürfnisreaktion anpaßt und über keine erlernte Fähigkeit verfügt, sie zu beseitigen. Wenn dieses Bündel an Faktoren in seiner spezifischen Interaktion gegeben ist, dann ist die Bedingung geschaffen, daß sich die Mangelposition über ihre Folgen systematisch in den Organismus umsetzt. Dabei sind drei Wege in Richtung Krebsentstehung denkbar:

1. eine direkte, grenzüberschreitende Wirkung von Folgen der Mangelposition, der chronisch unbefriedigten Bedürfnisse, auf die Immunabwehr und die zelluläre Funktion und Kooperation (direkter physiologischer Faktor). Dabei ist die direkte Wirkung von zwei Untergruppen zu unterscheiden:
   a) die Wirkung von unspezifischen Faktoren, wie z. B. chronischer emotionaler Streß, also Hoffnungslosigkeit, Verzweiflung, Aversion, Unlust, usw. oder die Wirkung der Folgen von nicht beachteten körperlichen Symptomen, wie zum Beispiel die der chronisch entzündlichen Prozesse oder bestimmter physischer Reize.
   b) die Wirkung von spezifischen krebserzeugenden Faktoren, d. h. die Wirkung von sogenannten chemischen, mikrobiologischen und physischen Kanzerogenen. Der Organismus kann beispielsweise durch exzessives Rauchen in eine Mangelposition geraten. Dabei wird dieses physiologische Bedürfnis nicht reduziert beziehungsweise der Mangelzustand, der durch das Rauchen entsteht, wird durch kognitiv gesteuertes Rauchverhalten nicht beeinflußt, obwohl Teer ein im Experiment nachgewiesenes Kanzerogen ist.
2. eine kognitiv-zentralnervös gesteuerte Wirkung bzw. Information auf eine Zell- und Immunempfänglichkeit in Richtung Krebsentwicklung (kognitiv-zentralnervöser Faktor). Ich nehme an, daß die Folgen der chronisch verhinderten Bedürfnisäußerung, die einen

Zustand der Hoffnungslosigkeit für die wichtigste Bedürfnisbefriedigung in der Zukunft impliziert, auf den Organismus einwirken und es dann zu einem kognitiv gesteuerten zentralnervösen Impuls kommen kann, der mit einer noch unbekannten Zellempfänglichkeit und Empfänglichkeit der Immunabwehr korrespondiert. Es konnte empirisch bestätigt werden, daß Personen, die sich subjektiv in einer verzweifelten Lage befinden und keine Ventilreaktionen aufweisen – also Ersatzbefriedigung in Gang setzen –, eher an Krebs erkranken als Personen in einer objektiv gleich schlechten Lage, die aber subjektiv ihre Bedürfnisse befriedigen oder die Hoffnung haben, sie in Zukunft zu befriedigen. Ich nehme hier die Wirkung eines kognitiv zentralnervösen Faktors auf eine noch unbekannte Immun- und Zellfunktion an. Das zentrale Nervensystem und die Hormone scheinen das Bindeglied zwischen der psychosozialen und physiologischen Komponente des Individuums zu sein.

Die individuellen Unterschiede in der Abwehr gegen eine Entwicklung in Richtung Krebserkrankung können unter anderem auch kognitiv erlernt sein. Die beigefügte Skizze (S. 270) soll die Interdependenz der wirkenden Faktoren in meiner Modellvorstellung darstellen.

Die Skizze stellt den angenommenen psychosozialen und ursächlichen Prozeß der psychosozialen Krebsentstehung dar. Die Bedingungen und Ursachen der chronischen Blockierung sind im Kästchen 4 angedeutet, aber nicht näher ausgeführt. Sie können im fehlerlernten Verhalten in der Familie, in der aktuellen sozialen Interaktion, in einer objektiven sozialen Isolation aufgrund physischer und sozialer Bedingungen am Arbeitsplatz usw. liegen. In meinem Forschungsprogramm sind diese spezifischen Faktoren zum Teil systematisch und explizit, zum Teil nur am Rande und implizit erfaßt worden.

Das dargestellte Modell geht von mehreren Voraussetzungen aus:

a) Es wird ein Bündel von mehreren Faktoren und ihre Interaktion und nicht nur ein Wirkungsfaktor (z. B. chronische Depression) aufgenommen. In diesem Bündel sind besonders der Zustand der chronischen Blockierung der Bedürfnisreduktion, die chronische Anpassung an die Bedingung der Blockierung, die nicht erlernte Fähigkeit, eine Ausweichfunktion einzuschalten oder die Bedingungen der Blockierung zu beseitigen oder ihnen auszuweichen, die blockierte und fehlende Ventilreaktion und Ersatzbedürfnisbefriedigung sowie das Vorhandensein von negativen Folgen der Mangelposition aufgrund der unbefriedigten Bedürfnisreduktion wichtig. Erst wenn dieses Bündel an Faktoren in der im Modell angedeuteten Wechselwirkung vorkommt, kommt es zu einer Umsetzung und synergetischen Einwirkung im Rahmen anderer Wirkungsfaktoren (z. B. Kanzerogene) auf den Organismus in Richtung Krebsgenese.

b) Es wird darüber hinaus eine dreifache Wirkung der Folgen einer chronischen Mangelposition in Richtung Krebsgenese angenommen (8a = kanzerogene Wirkung spezifischer Faktoren, 8b = direkte Wirkung unspezifischer Faktoren und 8c = Wirkung kognitiv-zentralnervöser Faktoren). Dabei zeigt sich im Unterschied zur naturwissenschaftlichen Auffassung eine Akzentverschiebung der angenommenen Wirkungsfaktoren. Während die naturwissenschaftliche Forschung nur die Wirkung 8a akzeptiert und dabei meistens nur von der lokalen Wirkung der Kanzerogene auf die Zellen ausgeht und dabei Faktor 9 (erblich bedingter, physiologischer und kognitiver Widerstand) berücksichtigt (besonders die erbbiologischen und immunbiologischen Faktoren), berücksichtigt mein Modell gleichermaßen die drei erwähnten Faktoren 8a, 8b und 8c. Es kann keineswegs davon ausgegangen werden, daß jedes Kanzerogen unbedingt zur Krebserkrankung führt (87 % starke Raucher erkranken nicht an Lungenkrebs). Meine Ergebnisse sprechen vielmehr dafür, daß ein Kanzerogen dann »virulent« wird, wenn bestimmte psychosoziale Faktoren hinzukommen, die mit der Wirkung von 8b und 8c zusammenhängen. In der angenommenen Wirkung von 8b nehme ich einen direkten Einfluß unspezifischer Faktoren an (z. B. die Wirkung chronischer und nicht beachteter entzündlicher Prozesse, chronischer Übermüdung, nicht beachteter Unlustgefühle, Folgen von Emotionen über hormonelle Auswirkungen usw). In der dritten Wirkungsmöglichkeit, also 8c, nehme ich eine direkte Wechselwirkung zwischen einer kognitiven Wahrnehmung (z. B. der Gewißheit einer chronisch ausweglosen Situation) und einer Reaktionsbereitschaft im Immunsystem und der Zellfunktion an.

c) Trotz der Annahme, daß mehrere, miteinander zusammenhängende Faktoren für die Krebserkrankung nötig sind, impliziert das Modell eine synergetisch-kumulative Wirkung der einzelnen Faktoren. Das heißt, es ist denkbar, daß ein Individuum, das ausgeprägt an manifester Hoffnungslosigkeit mit allen Folgeerscheinungen der Mangelposition leidet, an Krebs erkrankt, obwohl es so gut wie mit keinem Kanzerogen exzessiv in Berührung kommt. In diesem Fall ist die Bahn 8c anzunehmen. Eine andere Person raucht über 80 Zigaretten am Tag, zeigt keine bewußte Hoffnungslosigkeit, aber auch keine manifest Bedürfnisreduktion und ist nur zum Teil an die chronischen Bedingungen der mangelnden Bedürfnisäußerung angepaßt, äußert aber so gut wie keine Ventilreaktion. Auch sie kann an Krebs erkranken. In diesem Fall ist die Bahn 8a betont. Die synergetisch-kumulative Hypothese wird noch jahrelang in der Krebsforschung nicht alle Faktoren berücksichtigen können. So kann beispielsweise im Kästchen 9 noch wenig über die erblich bedingten und physiologischen Grundlagen – beispielsweise einer Immunabwehr – gesagt werden. Viel mehr kann über den kognitiven Widerstand, zum Beispiel Lebenswillen, in die Zukunft ausgerichtete Hoffnung, gesagt werden. Trotzdem sind schon so viele Faktoren erforscht (besonders die psychosozialen), daß die synergetisch-kumulative Hypothese die Entstehung der Krebserkrankung besser erklären kann als die bloße Berücksichtigung von Kanzerogenen.

d) Das Modell gründet sich auf eine statistische Berechnung der erforschten Einzelfaktoren im Hinblick auf ihren Anteil am Prozeß der Krebsentstehung. Es kann das Gewicht von fehlenden Ventilreaktionen, chronisch angepaßtem Verhalten, chronischer Hoffnungslosigkeit, von kognitiven Prozessen und objektiver sozialer Isolation usw. berechnet werden. Auch der epidemiologische Anteil an Kanzerogenen kann berechnet werden und eines Tages wohl auch der an erblich bedingten und immunbiologischen Faktoren. Das Modell interpretiert aufgrund der bisher erfaßten Daten die bisherigen Ergebnisse. Die angenommenen Wechselwirkungen sind in ihrem Erkenntniswert verbesserungsfähig, sobald neue, naturwissenschaftliche oder psychosoziale Erkenntnisse hinzukommen. Das Modell lädt deshalb zu einer permanenten multifaktoriellen und interdisziplinären epidemiologischen Erforschung ein.

Das Modell der psychosozialen Krebsentstehung

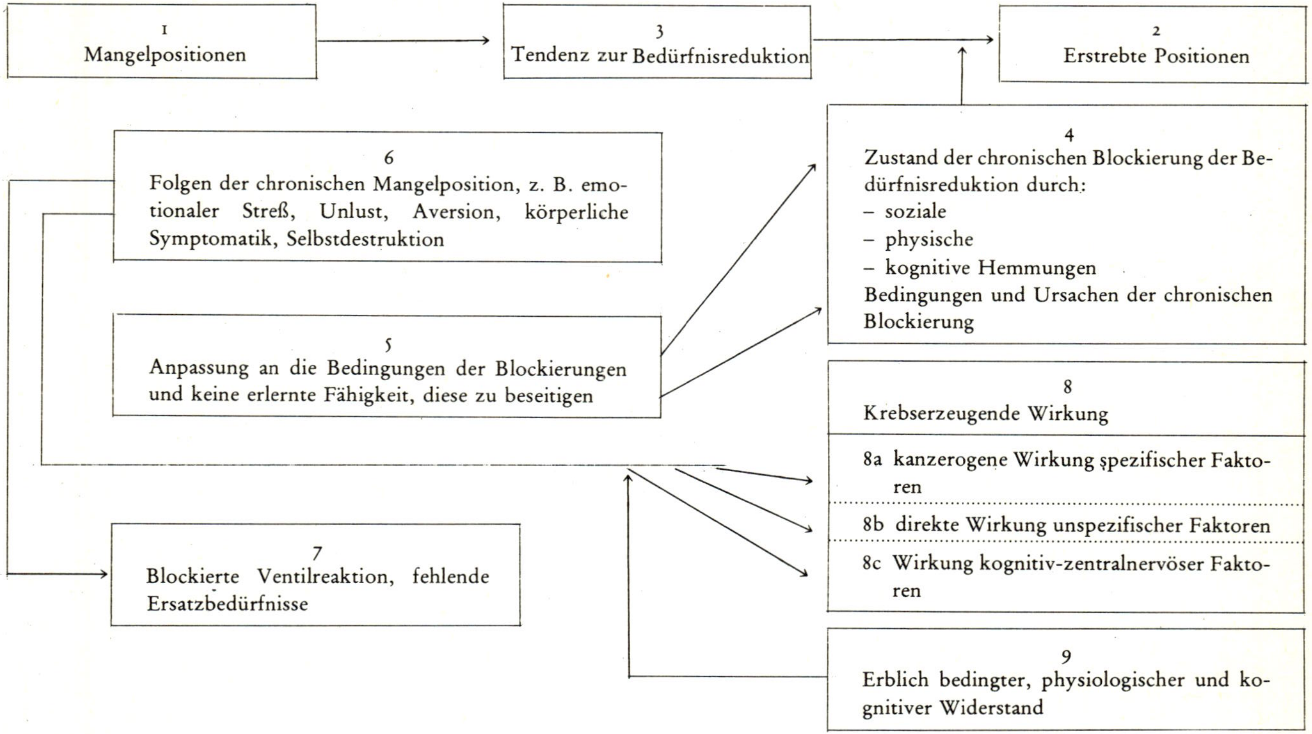

Ich nenne meine sozialwissenschaftliche Konzeption psychosozialer Faktoren im Krebsproblem *Theorie der chronisch blockierten Bedürfnisreduktion im Zustand der Überanpassung.*

Bestimmte internistische Erkrankungen (Herzinfarkt, Hirnschlag, Magengeschwür, Diabestes mellitus und Bluthochdruck) interpretiere ich mit der *Theorie der chronischen kognitiv-emotionalen Erschütterung.* Beide Theorien konnten ausreichend praktisch belegt werden, so daß das sogenannte Spezifitätsproblem zumindest im ersten Ansatz gelöst zu sein scheint.

Das Verhalten der Krebskandidaten und Krebspatienten läßt sich differential-diagnostisch von jedem anderen Verhalten unterscheiden, das zu anderen Erkrankungen führt. Die von uns erforschten internistischen Patienten zeigen ein kognitiv-emotionales Verhalten, das ich als »These von der durchweg negativen Welt« bezeichne. Dabei wird die soziale Umwelt – besonders enge mitmenschliche Beziehungen – negativ geschildert und beurteilt. Wenn sich eine subjektive Evidenz durch bestimmte Lebensereignisse zeigt, die ein solches Urteil bestätigt, dann reagiert die Person hypersensibel und äußert eine kognitiv-emotionale Erschütterung. Solche Reaktionen können beispielsweise nach dem Verlust bestimmter sozialer Beziehungen auftauchen. Magengeschwür-Patienten haben eine Grundbedürfnis nach sozialer Sicherheit, sie interpretieren ihre Umwelt aber von vornherein negativ. Somit wird ihr Bedürfnis nach sozialer Sicherheit durch die eigene selektive Wahrnehmung chronisch erschüttert. Diabetes mellitus-Patienten zeigen ein starkes Bedürfnis nach Umsorgung und Verwöhnung und stehen ihrer Umwelt trotzdem oder vielleicht gerade weil ihre Erwartungen nicht erfüllt werden können, negativ gegenüber. Auch ihr Bedürfnis wird permanent kognitiv-emotional erschüttert. Die Herzinfarktpatienten haben eine ausgesprochene Tendenz nach Perfektionismus, trauen aber ihrer sozialen Umwelt keine positiven Fähigkeiten zu. Auch das führt zu permanentem emotionalen Streß in Form von Erschütterung. Verhaltensgestörte zeigen eine ausgeprägte Tendenz, bei verhinderter Bedürfnisäußerung ihre Erregung ins Irrationale abzuleiten, so daß man von einer »im Konflikt entstellten Bedürfnisäußerung« sprechen kann. Diese Reaktionen zeigen weder die internistisch Erkrankten noch die Krebspatienten.

Ich vertrete die Spezifitätshypothese und behaupte, daß eine Differentialdiagnostik zwischen den von mir erforschten Krankheitsgruppen möglich ist. Krebspatienten und -kandidaten sind in ihrer Bedürfnisäußerung und -reduktion chronisch blockiert, zeigen keine Ersatzbedürfnis-Befriedigung, keine irrationalen Verhaltensweisen und keine kognitiv-emotionalen Erschütterungen. Die einzige emotionale Reaktion ist Hoffnungslosigkeit und Niedergeschlagenheit. Die internistisch Erkrankten zeigen emotionale Erschütterung aufgrund einer negativen Umweltinterpretation, die in Widerspruch mit der Bedürfnisstruktur dieser Personen gerät (z. B. nach infantiler Verwöhnung, ausgeprägtem Perfektionismus, dem Grundbedürfnis nach sozialer Sicherheit usw.). Diese Personen reagieren nicht irrational und zeigen auch keine Ersatzbedürfnis-Befriedigung. Wie die Krebspatienten haben sie kein Ambivalenz-Bewußtsein, zeigen auch ein ausgeprägtes exponierendes Verhalten und eine Trennung von rational und intuitiv. Ich konnte die hier kurz angeführten Unterschiede aufgrund verschiedentlich konzipierter Meßinstrumente und Daten beweisen. In diesem Buch wird nur die Krebserkrankung behandelt, während bestimmte internistische Erkrankungen im zweiten Band dargestellt werden.

Ich glaube, daß die *Theorie der chronisch blockierten Bedürfnisreduktion im Zustand der Überanpassung* eine einheitliche Theorie darstellt, die empirisch im Sinne des hypothesentestenden Ansatzes eindeutig belegt wird und prospektiv sowie auch retrospektiv mit der Krebserkrankung in Beziehung gebracht werden kann. Das Modell der psychosozialen Krebsentstehung kann durch die empirischen Ergebnisse noch spezifiziert werden. Der emotionale Streß wird näher mit Hoffnungslosigkeit und Niedergeschlagenheit beschrieben, die Anpassungen an die Bedingungen der Blockierung mit dem exponierenden Verhalten, der Selbstzurückstellung, Idealisierung, der Harmonisierungstendenz usw. Die blockierte Ventilreaktion und die fehlenden Ersatzbedürfnisse lassen sich als fehlendes psychopathologisches Symptombewußtsein, als fehlende kognitiv-emotionale Erschütterung aufgrund negativer Umweltinterpretation, als fehlende aggressive Reaktionen gegenüber anderen usw. erfassen. Der Zustand der chronischen Blockierung der Bedürfnisreduktion ist an verschiedenen sozialen oder kognitiv erlernten Faktoren zu erkennen.

Für mich ist entscheidend, daß ein bestimmter psychosozialer Grundprozeß in einem Modell so spezifisch darstellbar ist, daß er wirklich nur mit einem einzigen Erkrankungstyp korrespondiert. Die meisten Modelldarstellungen in der psychosomatischen Literatur sind so unspezifisch, daß sie schon der logischen Frage: Wer zeigt eine solche Reaktion nicht? nicht standhalten können. Ich bin aber überzeugt, daß nur die Spezifität eines Erklärungsmodells dem Krebsproblem näherkommen kann.

Ich glaube, daß mein Modell wesentlich komplexer als die einzelnen Ansätze anderer psychosomatischer Autoren ist. Wenn z. B. Bahne Bahnson als einen wesentlichen Aspekt seines Modells den Grad der Verdrängung und Verneinung im psychoanalytischen Sinne anführt, dann können in dieses Modell Personen nicht integriert werden, die sich in einer chronischen Blockierung gerade deswegen befinden, weil ihre Verdrängungs- und Verneinungsmechanismen versagen. Unter der Voraussetzung, daß unser Modell empirisch nachgewiesen werden kann, hat es wesentliche Konsequenzen für die Therapieforschung. Wenn es stimmt, daß mehrere Faktoren zusammenwirken müssen, damit die Krebserkrankung zustande kommt, dann muß umgekehrt ein therapeutischer Erfolg erzielt werden können, wenn zumindest ein Faktor oder mehrere Faktoren verändert werden. Wenn zum Beispiel eine Ventilreaktion, wie das psychopathologische Symptombewußtsein und Verhalten, hervorgerufen wird oder eine neue Bedürfnisbefriedigung in Gang gesetzt wird durch die neu erlernte Umgehung der Blockierung, dann müßten als logische Folge der vorausgesetzten Wirkungen im System therapeutische Erfolge zu erzielen sein. Diese Veränderungen sind aufgrund von unseren Meßinstrumenten meßbar und in diesem Buch dargestellt.

Dieser Abschnitt soll mit folgenden Feststellungen abgeschlossen werden:

a) Die Theorie der chronisch blockierten Bedürfnisreduktion im Zustand der Überanpassung ist eine einheitliche, in sich widerspruchsfreie, eindeutige und differentialdiagnostisch von allen anderen Krankheitsbildern abgrenzbare Theorie. Die theoretische Konstruktion ist im Sinne des hypothesentestenden Ansatzes empirisch belegt worden.
b) Der Zustand beziehungsweise der Grundprozeß, der mit der Theorie beschrieben ist, spielt eine wesentliche Rolle für die Krankheitsentstehung und den -verlauf.
c) Die Veränderung des Zustandes, der mit der Theorie beschrieben wird, ermöglicht einen experimentell nachgewiesenen therapeutischen Erfolg.

d) Die endgültige empirische Bestätigung der Theorie kann nur dann geschehen, wenn sie sich in wiederholten Untersuchungen (durch sogenannte Kreuzvalidierungen) immer aufs neue bestätigt.
e) In meiner Arbeit wird der Versuch unternommen, mit verschiedenen Meßinstrumenten verschiedene Aspekte des mit der Theorie beschriebenen Zustandes zu erfassen. Ein bestimmter, empirischer Erfolg, zum Beispiel in der Vorhersage, scheint auch dann möglich zu sein, wenn nur einige Aspekte erfaßt werden (z. B. überangepaßtes Verhalten, chronische Hoffnungslosigkeit usw.). Diesen empirischen Tatbestand führe ich auf die Annahme zurück, daß derart ausgeprägte Teilaspekte nur dann vorkommen, wenn bei einer Person der gesamte, in der Theorie beschriebene Zustand vorhanden ist. Es scheint so zu sein, daß die extreme Ausprägung eines Faktors die Existenz von anderen Faktoren garantiert. Dieser Tatbestand konnte in der ersten Längsschnittstudie nachgewiesen werden, indem eine hohe Vorhersage der Krebserkrankung schon aufgrund weniger und auf den ersten Anschein ziemlich allgemeiner Fragen möglich war. Beim näheren Hinsehen waren aber die Fragen so extrem formuliert, daß sie nur von einem ganz bestimmten Personenkreis beantwortet wurden.

In unserem Forschungsprogramm wurden Ergebnisse aus verschiedenen Bereichen erzielt und mit verschiedenen theoretischen Konzeptionen interpretiert. Die zusammenfassende Theorie hatte die Aufgabe, die einzelnen erforschten Wirkungszusammenhänge durch eine übergeordnete Reflexion zu verbinden. Wenn zum Beispiel nachgewiesen werden konnte, daß Krebspatienten und -kandidaten ein gestörtes zukunftsorientiertes Verhalten haben, dann muß weiter gefragt werden, ob dieses Verhalten Ausdruck bestimmter psychischer Prozesse ist.

Eine zusammenfassende Theorie muß außerdem über die Interpretation der konkreten Daten hinaus die Bedeutung der erhobenen Daten im gesellschaftlichen Bereich diskutieren. Sie muß eine theoretische Konstruktion entwerfen, die eine gesellschaftliche Krankheitslehre darstellt.

Wir sollten uns einige Forschungsergebnisse als Basis der Reflexion vergegenwärtigen. Krebspatienten und -kandidaten haben eine positive Einstellung ihren Mitmenschen, ihrer Familie, ihren Arbeitskollegen, den gesellschaftlichen Normen usw. gegenüber. Sie zeigen keine Tendenz zur Kritik und negativer Interpretation. In der Religiosität sind sie an Konventionen gebunden, zeigen aber keine spontanen Elemente des religiösen Erlebnisses. Im psychischen Bereich passen sich die Krebspatienten an ihre eigene fehlerlernten Interpretation an. Der kognitive Bereich, also die eigenen Bewertungen, Annahmen usw., steht voll im Dienst der Anpassung an die sozialen Faktoren, die eine Blockierung der Gefühlsäußerung und -befriedigung verursachen.

Die angeführten Einstellungen und Verhaltensweisen sind in gesellschaftlichen Prozessen und sozialen Vorgängen gelernt und subjektiv erfaßt. Welche sozialen und sozialpsychologischen Prozesse liegen diesem Verhalten des Krebspatienten zugrunde?

Nicht nur die Gesellschaft prägt das Individuum, sondern das Individuum wirkt auch auf die Gesellschaft. Der Krebskandidat unternimmt den Versuch, sich optimal an die Gesellschaft in ihrem status quo anzupassen. Er stellt dabei die gesellschaftlich vermittelte Ideologie nicht in Frage und erlebt ihren Forderungen gegenüber keine Ambivalenz oder gar psychopathologische Reaktion. Er erfährt emotional-kognitiven Streß nur dann, wenn seine durchaus normenkonformen Wünsche und Bedürfnisse verhindert werden, z. B. nach dem Tod einer von ihm idealisierten Bezugsperson oder beim Scheitern seiner Harmonisierungstendenzen. Im sozialen Bereich muß schon sehr viel geschehen, bis die beobachtbare Hoffnungslosigkeit auch verbal zugegeben wird und in Kritik umschlägt. Auch im Zustand der völligen sozialen Desintegration sucht der Krebskandidat immer wieder die Möglichkeit, die Umwelt positiv und idealistisch zu interpretieren.

Die objektiven, bei jedem Menschen vorhandenen Bedürfnisse: das Bedürfnis nach aggressiver Reaktion bei Bedrohung der eigenen physischen und psychischen Integrität, das Bedürfnis nach sexueller Entspannung und Orgasmus, das Bedürfnis, gesellschaftliche Verhältnisse kreativ zu gestalten oder das spontane religiöse Bedürfnis sind beim Krebskandidaten durch die erlernte kognitive Einstellung blockiert. Gerade aber der Prozeß der vielseitigen subjektiven und objektiven Bedürfnisäußerung und -befriedigung ist der zentrale Ausdruck der sozialen Kooperation zwischen den Menschen, die Bestätigung des Individuums als sozialem Wesen.

So betrachtet, scheint der Krebskandidat extremen Einflüssen von sozio-kulturellen Normen und Forderungen ausgesetzt zu sein. Im Elternhaus werden Perfektionismus und Leistung verlangt, ohne daß sie mit emotionaler Zuwendung entsprechend belohnt werden. Die Kirchen fordern eine konventionelle und dogmatische religiöse Einstellung, ohne daß sie in der Lage wären, die Belohnung für eine solche Einstellung plausibel darzustellen. Die Gesellschaftsordnungen der modernen Zivilisation fordern vom Individuum strikt normenkonformes und leistungsbewußtes Verhalten, verhindern aber jegliche soziale Kreativität, wenn die ökonomischen und politischen Interessen der Organisationsstrukturen, in denen das Individuum integriert ist, betroffen werden. Aus dem weltweiten desolaten Zustand, in dem sich Gesellschaftsordnungen und Religionen befinden, kann das Individuum sich nur dann retten, wenn es verschiedene oppositionelle und antiautoritäre Verhaltensweisen und Bedürfnisäußerungen entwickelt. Dies scheint ein Zentralmotiv für den Anstieg psychiatrischer Erkrankungen oder oppositioneller politischer Bewegungen zu sein.

Von solchen Regungen scheint der Krebskandidat nicht betroffen zu sein. Er verhält sich so, als würde er in einer idealen, alle Bedürfnisse befriedigenden Gesellschaft leben und als befände er sich in idealen familiären Verhältnissen. Deswegen ist er bemüht, sein Glück und seine völlige Normalität immer wieder zum Ausdruck zu bringen. Um so schlimmer ist es, wenn dann eine »ideale« Bezugsperson stirbt oder soziale Ungerechtigkeit in einer sonst so positiv interpretierten Welt geschieht. Denn der Krebspatient hat noch ein zweites Verhaltensmuster erlernt: Wenn etwas schief geht, dann suche die Schuld bei dir selbst. Hier ist die Basis für die Tendenz der Selbstdestruktivität. Der Krebskandidat paßt sich an die Bedingungen seines verhinderten Bedürfnisflusses extrem an. Das einzige offene Ventil für die Umsetzung des chronischen kognitiv-emotionalen Stresses ist der Organismus.

Ich sehe im Rahmen meiner Krankheitslehre eine permanente Wechselwirkung zwischen gesellschaftlichen und kognitiven Faktoren. Jede gesellschaftliche Organisation hat eine größere und kleinere Anzahl von negativen Wirkungen und Konsequenzen, die auf das Individuum krankheitserzeugend wirken. Als Vertreter der synergetischen Konzeption gehe ich davon aus, daß die Anzahl und die Intensität von negativen Bedingungen eine Rolle in der Krankheitsentstehung spielt.

Nun werden gesellschaftliche Faktoren vom Individuum kognitiv interpretiert im Rahmen seiner aktiven Wirkung auf gesellschaftliche Verhältnisse. Der Krebskandidat interpretiert die Summe der auf ihn negativ wirkenden Faktoren grundsätzlich positiv und ignoriert ihre Wirkung. Damit öffnet er sich dem synergetischen Einfluß von negativen gesellschaftlichen Wirkungen, ohne ihnen auszuweichen. Der »Gesunde« dagegen zeigt eine kognitive Fähigkeit, durch sein Verhalten soziale Faktoren im Einklang mit seinen Bedürfnissen zu kontrollieren und zu beeinflussen. Der psychische Apparat des Menschen, besonders seine kognitive Steuerung, hat die Aufgabe, das Verhalten so zu lenken, daß existenzwichtige Bedürfnisse befriedigt werden. Ungünstige soziale Faktoren werden durch kognitive Einstellungen in ihrer krankheitserzeugenden Wirkung beeinflußt (inaktiviert oder verstärkt). Diesen Einfluß nenne ich kognitive Kontrolle. Von ihr hängt, jedenfalls zu einem Teil, die Pathogenität der sozialen Faktoren ab. Ungünstige soziale Faktoren können aber umgekehrt auch maßgeblich die kognitive Kontrolle beeinflussen.

Wenn unsere Beobachtungen stimmen, dann kann die Krebskrankheit nicht mehr als zufälliges Naturereignis im Organismus gedeutet werden. Sie muß vielmehr im biographischen Zusammenhang gesehen und als letzter Ausdruck einer gesellschaftlich-psychischen Desintegration gedeutet werden. Es ist jedoch abwegig, anzunehmen, daß therapeutisch nichts ausgerichtet werden kann, bevor die gesellschaftlichen Verhältnisse nicht verändert worden sind. Ich habe die Umsetzung von gesellschaftlichen Einflüssen in die kognitive Einstellung und Steuerung studiert und dabei festgestellt, daß die kognitiven Strukturen letztlich verantwortlich sind, wenn ein chronisch kognitiv-emotionaler Streß entsteht. Diese Strukturen können jedoch mit Methoden der kognitiven Verhaltenstheorie verlernt werden. Ein neues subjektives Bewußtsein kann maßgeblich die zwischenmenschlichen Beziehungen und eigene Bedürfnisäußerungen und -befriedigungen beeinflussen. Diese Tatsache haben meine Experimente auf dem Gebiet der kognitiven Verhaltenstherapie deutlich bewiesen. Erst die subjektive Bewußtmachung kann dann aber auch eine Bedingung für eine gesamte gesellschaftliche Veränderung sein.

2. Diskussion der bisherigen Ergebnisse – Konsequenzen für die sozialwissenschaftliche Krebsforschung

In diesem Buch wurde ein Forschungsprogramm dargestellt, das systematisch sozialwissenschaftliche Faktoren in ihrer Beziehung zur Krebserkrankung untersucht. Hier sollen die wesentlichen Ergebnisse kurz zusammengefaßt werden:

a) bestimmte psychosoziale Faktoren spielen für die Krebsentstehung eine wichtige Rolle
b) psychosoziale Faktoren beeinflussen den Krankheitsverlauf
c) die kognitive Verhaltenstherapie ist geeignet, die psychosozialen Faktoren, die für die Entstehung und den negativen Verlauf der Krebserkrankung mitverantwortlich sind, positiv zu beeinflussen beziehungsweise zu verändern.

Obwohl auf dem bisherigen Forschungsstand beachtliche Erfolge erzielt wurden, steht unsere sozialwissenschaftliche Krebsforschung noch am Anfang ihrer Entwicklung. Das Wesentliche und Neue dieser Forschung scheint mir folgendes zu sein:

a) In unserem Forschungsprogramm sind grundlegende theoretische und methodische Fragen erörtert worden, die für die weitere Psychosomatik eine wegweisende Funktion bekommen können.
b) Die experimentelle sozialwissenschaftliche Krebsforschung erhielt durch unsere Arbeiten ein bisher unbekanntes methodisches und theoretisches Niveau. Die Ursachenforschung, Krankheitsverlaufforschung sowie die Therapieforschung orientierten sich so weit wie möglich am naturwissenschaftlichen Experiment. So wurden beispielsweise die Effekte der angewandten Therapie durch statistische Methoden berechnet.
c) Unser Modell der synergetischen Krebsforschung ist nicht nur geeignet, das Zusammenwirken von psychosozialen Faktoren bei der Krebsentstehung aufzuzeigen, es stellt auch eine theoretische und organisatorische Basis für die Integration der gesamten Krebsforschung dar. Die Konzeption, daß psychosoziale und kanzerogene Faktoren in ihrem Zusammenwirken das Risiko, an Krebs zu erkranken, erhöhen, tritt in Widerspruch zu den monokausalen Forschungsbemühungen der Naturwissenschaftler und der psychoanalytisch orientierten Psychosomatiker.
d) Mit unserer Forschungsarbeit wurde der Versuch unternommen, sehr schwierige, in der Psychosomatik und der Psychologie noch ungelöste Fragen in Angriff zu nehmen, wie z. B. das sogenannte Spezifitätsproblem psychosomatischer Erkrankungen und die Vereinbarung der ideographischen (Einzelfallanalysen) mit der nomothetischen (Gesetzmäßigkeiten aufgrund statistischer Vorgehensweisen) Methode.

Die Ergebnisse zeigen, daß die psychologische Problematik des

Krebskandidaten deutlich von anderen Krankheitsbildern zu trennen ist. Die Forschungsarbeit konnte die statistische und die Einzelfallanalyse widerspruchsfrei integrieren, d. h. die mit der Statistik bewiesene Gesetzmäßigkeit tritt mit der Einzelfallanalyse nicht in Widerspruch.

e) Die prospektiven und retrospektiven Studien haben zu Ergebnissen geführt, die in der Krebsforschung nicht mehr ignoriert werden können. Sie konnten zeigen, daß das psychosoziale Feld in der synergetischen Krebsforschung als ein wichtiger Wirkungsfaktor in der Entstehung der Krebserkrankung und des Krankheitsverlaufs in Erscheinung tritt.

f) Die kognitive Verhaltenstherapie konnte als wissenschaftliche Therapieforschung im Rahmen einer experimentell orientierten, sozialwissenschaftlichen Krebsforschung überzeugend integriert werden. Sie hat sich in den therapeutischen Experimenten als geeignet gezeigt, Risikoverhaltensfaktoren günstig zu beeinflussen.

g) Am Beispiel der Interviewerexperimente konnte gezeigt werden, daß naive und ungeschulte Anwendungen der Meßinstrumente zu keinem Ergebnis führt.

h) Die Ergebnisse der Arbeit deuten an, daß verschiedene Faktoren wie zum Beispiel die selbstdestruktive Tendenz, die konventionelle Religiösität, die gestörte Sexualität und andere ein bestimmter Risikofaktor für die Krebserkrankung sind, daß aber das Risiko beachtlich erhöht wird, wenn das Zusammenwirken mehrerer Faktoren erfaßt wird.

i) Die physischen, chemischen und mikrobiologischen Agenzien, die in der naturwissenschaftlichen Medizin als »Krebserzeuger« identifiziert wurden, wirken je nach dem synergetischen Wirkungszusammenhang stärker oder schwächer bei der Krebserzeugung mit. Die prospektiven Studien konnten zeigen, daß die psychosozialen Faktoren im synergetischen Kontext die Wirkungsweise von Kanzerogenen maßgeblich beeinflussen.

j) Die von der Naturwissenschaft identifizierten Wirkungsfaktoren können zum Teil in ihrer »krebserzeugenden« Wirkung erklärt werden, sie können aber nicht das gesamte Phänomen der Krebserkrankung erklären. Das sozialwissenschaftliche Modell der Krebsentstehung gibt dieser Erkrankung einen Sinn und kann hierüber hinaus erklären, warum bestimmte Agenzien einmal zum Tragen kommen und einmal nicht. Die physiologische und pathoanatomische Integration im Organismus hängt offensichtlich von der psychosozialen Integration ab. Erst unser medizin-soziologisches Modell erlaubt es, in der Erkrankung Gesetzmäßigkeiten zu erforschen und sie nicht als »naturwissenschaftliches« Naturereignis ansehen zu müssen.

Ich halte die physischen, chemischen und mikrobiologischen krankheitserzeugenden Faktoren durch Tierexperimente und epidemiologische Studien für nachgewiesen. Welche Rolle jedoch den naturwissenschaftlichen und welche den sozialwissenschaftlichen Faktoren im Krankheitsprozeß zukommt, kann erst die zukünftige interdisziplinäre Forschung beantworten. In meinen Studien wurde nachgewiesen, daß bestimmte im naturwissenschaftlichen Sinne geltende Krankheitserzeuger (z. B. das Zigarettenrauchen) auch vom Wirkungsfeld bestimmter psychosozialer Faktoren abhängen. Die zukünftige naturwissenschaftliche Forschung wird meiner Überzeugung nach an der Fragestellung einer Verhaltensmedizin und psychosomatischen Epidemiologie nicht mehr vorbeikommen. Trotz positiver Entwicklungen zeigt der heutige Stand der Forschung viele Schwächen, Schwierigkeiten und Probleme auf:

- Die interdisziplinäre Zusammenarbeit mit der Naturwissenschaft und Klinik ist trotz beachtlicher Unterstützung durch das Deutsche Krebsforschungszentrum, die chirurgische Universitätsklinik in Heidelberg, die Medizinische Klinik der Universität Heidelberg und das Evangelische Krankenhaus Bad Godesberg (chirurgische Abteilung) noch ungenügend entwickelt. In Zukunft muß es zur gleichzeitigen Erhebung von psychosozialen und naturwissenschaftlichen Daten kommen.
- Unsere Forschungsergebnisse müssen durch andere Forschergruppen wiederholt erzielt werden. Dies setzt allerdings eine intensive Interviewerausbildung und eine Ausbildung in den Methoden der Sozialforschung dieser Forschergruppen voraus.

Zum Schluß sei meine gesellschaftspolitische Vorstellung der Integration einer sozialwissenschaftlichen Krebsforschung kurz skizziert. Diese Integration müßte auf folgenden Ebenen vollzogen werden:

a) Auf der Ebene der Grundlagenforschung. Forschungsinstitute wie zum Beispiel das Deutsche Krebsforschungsinstitut müßten medizinsoziologisch-verhaltenstherapeutische Abteilungen bekommen.

Diese Abteilungen müßten in der Lage sein, Kooperationen mit der naturwissenschaftlichen Grundlagenforschung, der medizinischen Epidemiologie und der klinischen Forschung durchzuführen. Für eine solche Zusammenarbeit kann sich eine am exakt nachweisbaren Experiment orientierte Medizinsoziologie und Verhaltensmedizin als befähigt erweisen.

b) In engster Zusammenarbeit mit der Klinik muß eine experimentelle Rehabilitationsforschung weiterentwickelt werden. Im Unterschied zur psychoanalytisch orientierten, spekulativen Rehabilitationsforschung sollen hier die wirksamen Prinzipien der Behandlung mit Hilfe statistischer Methoden überprüft werden.

c) Im Rahmen einer Präventivmedizin müssen die experimentellen Ergebnisse prospektiver Studien und der kognitiven Verhaltenstherapie für die Früherkennung und Verhütung der Krebserkrankung eingesetzt werden.

Die Forschungsergebnisse und die methodischen Schwierigkeiten im Bereich der Grundlagenforschung, Klinik, Rehabilitation und Präventivmedizin sollten auf eine verständliche Art dargestellt werden, so daß sie für den praktisch tätigen Arzt und Psychologen nutzbar gemacht werden können.

Ich könnte mir keinen größeren gesundheitspolitischen Gewinn für dieses Buch vorstellen, als daß der Kliniker und Naturwissenschaftler den kognitiven Faktor, also die subjektiven Bewertungen und Annahmen, in seiner hervorragenden ätiologischen, prognostischen und therapeutischen Bedeutung anerkennt und in das Konzept der interdisziplinären Forschung und Behandlung miteinbezieht.

VII. Literaturverzeichnis

Achte, K. A., Vauhkonen, M. L., and Vutamäki, R. O.: »Cancer and Psyche.« *Monogr. Psychiatric Clinik of Helsinki*, 1, 1970

Ader, K.: »Sociel Factors Affecting Emotionality and Resistance to Disease in Animals. V. Early Seperation from the Mother and Response to a Transplanted Tumor in the Rat.« *Psychosomatic Medicine* 27, 1956, S. 119–122

Atteslander, P., Kneubühler, H.-U.: *Verzerrungen im Interview. Zu einer Fehlertheorie der Befragung*. Studien zur Sozialwissenschaft, Bd. 32, Düseldorf 1975

Ausubel, D. P.: *Educational Psychology. A cognitive View*. New York 1968

Ausubel, D. P.: *The Psychology of Meaningful Verbal Learning*. New York 1963

Ayllon, T. and Azrin, N. H.: *The Token Economy: A Motivational System for Therapy and Rehabilitation*. New York 1968

Ayllon, T.: »Intensive Treatment of Psychotic Behavior by Stimulus Satiation and Food, Reinforcement.« *Behavior, Research and Therapy* 1, 1963, S. 53–61

Bahnson, C. B.: »Denial and Repression of Primitive Impulses and of Disturbing Emotions in Patients with Malignant Neoplasms.« In Kissen, LeShan (Hrsg.): *Psychosomatic Aspects of Neoplastic Disease*, S. 42–62

Bahnson, C. B.: »Ego Defences in Cancer Patients.« *Ann. New York Acad. Sci.* 164, 1969, S. 546–559

Bahnson, C. B.: »Psychological Complementary in Malignancies: Past Work and Future Vistas.« *Ann. New York. Acad. Sci.* 164, 1969, S. 319–334

Bahnson, C. B., Bahnson, M. B.: »Cancer as an Alternative to Psychosis: A Theoretical Model of Somatic and Psychological Regression.« In Kissen, LeShan (Hrsg.): *Psychosomatic Aspects of Neoplastic Disease* 1964, S. 184–202

Bahnson, C. B., und Bahnson, M. B.: »Role of the Ego Defenses: Denial and Repression in the Etiology of Malignant Neoplasms.« *Ann. N. Y. Acad. Sciences* 125 1966, S. 827 ff.

Bahnson, C. B., Bahnson, M. B., Wardell, W. I.: »A Psychologic Study of Cancer Patients«, *Psychosomatic Medicine* 33, 1971, S. 466 ff.

Baltrusch, H. J. F.: »Ergebnisse klinisch-somatischer Krebsforschung.« *Psychosom. Medizin* 5, 1975, S. 175–208

Baltrusch, H. J. F.: »Probleme, Aufgabe und Grenze psychosomatischer Neoplasieforschung.« *Z. psychosomat. Med.* 9, 1963, S. 285

Bastiaans, J., Groen, J.: »Psychogenesis and Psychotherapy of Bronchial Asthma.« In O'Neill (Hrsg.): *Modern Trends in Psychosomatic Medicine*, London 1955

Bandura, A.: *Principles of Behavior Modification*. New York 1969

Bastine, R.: »Forschungsmethoden der Klinischen Psychologie.« In Schraml, W.: *Klinische Psychologie. Ein Leitfaden für Praxis und Studium*. Bern/Stuttgart 1970

Bernard, J. L.: »Rapid Treatment of Gross Obesity by Operant Techniques.« *Psychol. Reports* 23, 1968, S. 663–666

Blöschl, L.: *Grundlagen und Methoden der Verhaltenstherapie.* Bern/Stuttgart/Wien 1972

Blumberg, E. M.: »Results of Psychological Testing of Cancer Patients.« *Gengerelli-Kirkner,* S. 30 ff.

Booth, G.: »Krebs und Tuberkulose im Rorschachschen Formdeutungsversuch.« *Psychosom. Medizin* 10, 1964, S. 167 ff.

Booth, G.: »General and Organ-Specifix Object Relationship an Cancer.« *Ann. New York Acad. Sci.* 164, 1969, S. 568 ff.

Booth, G.: *The Localization of Cancer.* Unveröffentl. Manuskript

Bräutigam, W.: *Reaktionen, Neurosen, Psychopathien. Ein Grundriß der kleinen Psychiatrie.* Stuttgart 1968

Bräutigam, W., Christian, P.: *Psychosomatische Medizin.* Stuttgart 1973

Brengelmann, J. C.: »Bedingte Reaktionen. Lerntheorien und Psychiatrie.« In Gruhle, H. N., Jung, R., Mayer-Gross, W. und Müller, M. (Hrsg.): *Psychiatrie der Gegenwart,* Bd. I/1A, Heidelberg 1967

Brengelmann, J. C.: »Experimentelle Methodik in der Psychotherapie und Verhaltenstherapie.« *Praxis der Psychotherapie* XIV, 3, 1969, S. 113–121

Brengelmann, J. C.: *Informationen und Anleitungen zur Behandlung des Rauchens.* Bundeszentrale für gesundheitliche Aufklärung, Köln 1974

Brengelmann, J. C. und Sedlmayr, E.: *Experimente zur Behandlung des Rauchens.* Schriftenreihe des Bundesministers für Jugend, Familie und Gesundheit, Bd. 35, Stuttgart 1976

Bruner, J. S.: »Contemporary Approaches to Cognition«, *Harvard University Press,* Cambridge, Mass. 1957, S. 41–69

Cautela, J. R.: »Treatment of Compulsive Behavior by Covert Sensitization.« *Psychological Record* 16, 1966, S. 33–41

Cautela, J. R.: »Covert Sensitization.« *Psychological Report* 20, 1967, S. 459–468

Cautela, J. R.: »The Treatment of Covert – Eating by Covert-Conditioning.« *Psychotherapy: Theory, Research and Practice* 9, 1972, S. 211–216

Coe, R. M.: *Sociology of Medicine,* New York u. a. 1970

Dinoff, M., Rickard, H. C. and Colwick, J.: »Weight Reduction Through Successive Contracts.« *Am. J. Orthopsychiat.* 42, 1972, S. 211–216

Ellis, E.: *Humanistic Psychotherapy: The Rational-Emotive Approach,* New York 1973 (b)

Evans, E.: *A Psychological Study of Cancer.* New York 1926

Evans, R. B. et al.: »Some Psychological Characteristics of Men Cancer.« *Cancer (Philad.)* 17, 1964, S. 307 ff.

v. Ferber, C.: *Gesundheit und Gesellschaft,* Stuttgart u. a. 1971

Ferstl, R., de Jong, R. und Brengelmann, J. C.: *Verhaltenstherapie des Übergewichtes – Ein Modellversuch zur Selbstkontrolle des Eßverhaltens* – Schriftenreihe des Bundesministers für Jugend, Familie und Gesundheit, Bd. 45, Stuttgart 1978

Festinger, L.: *A Theory of Cognitive Dissonance.* Stanford University Press 1957

Festinger, L.: »Cognitive Dissonance«, *Scientific American,* October 1962
Foreyt, J. P. and Kennedy, W. A.: »Treatment of Overweight by Aversion Therapy.« *Behavior, Research and Therapy* 9, 1971, S. 29–34
Freidson, E.: *Profession of Medicine,* New York 1970
Freud, S.: *Gesammelte Werke,* London 1941

Giese, H.: *Die Sexualität des Menschen,* Stuttgart 1971
Görres, A.: *An den Grenzen der Psychoanalyse,* München 1968
Goleman, D.: »Hypnose wird seriös.« *Psychologie Heute* 10, 1977
Greene, W. A.: »Psychological Setting of the Development of Leukemia and Lymphoma.« *Ann. New York Acad. Sci.* 125, 1966, S. 794–801
Grossarth-Maticek, R.: *Familie, Verhalten in Konfliktsituationen, lebensgeschichtliche Ereignisse und die psychologische Streßreaktion bei Krebspatienten.* Reihe Sozialwissenschaftliche Onkologie*, Heidelberg 1973
Grossarth-Maticek, R.: *Lebensgeschichtliche Ereignisse und psychosoziale Konfliktverarbeitung als ätiologischer Faktor bei der Krebsentstehung.* Reihe Sozialwissenschaftliche Onkologie, Heidelberg 1974
Grossarth-Maticek, R.: *Soziales Verhalten und Krebs.* Vortrag bei der Thyssen-Stiftung, Research Colloquium: »Stressful Life Events, Psychosocial Predispositions and Illness Inset.« 1976
Grossarth-Maticek, R.: *Das Verhalten als Krebsrisikofaktor.* Reihe Sozialwissenschaftliche Onkologie, Heidelberg 1976
Grossarth-Maticek, R.: »Krebserkrankung und Familie«, *Familiendynamik* 4, 1976, S. 294 ff.
Grossarth-Maticek, R.: *Überforderung und Erkältungskrankheiten.* Reihe Sozialwissenschaftliche Onkologie, Heidelberg 1976
Grossarth-Maticek R.: »Risikofaktor Seele«, *Bild der Wissenschaft,* 1976, S. 60–66
Grossarth-Maticek, R.: *Soziales Verhalten und die Krebserkrankung,* Referat für die offizielle Eröffnung der psychosozialen Krebsberatung der Arbeiterwohlfahrt Kreisverband Düsseldorf e. V., Reihe Sozialwissenschaftliche Onkologie, Heidelberg 1977
Grossarth-Maticek, R.: *Die Programmtherapie. Analyse und Beeinflussung kognitiv gesteuerter Verhaltensweisen – Konzeption – Methoden – Experimentelle Ergebnisse –* Reihe Sozialwissenschaftliche Onkologie, Heidelberg 1978
Grossarth-Maticek, R.: *Die Programmtherapie.* Reihe Sozialwissenschaftliche Onkologie, Heidelberg 1978
Grossarth-Maticek, R.: *Grundzüge der Programmtherapie,* Reihe Sozialwissenschaftliche Onkologie, Heidelberg 1978

* Die Reihe Sozialwissenschaftliche Onkologie war das Publikationsorgan des Forschungsprojektes Sozialwissenschaftliche Onkologie und hatte eine Auflage von zwischen 100 und 150 Exemplaren. Die Arbeiten wurden kostenlos an Wissenschaftler verteilt, um der laufenden Nachfrage gerecht zu werden. Alle hier unter der Reihe Sozialwissenschaftliche Onkologie angeführten Arbeiten wurden in Zeitschriften und Büchern veröffentlicht beziehungsweise befinden sich in Druck.

Grossarth-Maticek, R.: *Theorie und Methode der Programmtherapie,* Reihe Sozialwissenschaftliche Onkologie, Heidelberg 1978

Grossarth-Maticek, R.: *Darstellung einer experimentell-therapeutischen Arbeit zur Erforschung und Wirksamkeit einzelner Verfahrensweisen aus dem Bereich der kognitiven Verhaltenstherapie.* Reihe Sozialwissenschaftliche Onkologie, Heidelberg 1978

Grossarth-Maticek, R.: *Therapeutische Beeinflussung bei Zigarettenabhängigkeit.* Reihe Sozialwissenschaftliche Onkologie, Heidelberg 1978

Grossarth-Maticek, R.: *Therapeutische Beeinflussung von Übergewichtigen.* Reihe Sozialwissenschaftliche Onkologie, Heidelberg 1978

Grossarth-Maticek, R.: *Therapeutische Beeinflussung von Niedergeschlagenheit, Hoffnungslosigkeit, immer wiederkehrendem Ärger und Aufregung.* Reihe Sozialwissenschaftliche Onkologie, Heidelberg 1978

Grossarth-Maticek, R.: *Kognitive Verhaltenstherapie bei Krebspatienten.* Reihe Sozialwissenschaftliche Onkologie, Heidelberg 1978

Grossarth-Maticek, R.: *Falldarstellungen in der Programmtherapie.* Reihe Sozialwissenschaftliche Onkologie, Heidelberg 1978

Grossarth-Maticek, R.: *Risikoverhaltensfaktoren und Prädikation somatischer Gesundheitsprobleme.* Reihe Sozialwissenschaftliche Onkologie, Heidelberg 1978

Grossarth-Maticek, R.: »Wer sich exponiert ist gefährdet. Psychosoziale Faktoren der Krebserkrankung.« *Psychologie Heute* 6, 1978, 5. Jahrgang, S. 32–39

Grossarth-Maticek, R.: *Sozialpsychotherapie und Krankheitsverlauf. Erste Erfahrungen mit Krebspatienten.* Reihe Sozialwissenschaftliche Onkologie, Heidelberg 1978

Grossarth-Maticek, R.: *Sozialwissenschaftliche Aspekte in der Krebsforschung,* Reihe Sozialwissenschaftliche Onkologie, Heidelberg 1978, vertrieben durch den Leserdienst von *Psychologie Heute*

Grossarth-Maticek, R.: *Sozialwissenschaftliche Aspekte in der Ätiologie organischer Erkrankungen. Konzeption, Methode und Ergebnisse einer prospektiven Studie.* Reihe Sozialwissenschaftliche Onkologie, Heidelberg 1978, vertrieben durch den Leserdienst von *Psychology Heute*

Grossarth-Maticek, R.: *Krebserkrankung und Prognose.* Reihe Sozialwissenschaftliche Onkologie, Heidelberg 1978, vertrieben durch den Leserdienst von *Psychologie Heute*

Grossarth-Maticek, R.: *Die familiendynamische Komponente in der Krebserkrankung.* Reihe Sozialwissenschaftliche Onkologie, Heidelberg 1978, vertrieben durch den Leserdienst von *Psychologie Heute*

Grossarth-Maticek, R.: *Die Motivation zur Krebsvorsorge.* Reihe Sozialwissenschaftliche Onkologie, Heidelberg 1978, vertrieben durch den Leserdienst von *Psychologie Heute*

Grossarth-Maticek, R.: *Ein sozialwissenschaftlicher Beitrag zur Differenzialdiagnostik bestimmter Krebsarten.* Reihe Sozialwissenschaftliche Onkologie, Heidelberg 1978, vertrieben durch den Leserdienst von *Psychologie Heute*

Grossarth-Maticek, R.: *Soziales Verhalten und Krebs. Ein retrospektiver und prospektiver Vergleich.* Reihe Sozialwissenschaftliche Onkologie, Heidelberg 1978, vertrieben durch den Leserdienst von *Psychologie Heute*

Grossarth-Maticek, R.: *Versuch eines sozialwissenschaftlichen Beitrags für eine interdisziplinär angelegte präventive und kurative Therapie organischer Erkrankungen.* Reihe Sozialwissenschaftliche Onkologie, Heidelberg 1978, vertrieben durch den Leserdienst von *Psychologie Heute*

Grossarth-Maticek, R.: *Das Interviewproblem und die Forschungsergebnisse.* Reihe Sozialwissenschaftliche Onkologie, Heidelberg 1978, vertrieben durch den Leserdienst von *Psychologie Heute*

Grossarth-Maticek, R.: *Experimentelle Arbeiten auf der Grundlage der RGM-Psychotherapie.* Reihe Sozialwissenschaftliche Onkologie, Heidelberg 1978, vertrieben durch den Leserdienst von *Psychologie Heute*

Grossarth-Maticek, R.: *Sexualität und Erkrankung.* Reihe Sozialwissenschaftliche Onkologie, Heidelberg 1978

Grossarth-Maticek, R.: *Glaube und Erkrankung.* Reihe Sozialwissenschaftliche Onkologie, Heidelberg 1978

Grossarth-Maticek, R.: *Träume und Erkrankung.* Reihe Sozialwissenschaftliche Onkologie, Heidelberg 1978

Grossarth-Maticek, R.: *Soziales Verhalten und die Krebserkrankung. Empirische Studien – Differentialdiagnostik – Experimentelle Therapieforschung.* Beltz-Forschungsberichte, Weinheim 1979

Grossarth-Maticek, R.: »Hypnose in der Psychotherapie.« *Psychologie Heute* 1, 1979, 6. Jahrgang, S. 34–38

Grossarth-Maticek, R.: »Sexualität, Familie und die Krebserkrankung.« *Familiendynamik* 1, 1979

Grossarth-Maticek, R.: »Social Psycho-Therapy and Course of the Disease. First Experience with Cancer Patients.« erscheint in *Psychotherapy and Psychosomatics,* Basel 1979

Grossarth-Maticek, R.: »Psychosocial Predictors of Cancer and Internal Diseases.« erscheint in *Psychotherapy and Psychosomatics,* Basel 1979

Grossarth-Maticek, R.: *Kognitive Verhaltenstherapie. Rauchen – Übergewicht – Streß.* Erscheint im Springer-Verlag, Heidelberg 1979

Grossarth-Maticek, R.: Verhaltensmedizin organischer Erkrankungen. Erscheint im Springer-Verlag, Heidelberg 1979

Harlow, H. F.: »Deprivation in Monkeys.« *Scientific American* 207, 1962, S. 135–146

Harris, M. B.: »Self-Directed Program for Weight Control: A Pilot Study.« *Journal of Abnormal Psychology* 74 (2), 1969, S. 263–270

Helbing, W.: »Die Bedeutung sozialer Faktoren für die Prognose beim Genitalca reinom der Frau.« *Z. Gynäkol.* 84, 1962, S. 25

Herberger, W.: *Behandlung und Pflege inoperabler Geschwulstkranker,* Dresden 1960

Herberger, W.: »Die Rolle psychosozialer Faktoren im Rahmen der Rehabilitation Geschwulstkranker.« *Z. ges. Hygiene* 15, 1969, S. 67 ff.

Heyde, W.: »Rehabilitation Krebskranker«, *München. med. Wschr.* 112, 1970, S. 115 ff.

Heyden, S.: *Risikofaktoren für das Herz. Ergebnisse und Konsequenzen der post-Framingham-Studien.* Mannheim 1974

Heyden, S.: *Klinische Epidemiologie des Krebses.* Stuttgart 1972
Hoffstätter, R.: »Die Psychologie der karzinomkranken Frau.« *Wien. klin. Wschr.* 64, 1952, S. 123
Holmes, T. H., Rahe, R. H.: »The Social Readjustment Rating Scale.« *J. Psychosom. Res.* 11, 1967, S. 113 ff.
Hull, C. L.: *Principles of Behavior,* New York 1943

Janda, L. H. and Rimm, D. C.: »Covert Sentitization in the Treatment Obesity.« *J. of Personality and Social Psychology,* New York 1970
Jung, C. G.: *Über Psycho-Energetik und das Wesen der Träume.* Freiburg 1972

Kanfer, F. H.: »Self-Regulation: Research, Issues and Speculations« in Neuringer, C. and Michael, J. L. (Hrsg.): *Behavior Modification in Clinical Psychology,* New York 1970
Kelly, G. A.: *The Psychology of Personal Construcrs.* New York 1955
Kennedy, W. A. and Foreyt, J. P.: »Control of Eating Behavior in Obese Patients by Avoidance Conditioning.« *Psychological Report* 22, 1968, S. 571–576
Kinsey-Report: *Das sexuelle Verhalten der Frau.* Frankfurt 1970
Kinsey-Report: *Das sexuelle Verhalten des Mannes.* Frankfurt 1970
Kissen, D. M.: »Personality in Male Lung Cancer Patients.« *J. Psychosom. Res.* 6, 1962, S. 123 ff.
König, R.: Praktische Sozialforschung 1: Das Interview. Köln 1952
König, R. (Hrsg.): *Handbuch der empirischen Sozialforschung.* Stuttgart 1967 und 1969 (2 Bde)
Kreutzer, C. S. und Lichtenstein, E. & Mees, H. L.: »Modification of Smoking Behavior: A Review.« *Psychol. Bull.* 70, 1968, S. 520–533

Lefrancois, G. R.: *Psychologie des Lernens.* Berlin/Heidelberg/New York 1976
Langen, D., Spoerri, Th. (Hrsg.): *Hypnose und Schmerz.* Basel/New York 1968
LeShan, L. L., Worthington, R. E.: »Some Recurrent Life History Patterns Observed in Patients wirth Malignant Disease.« *J. Nerv. Ment. Diss.* 124, 1956, S. 460–465
LeShan, L. L.: »Untersuchungen zur Persönlichkeit der Krebskranken.« *Z. psychosom. Med.* 9, 1963, S. 246
Lick, J. and Bootzin, R.: *Covert Sensitization for the Treatment of Obesity.* Paper presented in the Midwestern. Psychological Assoziation Convention, 1971
Lindemann, E.: »Die Bedeutung emotionaler Zustände für das Verständnis mancher innerer Krankheiten und ihre Behandlung.« *Medizinische* 1953, S. 515–603
Luckmann, T.: »Persönliche Identität in der modernen Gesellschaft.« In Gadamer, H. G. und Vogler, P. (Hrsg.): *Neue Anthropologie,* Bd. 3 Sozialanthropologie, Stuttgart 1972, S. 168–222

Mahoney, M.: »Tendenzwende in der Verhaltenstherapie.« *Psychologie Heute* 6, 1978, S. 67–74
Mahoney, M.: *Kognitive Verhaltenstherapie. Neue Entwicklungen und Integrationsschritte. Leben Lernen 29*, München 1977

Mahoney, M., Moura, N. G. M. and Wade, T. C.: »The Relative Efficacy of Selfregard, Self-Punishment and Self-Monitoring Techniques for Weight Loss.« *J. of Consult and Clinical Psychology*, 40, 1973, S. 404–407

Manno, B. and Marston, A. R.: »Weight Reduction as a Function of Negative Covert Reinforcement (Sensitization) Versus Positive Covert Reinforcement.« *Behavior, Research and Therapy* 10, 1972, S. 201–207

Masters, W. H. und Johnson, V. E.: *Die sexuelle Reaktion.* Frankfurt/M. 1967

Masters, W. H. und Jonson, V. E.: *Impotenz und Anorgasmie.* Frankfurt 1973

McFall, R. M. and Hammen, C. L.: »Motivation, Structure and Self-Monitoring.« *J. of Consult and Clinical Psychology* 37, 1971, S. 80–86

Mechanic, D.: *Medical Sociology.* New York 1968

Meerloo, J. A. M.: *Illness and Cure.* New York 1964

Meynen, G. E.: *A Comparative Study of the Three Treatment Approaches with the Obese: Relaxation, Covert Sensitization and Modified Systematic Desensitization.* Diss. Abstr. Int. 31 (5 – B), 1970, 2958 (Abstract)

Mitscherlich, A.: *Der Kranke in der modernen Gesellschaft.* Köln/Berlin 1967

Moore, C. H. and Crum, B. C.: »Weight Reduction in a Chronic Schizophrenic by Means of Operant Conditioning Procedures: A Case Study.« *Behavior, Research and Therapy* 7, 1969, S. 129–131

Nemeth, G. and Mezei, A.: »Personality Traits of Cancer Patients Compared with Benign Tumors on the Basis of the Rorschach Test.« In: Kissen and LeShan, *Psychosomatic Aspects of Neoplastic Disease.* London 1964, S. 12 ff.

Nemeth, G. and Mezei, A.: »Comparative Personality Studies in Patients with Cancer an with Myocardial Infarction.« In: *Proceed. of the 1st and 2nd EUPSYCHA-Symposium.* Ljubljana 1975

Ott, G., Kuttig, H. und Drings, P.: *Standardisierte Krebsbehandlung.* Springer Heidelberg/Berlin/New York 1974

Pflanz, M.: *Sozialer Wandel und Krankheit.* Stuttgart 1962

Ramsay, R. W. and Jongmans, H.: *Self Control Techniques and Obesity. In Progress in Behavior Therapy.* Springer Heidelberg 1975

Reich, W.: »Die Krebsschrumpfungsbiopathie.« *Int. Z. Orgnomie* 1, 1952, S. 101 ff.

Reich, W.: *Der Krebs. Die Entdeckung des Orgons.* II. Bd., Köln 1974, Ersterscheinung 1948, Orgone Institute Press

Renneker, R. E. et al.: »Psychoanalytic Explorations of Emotional Correlats of Cancer of the Breast.« *Psychosomatic Medicine* 25, 1963, S. 106 ff.

Rogers, C. R.: *Client Centered Therapy: Its Current Practice, Implications and Theory.* Boston 1951

Rogers, C. R., Skinner, B. F.: »Some Issues Concerning the Control of Human Behavior. A Symposium.« *Science* 124, 1956, S. 1057–1066

Rohde, J. J., Dachser, C.: »Soziologie und Sozialpsychologie des klinischen Bereiches.« In Schraml, W. J.: *Klinische Psychologie.* Bern/Stuttgart 1970, S. 293–318

Romanczyk, R. G., Tracey, D. A., Wilson, G. T. and Thorpe, G. L.: »Behavioral Techniques in the Treatment of Obesity: A Comparative Analysis.« *Behavior, Research and Therapy* 11, 1973, S. 629–640
Rosenman, R. H., Friedman, M. F., Straus, R.: »A Predictive Study of Coronyry Heart Disease.« *J. Amer. med. Ass.* 189, 1964, S. 103 ff.
Rubinstein, S. L.: *Sein und Bewußtsein.* Berlin 1970
Rubinstein, S. L.: *Grundlagen der allgemeinen Psychologie.* Berlin 1973

Schachter, S.: »Cognitive Effects on Bodily Functioning: Studies of Obesity and Eating.« In Glass, D. C. (Hrsg.): *Biology and Behavior: Neurophysiology and Emotion.* New York 1967
Schettler, G., Drews, J., Greten, H. (Hrsg.): *Changes in the Mecical Panorama,* Stuttgart 1978
Schulz van Treeck, A.: »Krebsdisposition und Wesenstypus.« *Dtsch. Ges. Wes.* 10, 1954, S. 1273 ff.
Schultz, I. H.: *Das autogene Training.* Thieme Verlag, 1976
Siegrist, J.: »Das Krankenhaus aus soziologischer Sicht.« In: *Themen der Krankenpflege I.* München/Berlin/Wien 1973, S. 235–271
Siegrist, J.: *Lehrbuch der medizinischen Soziologie.* Müncen/Berlin/Wien 1975
Siegrist, J.: *Psychosoziale Risikokonstellationen bei vorzeitigen Herzinfarkten.* Vortrag gehalten am 2. Sylter Symposium über Streßforschung, Sylt 7. 6. 1977
Siegrist, J.: *Herzinfarktforschung aus psychosozialer Sicht.* Antrittsvorlesung am Institut für Höhere Studien und wissenschaftliche Forschung, Wien 20. 9. 1977
Skinner, B. F.: *Science and Human Behavior.* New York 1953
Skinner, B. F.: *Verbal Behavior.* New York 1957
Solomon, G., Moos, R. H.: »Emotion, Immunity and Disease.« *Arch. Gen. Psychiat.* 2, 1964, S. 657–674
Stierlin, H.: *Das Tun des Einen ist das Tun des Anderen.* Frankfurt/M. 1971
Stierlin, H.: *Eltern und Kindern im Prozeß der Ablösung. Familienprobleme in der Pubertät. Literatur der Psychoanalyse.* Frankfurt/M. 1975
Stierlin, H.: *Von der Psychoanalyse zur Familientherapie.* Stuttgart 1975
Sutart, R. B.: »Behavorial Control of Overeating.« *Behavior, Research and Therapy* 5, 1967, S. 357–365
Susser, M., Waton, W.: *Sociology in Medicine.* London 1972

Tenney, V. A.: »Psychotherapeutic Work with Cancer Patients.« In: *Proceed of the 1st and 2nd EUPSYCA-Symposium.* Ljubljana 1975
Tenney, V. A.: »A Clinical Study of Psychosomatic Aspects of Cancer.« *Experta Medica Foundation* 1967, S. 75 ff.
Thomas, C. B.: »A Prospective Study of the Rorschach of Suicide: The Predictive Potential of Pathological Content.« *John Hopkins Med. J.* 132, 1973, S. 334 ff.
Thomas, C. B., Duszynski, K. R.: »Closeness to Parents and the Family Constellation in a Prospective Study of Five Disease States: Suicide, Mental Illness, Malignant Tumors, Hypertension and Coronary Heart Disease.« *John Hopkins Med. J.* 134, 1974, S. 251 ff.

Thorndike, E. L.: *The Psychology of Learning.* Teachers' College, New York 1913

Thorndike, E. L.: *The Psychology of Wants, Interests and Attitudes.* New York 1935

Tolman, E. C.: *Purpose Behavior in Animals and Men.* New York 1932

Trotnow, S. und Pauli, H. K.: »Gibt es soziale Unterschiede zwischen Frauen mit gutartigen und bösartigen Tumoren?« *Geburtshilfe und Frauenheilkunde* 32, 1972, S. 699 ff.

Trüb, C. L. P.: »Kurstatischer Bericht über die bei Kranken mit bösartigen Neubildungen durch die Arbeitsgemeinschaft für Krebsbekämpfung, Bochum, durchgeführten Genesungskuren in der Zeit vom 1. Januar 1964 bis 31. März 1966.« *Kampf dem Krebs,* 1. Dezember 1970

Upper, D. and Newton, J. G.: »A weight Reduction Program for Schizophrenic Patients on a Token Economy Unit: Two Case Studies.« *J. Behav. Therapy, Exp. Psychiat.* 2, 1971, S. 113–115

Voegelin, E.: *Wissenschaft, Politik und Gnosis.* München 1959

Watson, J. B.: »Psychology as the Behaviorist Views It.« *Psychol. Review* 20, 1913, S. 157–158

Weber, M.: *Religionssoziologie.* Tübingen 1947

Wing, J. K., Brown, G. W.: *Institutionalism and Schizophrenia.* Cambridge, Mass. 1970

Wollersheim, J. P.: »Effectiveness of Group Therapie Based Upon Learning Principles in the Treatment of Overweight Women.« *Journal of Abnormal Psychology* 76 (3), 1970, S. 462–474

Wolpe, J.: »Reciprocal Inhibition as the Main Basis of Psychotherapeutic Effect.« *Arch. Neurol. Psychiat.* 72, 1954, S. 205–226

Wulff, J.: *Psychiatrie und Klassengesellschaft.* Frankfurt/M. 1972

Sachverzeichnis

Daniel J. Levinson

zusammen mit
Charlotte N. Darrow/Edward B. Klein
Maria H. Levinson/Braxton McKee

DAS LEBEN DES MANNES

Werdenskrisen/Wendepunkte
Entwicklungschancen

Was bedeutet es, erwachsen zu sein? Welche Probleme und Befriedigungen gibt es in der längsten Zeitspanne unseres Lebens - der Erwachsenenzeit? Levinsons zehnjährige Untersuchung ist ein Standardwerk zur Entwicklungspsychologie des Mannes. Sie deckt die Strukturen des männlichen Lebenszyklus auf und zeigt, wie der erwachsene Mann eine Serie von spezifischen altersbedingten Phasen durchläuft, die seine persönlichen Chancen und Gefährdungen bestimmen.

500 Seiten · Leinen

k&w Verlag Kiepenheuer & Witsch